価値づくり進化経営

酒井光雄［著］
Mitsuo Sakai

日本経営合理化協会出版局

まえがき

「商品力には自信があるのに、売上がいま一つ伸びていかない」

「既存顧客が高齢化し、新規顧客開拓が急務になった」

「自社の営業マンが疲弊している」

「泥沼の価格競争で利益が出ない」

…これらの経営課題に直面しておられるなら、それは商売の仕組みが時代とズレてきているのかもしれない。

ＳＰＡ業態、ファブレス化、ＩｏＴ、フリーミアムなどの台頭により、もはや「本業」を磨くだけでは、顧客が本当に求める価値を提供できない時代になった。

どの企業も、自社の本業領域では経営を進化させている。メーカーなら、製品開発をはじめとする製品の進化には絶えず取り組んでいるし、小売は販売方法の進化には熱心で、ネット通販にも着手している。

では、それで期待したような売上と利益は上がっているだろうか？

残念ながら、多くの企業が苦戦を強いられているはずだ。いかに技術力や製品力が高くても、営業社員を叱咤激励《しったげきれい》しても、商品をただつくったり売ったりするだけの既存の取り組み方法では、成長を持続できなくなった。経営の前提条件が変わってしまったからだ。

いま飛躍を遂げている企業は、本業領域だけを磨く「部分的な改良改善」ではなく、利益を生む様々な領域で付加価値をつくり出し、優れた商品・サービスと組み合わせて顧客に提供することで、事業価値を高めている。

メーカーであれば、「サービス」や「販売方法」、顧客からの要望や自社が発信する情報などの「コミュニケーション」、あるいは製品の「用途」といった、これまで手付かずだった旧態依然とした部分を見直すことで、「製品」を進化させる方向は大きく変わる。

たとえば、世界トップシェアを誇る高級化粧筆メーカー「白鳳堂《はくほうどう》」は、もとは書道筆を安く買い叩かれる利益率の低い下請け的な仕事を主としていた。しかし従来の市場と用途でなく、製品単価が高く設定できる高級化粧筆の領域を自ら開拓し、世界の著名化粧品会社50社以上からOEMを直接受けるまでに成長を遂げた。

さらに、自社ブランドを構築し、製造直販体制を整えたことで、付加価値を高めながら、OEMでは量産によって売上規模を拡大している。

既存の技術を別の「用途」に転用すれば、従来とは異なる「顧客」が対象になり、提供する価値も変わる。価値が向上すれば、それに併せて「価格」が変わり、「販路」や「販売方法」もそれに相応しいところに変更することになる。

小売業であれば、「販売方法」という本丸領域はもとより「顧客」や「コミュニケーション」、「価格」や「課金方法」といった別の領域で進化する取り組みを実践すれば、価格競争に巻き込まれず、収益性の高いビジネスを実現できる。

鳥取県の中小企業「旺方《おうほう》トレーディング」は、定価がなく利幅が大きい中古市場に目をつけ、まだ誰も手をつけていない「中古農機具」の市場を新しく生み出した。

一般的に、農家が負担する農機具の総費用は1,000万円前後であり、使用する頻度は年間に1~2回程度にもかかわらず、メンテナンスの手間がかかる。また、農家同士で共同購入して金銭的負担を軽減しても、農機を必要とする時期が農家間で重複するという問題に着目し、農機具レンタルサービス事業をおこしたのだ。

同社は、自社サイト「農機具買取.com」を通じて全国から中古農機具を買い取り、需要が旺盛な海外87カ国に輸出。国内卸販売とレンタルも併せて行ない、売上高10億円を超える高収益ビジネスに育てた。

私はコンサルタントとして、一貫して「企業の価値づくり」を支援してきた。他社にはない「価値」を創造すれば、価格ではなく「価値」で選ばれ、価格の決定権が発揮できる。

価値のないものは、いつの時代にも必ず価格競争に巻き込まれてしまう。人は誰でも、価値を認めるものには喜んで支出する。だが、価値の認められないものには見向きもしないし、1円も払いたくはない。

これは変わらぬ普遍の人間心理である。顧客が法人であろうと個人であろうと、まったく変わりない。自分が顧客の立場なら、当たり前のこととしておわかりいただけるだろう。

現業の商売で価格下落や販売不振に苦しんでいる会社の「本質」はここにある。すなわち、「あなたの会社で行なっていることが、世の中で価値のないものになってきている」という警告なのである。

かつて自社に収益をもたらしていた事業あるいは商品・サービスの「価値」が、経営環境の変化によって無力化しているならば、いま早急にすべきことは、時代が求める新たな「価値づくり戦略」の構築だ。

ただしそれは、思いつきのサービスを既存事業に付加したり、とりあえずネット販売を始めてみるといった小手先の施策で済む話ではなく、開発や営業の体制を刷新するくらいに、ビジネスの仕組みを再構築することが必要なケースもある。

本書では、自社の事業価値を飛躍的に高めるために「進化させるべき11の領域」を提示し、これを事業戦略に纏《まと》めあげるポイントとプロセスを述べた。

読者諸兄にとって真に実務実益の書となるよう、11の進化領域すべてに中小企業を中心とした事例を厳選し、Ｂ２Ｂ、Ｂ２Ｃビジネス両方を網羅《もうら》した。さらに、巻末には「進化経営実践シート」を収録している。

小手先の改良改善ではなく、１０年後、５０年後も泥沼の価格競争を尻目に、悠々と高収益をあげ続けるべく、自社の「価値づくりの進化」戦略について考え抜いてほしい。進化することは容易《たやす》くないが、しかし同時に、世の中で強く必要とされる新たな価値の創造は、事業家にとってわくわくするほど楽しいことだ。

本書が、その具体的なきっかけとなることを祈念し、上梓する次第だ。

二〇一六年五月吉日

酒井 光雄

もくじ

第３章　意味の進化

第4章 製品の進化

第5章　価格の進化

第６章　ブランドの進化　241

第７章　サービスの進化

第10章　販売方法の進化

第11章　コミュニケーションの進化

顧客のニーズをつかみ優良顧客を育成するためにコミュニケーションを進化させよ

製造業が「コミュニケーションの進化経営」を推進する４つのポイント
製造業が「コミュニケーションの進化経営」を推進するプロセス
世界的評価を獲得してブランド価値を高めた「熊倉硝子工芸」
小規模製造業が「コミュニケーションの進化」経営を推進する５つのポイント
小規模企業が「コミュニケーションの進化」経営を推進するプロセス

まとめ「進化戦略」全体最適化の手引き

11の進化策を一貫した「進化経営」戦略にまとめあげる
（1）各領域11の設問に答え、３段階で自社を評価する
（2）戦略全体が「全体最適」になるように戦略を練る
（3）経営戦略の整合性がとれる様に、個別領域の進化策に手直しを加える

おわりにかえて
参考文献

装丁　森口あすか

序章　値決めの主導権をとり続けるために
既存の儲け方を進化させよ

「部分最適」の改良改善型経営が通用しなくなった

企業の生存率に関して、ここに冷徹な数字がある。

創業してから5年後に生存している企業は、およそ8割（82％）、10年後は7割（70％）、15年後は6割（61％）、20年後に生存するのは5割（52％）に過ぎない（中小企業庁「2011年中小企業白書」）。創業して20年が経過すると、実に5割の企業が消滅していることがわかる。

2014年に倒産した企業の平均寿命は23・5年（2015年東京商工リサーチ「倒産企業の平均寿命調査」結果）で、創業してから30年以上経過している企業の構成比は実に30％を占めている。

取り巻く環境が厳しいのは中小企業に限らない。家電業界では三洋電機の消滅、シャープの買収、SONYやパナソニックも最盛期の勢いはない。流通業のマイカルや英会話のノヴァが経営破綻し、日本航空、海外ではゼネラルモーターズ（GM）なども会社更生法の適用を受けたことは記憶に新しい。

起業して間もない企業だけでなく、事業年数が長い大企業であっても、継続して事業を続けることがいかに容易でないかがわかる。

企業が経営を継続できない理由は、「販売不振」が最多で、次いで「既往《きおう》のしわよせ（悪い状況を放置し、対策を講じないこと）」、そして「連鎖倒産」の順になっている（中小企業庁「倒産の状況」）。この他にも、「後継者の代替わり問題」や「市場構造の変化」なども背景にあるだろう。

企業が成長を続けるには、提供する「価値」を磨き、時代が移り変わる中で輝きを失わない経営を推進することに尽きる。

日本の企業は卓越した技術開発力に裏打ちされたモノづくりによって、世界を魅了してきた。「良い製品を安く、大量に提供する」ことが成功するセオリーだった。

製造業を営む多くの中小企業は先行する事業や製品を追いかけ、改良改善を加えて優位性を発揮した。顧客（B2Cなら生活者、B2Bなら法人）は既存製品に不満を感じることがあり、使い勝手が悪い製品も存在したので、メーカーは不平や不満を解決するために改良改善に取り組み、そこで優位性を発揮できた。

また、既存顧客に対してアンケート調査を行なえば改良改善の糸口が見つかり、それに応えてメーカーはモノづくりを行なうこともできた。

その一方、流通業には多様な業態が登場した。新しい小売業が台頭すると、そこを販路とするメーカーも同じように成長していく。

デパートが成長している時にはデパートに商品を卸す企業が成長し、量販店が成長していれば量販店向けメーカーが、コンビニエンスストア（ＣＶＳ）が成長すればＣＶＳ向け商品に強いメーカーが、流通業と共に成長していった。

大量の製品を販売する小売業の仕組みができあがると、メーカーは製品づくりに傾注し、小売業は販売に専念する役割分担が進んだ。両者にとって、この仕組みに乗ることが最も効率がよかった。

企業は自社の本業領域（製造業ならモノづくり）で改善改良を行なえば、好ましい結果が出る時代が続いた。改良改善は本業の領域だけで最適化を行なう「部分最適」だが、当時は十分に機能していた。

ここにビジネスの環境が激変する５つの大波が訪れる。

「改善改良型」経営が通用しない５つの理由

（１）ＳＰＡ業態の台頭

モノづくりから販売までを一貫して行なうＳＰＡ業態の台頭により、既存の仕組みにほころびが生じている。

メーカーはつくるだけで、販売は小売業に任せる従来の商慣行を見直す動きが始まり、アパレル業界では製造に加え販売も自らが手掛ける製造直販方式のＳＰＡが登場する。中間流通や小売業のマージンが必要でないため良質な製品を安価に、センスのよい製品が提供されるようになる。しかもＳＰＡの企業はブランドの重要性を認識しており、自社のブランド価値を高める取り組みも並行して行なった。

ＳＰＡが台頭した反動として、デパートや量販店の衣料品が売れなくなっていく。ＳＰＡで販売される製品を参考にして、小売業はＳＰＡと同じ様な製品を仕入れて販売するが、ＳＰＡのようには売れていかない。

ここで生じた問題は、メーカーと小売業が住み分ける旧来の仕組みと、製造直販するＳＰＡという新たな仕組みとの競争であり、売れない理由は「製品」だけの問題ではない。

安さだけを売り物にする生活防衛型の組織小売業では、いくら製品に改良改善の手を加えても、顧客が増えないケースもある。生活臭が強い店舗では、生活者が買い物を楽しむ気持ちになれないからだ。ファッションのようなアイテムでは、顧客にとっての存在価値が問われ、店舗デザインやコーディネートなどのノウハウと魅力的な見せ方（ディスプレー）などが伴わないと、生活者は利用せず、売れていかない。

複合的な要因が重なった場合、製品だけを改良改善する「部分最適」の発想では問題は解決できず、旧来型経営を踏襲する企業は対抗策を見出せずにいる。

(2)ネット通販の台頭

ネット通販会社の台頭は、生活者の購買行動を変え、メーカーと小売業は価格下落と売上低迷に直面している。

インターネットを使った通販の機能が高度化すると、製品の販売価格はネット上で容易に比較できるようになり、最安値のサイトから生活者が購入する購買行動が一般化した。

書籍のネット通販で顧客を獲得したアマゾンは、品揃えを大幅に広げ、家電製品から日用雑貨に至るまで販売するようになった。ネット通販会社が台頭すれば、家電量販店やスーパーマーケット、ドラッグストアといったリアルの小売業は、見えない場所で売上を奪われていく。

また家電製品のように、量販店では現物を見て確認するだけで、最安値を提示するネット通販会社で購入する購買行動も増えている。

ネット通販の台頭は小売業に留まらず、メーカーにも大きな影響を与えている。ネット上で同業他社の製品と、機能や価格が比較され、最安値の製品が選ばれるようになった。販売価格が下落すればメーカーの利益が減るだけでなく、発売後短期間で値崩れが始まると、新製品の開発コストを回収できなくなってしまう。

ブランド力がある企業なら価格が高くても購入する顧客が存在するが、ブランド力がない企業の製品では価格の安さだけで選ばれ、安価な新興国メーカーとの競争にもさらされる。

過去には通用した「部分最適」発想で製品にいくら改良改善を施しても、利益が出ない状況が生じている。メーカーは良い製品をつくっているだけでは、収益が上がらない構造的な問題を抱えているからだ。

(3)ファブレスメーカーの台頭

工場をもたないメーカー(ファブレスメーカー)の誕生で、既存メーカーが下請け化している。

かつてメーカーはモノを自前で製造するのが前提にあったが、アップルのように製品企画やデザイン、マーケティングなどは自社で行なうが、モノの製造は最も安くつくれる企業に外注する、工場をもたないメーカーが生まれた。

工場をもたないメーカーが成り立つのは、ネットを使って世界中のメーカーに声を掛け、安くモノをつくれる企業を探せるようになったからだ。その結果、日本の家電メーカーはアップルの主要部品を製造し供給する下請けになっている。

さらに日本の中小企業は人件費の安い新興国との競争にさらされ、機械化すればどの国でも製造できる製品を手掛けていては、仕事がなくなる事態が生まれている。

ここでも「部分最適」発想による既存事業の改良改善では、この事態を解決できなくなっている。

(4) IoTの台頭

改良改善発想では生まれない画期的な製品の登場で、日本の製造業は存在が希薄化している。テレビ・洗濯機・冷蔵庫・電子レンジ・フィルム式カメラ・ビデオカメラ・ビデオレコーダー・AVコンポ(オーディオ)など、かつては世界を魅了した日本製品が数多く存在していたが、日本の技術力がいかんなく発揮されてきたモノづくりの世界でも、「部分最適」発想による既存製品の改良改善では対応できない事態が生まれた。

たとえば、IoT (Internet of Things) というキーワードが近年盛んに登場するが、要するにインターネットにつながった新しい価値やサービスが提供できるハードウェアやソフトウェアは、今後数年間で一気に広がっていく。

また、スマートフォンに携帯電話・デジタルカメラ・ビデオカメラ・パソコンの機能が搭載されたため、個別製品として販売されてきた機器類の需要は急速に落ち込んでしまった。個別製品の改良改善では、スマートフォンを生み出す発想には立てず、コンピュータやインターネットとの親和性も後手に回ってしまった。

すなわち、製品が独立(スタンドアローン)していることを前提に改良改善していては、コンピュータやインターネットにつながるネットワーク型製品を生み出すことができないということだ。

さらに、部品さえ調達できればどこでも組み立てられる家電やＩＴなどの製品群は、安価に製造できる新興国メーカーが台頭している。技術開発のスピードが速く、買い換えサイクルが短い製品では、技術の優位性はすぐに他社に抜かれてしまう。

(5)フリーミアムの台頭

近年、製品やサービスを無料にしてしまうビジネスが登場した。いわゆる「フリーミアム」

と呼ばれるビジネスモデルである。

任天堂のファミコンやＳＯＮＹのプレイステーションなどのビデオゲーム機器も、日本を代表する製品として、世界でファンを創造した。ゲーム機器（プラットフォーム）とゲームソフトを販売する仕組みは当時画期的だった。

ところが、ここにも過去に存在しなかった仕組みが登場し、市場が急速に縮小する。インターネット上でゲームを無料で楽しめるようにする企業が多数登場したためだ。

プラットフォームとゲームソフトを販売して収益を上げてきた企業に対して、タブレット端末やスマートフォン、パソコン上でゲームを無料で楽しめるようにした企業は、新たな課金方法を考案する。ひとつはゲームのユーザーに課金せず、企業の広告によって売上を回収する方法であり、他方は最初だけゲームを無料にし、途中から有料アイテムをユーザーに買わせて課金する方法だ。

ここでも、既存事業の改良改善では生み出せない仕組みによって、市場が変えられてしまった。こうした構造変化に対して、部分最適の改良改善をいくら行なっても、企業が直面した課題を解決することは難しいことがわかる。

「本業領域以外の進化」なくして収益向上なし

私はコンサルタントとして、これまで一貫して「企業の価値づくり」を支援してきた。他社にはない「価値」を創造すれば、価格ではなく「価値」で選ばれ、価格の決定権が発揮できるからだ。

価値のないものは、いつの時代にも必ず価格競争に巻き込まれてしまう。人は誰でも、価値を認めるものには喜んで支出する。価値の認められないものには見向きもしないし、1円だって払いたくはない。

これは変わらぬ普遍の人間心理である。顧客が法人であろうと個人であろうと、まったく変わりない。自分が顧客の立場なら、当たり前のこととしておわかりいただけるだろう。

そして、いま現業の商売で価格下落や販売不振に苦しんでいる会社の「本質」はここだ。すなわち、**「あなたの会社で行なっていることが、世の中で価値のないものになってきている」**という警告なのである。

かつて自社に収益をもたらしていた事業あるいは商品・サービスの「価値」が、前述の5つの大波によって無効化しているということだ。

元来、「価格の決定権を持つ経営」には原理原則があり、「最終顧客である生活者の満足と評価を得ること」や「自社の顧客像を絞り、明確に定める」、「モノマネをしない」「絶対的な強みを創り出す」「参入障壁づくり」「超ごひいき顧客づくり」など23項目の重要性と具体策については、前著『価格の決定権を持つ経営』（日本経営合理化協会刊）に解説した。

好不況の波に流されず、今も昔も、泥沼の価格競争を尻目に、悠々と高収益を上げている優れた企業が存在しているが、彼らが市場の価格決定権を握り、どこよりも高収益をあげているにも関わらず、顧客から熱烈に支持されているのは、この普遍の原則に従って経営をしているからである。

そして、もう一つ大事なことは、この原理原則をどのように組み立てて、どう戦うか、経営者は経営環境の変化を先読みして、絶えず考えなければならないということだ。それがいわゆる経営者が考えるべき「戦略」というものであり、この戦略の良し悪しによって、時代を超えて社会から支持される価値を創造し、社会になくてはならない存在として永続できるかが決まる。

そういう意味で、いまのような経営環境を前提に、いかに自社と自社商品・サービスの価値を高め続けていくかを具体的に考えていくにあたり、変化を味方につけてさらなる飛躍を遂げる企業と、ダメになっていく企業との違いは、**「本業領域以外の11の進化」**ができるかどうか、この一点にかかっていると私は考える。

一般的に、どの企業も自社の本業領域では、経営を進化させていると自負する。製造業の経営者なら、製品開発を始めとする「製品」の進化には絶えず取り組んでいる。では、それで経営は安定し、収益性は増しただろうか？

小売業の経営者は「販売方法」の進化には熱心で、ネット通販にも着手しているだろう。では、それで期待したような売上と利益は上がっているだろうか？

残念ながら、多くの企業が苦戦を強いられているはずだ。そもそも経営とは、ビジネスの仕組みを考え出し、それを高度化することである。しかも経営環境の変化に対応し、製造から販売まで、自社の価値をつくって守る一貫した仕組みでなければ高収益を実現するのは難しい。

ところが、製造業はモノをつくることには熱心な一方で、「課金方法」や「販路」、「販売方法」、自社の情報発信などの「コミュニケーション」は、旧態依然としたままにしている企業が多い。メーカーは成長を妨げている原因を「製品」に求め、製品だけを進化させようとするが、その発想は一面的に過ぎない。

なぜなら、いかに技術力や製品力が高くても、顧客が減少し市場が縮小していては、製造業として成長は望めないからだ。だから、「製品」の前に、「市場」や「顧客」、「用途」、「製品の意味」を見直すことで、「製品」を進化させる方向は大きく変わる。

たとえば、既存の技術を別の用途に転用すれば、従来とは異なる顧客が対象になり、提供する価値も変わる。価値が向上すれば、それに併せて価格が変わり、販路もそれに相応しいところに変更することになる。

あるいは小売業であれば、「小売」という本丸領域はもとより「顧客」や「製品」、「価格」や「ブランド」といった別の領域で進化する取り組みを実践することが、既存の課題を解決することになる。

要するに、いま売上が低迷し収益性が低い企業の共通点は、**「製品」や「小売」という本丸の領域ではなく、手をつけずにいた別の領域で旧態依然とした取り組みを続けていた可能性が高い、**ということだ。

では、どの領域でどのような手を打てば、モノが売れない時代でも収益が劇的に向上するのか。

本書において、これを11の領域に絞り込み、各章で具体的な施策を提示している。

事業価値を飛躍的に高めるための《11の進化領域》

① 市場の進化

5年先を見通したときに、自社が身を置く市場では利益が出なくなるようなら、市場を変えたり、新たな市場を創出しなければならない。既存の技術や商品・サービスでも、市場を変えれば提供する価値が変わり、高収益が実現できる。

たとえば、価格競争の激しいガスレンジの火力調整つまみ市場に見切りをつけ、自社の技術を横展開して単価100倍の商品を開発し、2億円規模の新市場を創造した部品メーカーがある。

あるいは、市場（規模）が縮小している花きの小売市場で、自社の事業領域を「生活者向け需要」に絞り込み、これまでの生花店にはない独自のビジネスモデルを構築したことで、年商約60億円に達する事業展開に成功した企業もある。

この2社の事例とともに、**第1章**では、高収益で商売ができる市場策定のポイントとプロセスを詳述する。

②顧客の進化

衰退していく企業の多くは、自社商品については改良改善を続けるが、相手にする顧客の変化を深く考えていないことが多い。いま相手にしている顧客ニーズの変化に鈍感で、顧客をきちんと分析する仕組みをもっていないと、付加価値の高い商品を提供し続けられない。

時代に合わせて圧倒的に進化する企業は、既存の顧客および顧客ニーズの変化を正確に掴み、より有望な顧客を開発するという視点を常にもっている。

たとえば、少子化が進むなかで早くから「大人向け」に顧客を設定した老舗洋菓子メーカーは、ギフトアイテムなど用途の開発や海外販路の開拓に成功し、安売りすることなく順調に業績を伸ばしている。

また、雷から制御機器などの電気設備を守る「雷防護」という特殊技術で、Ｂ２Ｂビジネスのオンリーワンとなった企業が、その技術をさらに掘り下げ、落雷情報・発雷確率・降水レーダー・注意報や警報・天気・週間予報・台風情報などを一般ユーザー向けに提供する情報サービス商品をつくり、Ｂ２ＢとＢ２Ｃ両方のビジネスで収益基盤を多様化させた例もある。

第２章では、これら成功企業の取り組みの詳細とともに、顧客策定の具体的方法を述べる。

③ 意味（役割や用途）の進化

人間と同様に製品やサービスにも寿命がある。寿命を迎えるのは存在意義が希薄になり、社会に果たす企業・製品・サービスの「意味」が失われるためだ。

当初は社会的に「意味」があったのに、時間の経過と共に製品やサービスの価値が低下し、魅力を失うことはよくある。だからこそ、企業は絶えず製品やサービスの「意味」を見直し、時代が変遷しても輝きを失わないように進化させる必要がある。

たとえば、メガネを「視力矯正」の用途ではなく、パソコンを日常的に使う人向けに「ブルーライトから目を守る」という新たな「意味」を付加し、新たな市場を創った企業がある。

また、世界トップシェアを誇る高級化粧筆メーカーは、もとは主に書道筆を安く買い叩かれる利益率の低い下請け的な仕事を主としていた。しかし従来の市場と使途でなく、製品単価が高く設定できる高級化粧筆の領域を自ら開拓し、そこに資源を集中化した結果、独力で高付加価値市場を育成することに成功した。

製品・サービスが発揮する「意味」の魅力を失わず、さらに価値を高めながら進化を続けるにはどうすればよいか。**第3章**では、この「意味の進化」について、具体的なプロセスを述べる。

④ 製品の進化

既存製品の機能や使い勝手などを高度化し、あるいは改良する従来の「改良改善」だけでは期待する利益があがらない状況では、いまの経営環境と構造変化を味方につけて飛躍するために製品をどう進化させ、収益が出るビジネスにつなげていくかを考える必要がある。

たとえば地方の和菓子メーカーは、添加物を使わずに「60日間日持ちするどやらき」を開発し、全国販売を実現。さらには、世界16カ国に販路を拡大して売上と利益を伸ばしている。

また、かつてのオートキャンプブームの終焉《しゅうえん》により、6期連続で売上が下がっていたアウトドア用品の製造販売企業が、独自の流通政策や組織体制づくり、さらに「顧客の組織化」などユニークな取り組みの末に、15年売れ続けるロングセラー商品を連発する企業へと進化を遂げた。

そこで、自社製品・サービスをとりまくビジネス環境の変化を整理し、製品の進化の方向性を定める具体的なポイントとプロセスを、これら2社の事例とともに**第4章**で詳しく解説する。

⑤ 価格の進化

適正利益を確保できる価格設定を実現するためには、もはや売りモノや売り方を単に改良改善するだけはなく、定価の概念のない新市場をつくったり、あるいは価格の決定権を持つためにブランド力や販路の開拓など、価格の設定を企業の戦略にあわせて変え、独自の収益モデルをつくるなどの施策が必要だ。

たとえば、中古農機具の買い取り・レンタルサービス業という新たなニッチ市場を開拓した地方の中小企業は、定価の概念がない独壇場で価格の設定を行ない、さらに顧客を海外に拡大することで市場の拡大を成功させている。

また、SPA方式の確立や、「鎌倉」という都市イメージのブランド資源を活用するなどして、ファストファッションの大手アパレルとのすみ分けに成功し、きちんと利益の出る価格で商売をしているYシャツメーカーもある。

第5章では、利益の出る値決めを成功させるプロセスと経営のポイントを、メーカーや小売など業種の違う事例とともに詳述する。

⑥ ブランドの進化

企業にとってブランド力とは、自社の製品やサービスを価格の安さでなく顧客に「価値」で選んでもらう力になり、企業の収益力を高める付加価値の源だ。しかし、とくに生産財メーカーに代表されるB2B企業は、技術開発には熱心に取り組むが、取引先に自社の存在が知られていればよいので、企業として社会に広く知られる意識が薄く、コミュニケーション活動にも積極的ではない傾向にある。

その結果、優れた技術力や実績があっても世の中に知られることはほとんどなく、競合他社と価格の安さだけで比較され、無理な注文や利益が出ない仕事ばかりという企業が多い。

そこで**第6章**では、B2B企業がブランド力を高めることを起点に、経営を進化させて飛躍するプロセスと要点を、成功事例をあげながら述べていく。

事例は、天文・宇宙関連という非常に特殊な分野で培ったNASAも認める強いブランド力が異業種にも注目され、医療、産業用の検査機器（非接触3次元測定器）、太陽「熱」集光装置という3つの事業で成功した精密機器メーカーを取り上げる。

さらに2つめの事例として、自社製品の開発と製造を可能な限り内製化し、カスタマイズ化も含めて少量多品種生産を柔軟に行なえる体制をつくり出すことで、メイド・イン・ジャパンのブランド力を築き、世界ブランドとなった屈折計メーカーの取り組みも詳しく紹介する。

⑦ サービスの進化

製品のコモディティ化が急速に進み、かつて技術力の高さで優位性を保っていたメーカーも、利益が出なくなっている。

そこで、製造業が収益率を高める一つの方法として、「製造業のサービス化」つまり、サービスを加えることでモノの収益率を高めたり、モノに加えてサービスを販売することで収益をあげる場所を増やしたりと、モノにサービスを付与して一体化させることで、事業価値を飛躍的に高めることができる。

たとえば、院内感染を予防する滅菌用包装袋や手術用ガウン・キャップなどの製造を手がけていたメーカーが、顧客(病院)の困り事を深く掘り下げ、最終的にはモノとあわせて手術室の無駄のない運用と経営の効率化を実現するサービスシステムを一緒に提供するようになった。これにより自社の事業価値はモノ単体を売っていたときに比べて飛躍的に向上し、顧客にとってなくてはならない存在となった。

また、使用済み自動車の解体業だった町工場が、中古自動車のリサイクル事業という新しい市場をつくり出し、世界80カ国に取引を広げた事例では、世界中からユーザーが在庫などを確認し取引を行なえるITシステムの構築や、業界全体の信用を高め、ユーザーのニーズに幅広く応えるための「中古部品の業界標準設定」「同業者との連帯組織の結成」など、モノをつくる以外の領域で、顧客に密着する取り組みをいくつも行なっている。

第7章では、製造業がモノと連動させてサービスを取り入れる具体的な視点と方法を、これら2社の成功事例とともに詳述する。

⑧ 課金方法の進化

企業が収益を上げるのは「モノを販売して代金をもらう」視点だけではない。その一つが「課金方法」であり、いま存在するだけでも17通りの課金方法がある。

そこで**第8章**では、新たな課金方法を考案し、あるいは既にある方法を組み合わせ、強固な経営基盤と仕組みをつくるポイントとプロセスを、2社の成功事例とともに述べる。

事例の一つは、チケットとブランド品の買取・販売業のフランチャイズ化で500億円企業にまで飛躍を遂げた企業だ。

さらにもう一つの事例では、22万アイテムの圧倒的な品揃えで、熱烈なファンを獲得している中堅ホームセンターが自社の強みを発揮するために、膨大な在庫をもちながら、いかに経営を進化させたのかを詳しく紹介している。

小売にとって、「独自の品揃え」というのは、泥沼の価格競争から抜け出す有効な策だが、そこには在庫の問題など、様々な課題がある。事例の企業は膨大な在庫をもち、従来の小売型課金方法を採用しながらも、「部品売り」や「バラ売り」など課金に独自の工夫をこらし、自社の強みを発揮する仕入れ方法や発注方法を考案した。

これら2社の成功事例を参考に、自社の課金方法を進化させ、他社で模倣できない仕組みにまで昇華させていただきたい。

⑨ 販路の進化

企業の新たな販路と新規取引先の選定は、その戦略いかんによっては、企業の価値と利益率を決定する大きな要因になる。

ただし、売上高と販売数量を増やすために販路の数を闇雲に増やせば、価格の安さだけで選ばれるコモディティ化が進んでしまう。新規取引先も同様で、安売りする企業との取引が増えてしまえば、利益が出ない上に、企業としての付加価値やブランド力は高まらず、むしろ低下してしまう。

日本の中小企業がブランド力と付加価値、そして収益性を高めながら成長するには、「質」の高い販路を確保すること、そして取引先から選ばれる企業になるほかない。

画期的技術を開発したにも関わらず、実績がないことや中小企業の製品に対する不安などを理由に国内の大手から採用されずにいた超精密加工ボルトメーカーは、自社が開発した新技術を最も必要としている海外の巨大企業エクソンにマトを絞り込んで、採用を勝ちとった。

そして、その実績をテコに国内の大手企業に営業をかけ、いまでは国内の地下鉄や原子力発電設備、各種プラント設備で採用、世界シェアの５０％、国内シェア８０％を握っている。

また、日本ワイン産業の生きる道は海外市場の開拓しかないと考えた山梨の小さなワインメーカーは、「地域特産のワイン」から「世界市場で流通するワイン」へと変えるべく様々な取り組みを行ない、海外19カ国に販路を広げた。

このワインは世界屈指のワインコンクールで日本初の金賞に輝き、クールジャパンの勢いを逃さずに確固たるブランドを構築している。

第9章では、自社の販路と取引先をどのように進化させていけばよいか、ブランド力を発揮して、海外にまで販路と取引先を拡大しているこれら2社の成功事例とともに解説する。

⑩ 販売方法の進化

自社の販売方法を検討する際、多くの企業は「モノやサービスを売る販売時点」だけを考えやすい。しかし、従来はそれでしっかりと利益が出ていても、今日では値引きしなければなかなか売れないという状況に陥いるケースが少なくない。

そこで、「言い値」で販売できている企業に共通する「モノを売る前の準備」と「モノを売った後の対応」という2つの視点で、自社の「販売方法」を見直してみていただきたい。

たとえば、自社のヘアドレッサー用鋏《はさみ》が世界50カ国で愛用されており、通算100万丁の販売実績を誇る鋏《はさみ》のトップメーカーは、「海外」の「プロ」を徹底的に囲い込んで成功した。ロンドンにある有名美容師養成学校の先生に評価を受け、これがきっかけでヨーロッパの美容師の間でクチコミが広がり、この評判を耳にしたバイヤーが同社製品を買い付けに訪れるようになったのだ。

また、買い換えと買い増し需要を取り込むために、自社製品の無償の修理サービスを提供し、顧客との関係を維持して収益の安定化を図っている。

もう一つ、後発かつニッチな特殊バネの市場で、「絶対に値引きはしない」という強いポリシーを実現するために、独自の「言い値販売システム」を構築したバネメーカーの取り組みも注目に値する。

同社では、既存顧客には圧倒的な短納期での提供を行ない、さらに、価格ではなく価値で買ってくれる有望な見込み客を効率よく発掘し、成約に結びつけるためにネットを駆使した情報提供や集客のノウハウをもっている。

第10章では、自社が価格ではなく「価値」で選ばれるための「販売方法」について、これら2

社の事例を用いて、具体的なプロセスと戦略視点を解説する。

⑪ コミュニケーションの進化

企業から顧客(生活者・法人)に伝える情報は企業・製品・サービス関連の情報が中心になり、顧客(生活者・法人)から企業に伝える情報は要望や要求(こうして欲しい・ここを改善して欲しいなど)、評価や推奨(とてもよい製品だ・気に入っている)が多い。

情報伝達の手段や方法は多様化しており、自社に最適なコミュニケーション(情報の伝達・共有・交流)方法を策定し、組み合わせて実行することで経営は飛躍的に進化できる。

たとえば、60年もの間、特殊工具をB2Bで販売していた中小メーカーが、一般家庭用工具を開発し、250万丁(工具は丁と数える)の大ヒットを実現したのは、商品開発におけるニーズの発掘からプロモーションに至るまで、最適なチャネルを使って巧みに顧客とのコミュニケーションを図ったからである。

また、小規模・小資金ながら巧みなコミュニケーション戦略により、自社商品が洞爺湖サミットの贈呈品や、内閣府や外務省のお土産品として選定されるなど、国の贈呈品として用いられている伝統工芸メーカーは、自社の体力に見合ったインバウンド戦略によって海外の顧客も獲得している。

これら2社の事例を含め、とくに潤沢な資金をもたない中小企業が、どんなツールを使ってメディアや顧客との関係を築き、自社の「価値」を高めるかの具体的なプロセスを**第11章**で解説する。

以上が、収益性の高いビジネスをするために考えるべき11の領域である。

この11の領域で自社の強みが活きる新しい収益源を発見し、全体として整合性がとれるよう打ち手に一貫性をもたせると、自社の価値を高め続ける独自の戦略が完成するのだ。

自社の事業価値を飛躍的に高める「進化経営」戦略の立て方

序章の最後に、本書の目的と効果的な使い方を述べておきたい。

本書の目的は理論のお勉強ではなく、「考えて行動する」ための実務書である。そこで、11の戦略視点について、22社もの中小企業の事例を交えて具体的なプロセスと、進化の推進ポイントを各章に記した。

そこで、これから全章をとおして11の戦略視点をすべて理解し、自社に置き換えて熟考していただいたのち、実践シートを用いて戦略を立案するという流れで進める。

なお、実践シートは巻末に収録してあるので、取り外して、本文を読みながら記入していただきたい。以下、進化経営戦略立案のプロセスと要点を述べる。

プロセス(1) 自社の事業において、11の領域で未着手あるいは取り組みが弱かった領域を発見する

各章「11の進化領域」それぞれのプロセスにおいて、最初にやることが自社の現状分析である。11の領域のうち、どの領域では先手を打っており、逆にどこで対応が遅れているかを把握することで、自社の課題を抽出する。

現状の分析の方法は、各章ごとに分析のポイントと使用する巻末シートの活用方法を記してある。

プロセス(2)　企業として変えてはいけないことを再確認し、進化戦略の前提条件にする

経営や事業を進化させていく上で、企業理念や事業理念、企業の使命など、文言を修正することはあっても、安易に変えてはいけない内容を再確認し、進化戦略の内容と矛盾が生じないようにする。

また自社を代表するロングセラー製品や基幹製品で、大勢のファンが存在する製品については、進化させることはあっても、大幅に内容を変更するのは危険だ。既存顧客を失うと、経営基盤が揺らいでしまうからだ。

自社のもつ資源の中で、変えてはいけないモノや内容を特定し、進化戦略を推進する際に問題が生じないようにして欲しい。

プロセス(3) 11の領域において、これまでの取り組みの中で盲点を見つけて対応策を考える

プロセス(1)にて把握した自社の課題をふまえ、各領域ごとに用意した専用のシートを活用して、今後取るべき対応策を導き出す。

事前の現状分析において浮かび上がった未着手の領域については、なぜ対応が遅れたのか、その原因と理由を振り返りながら、必要となる戦略と戦術を立案する。

また、未着手の領域について、急いで対応したい場合には、最初に未着手の領域を先に読み、取るべき施策を考えた後に、他の章を読んでも構わない。

なお、取り組みのポイントと、使用する巻末シートの活用方法は、各章の本文に記してある。

プロセス(4)　戦略全体が「全体最適」になるように戦略を練る

プロセス(3)にて各領域それぞれに必要となる打ち手を考えたら、全体を俯瞰《ふかん》して個別の施策が相互に矛盾点がないかどうかを照らし合わせ、全体の整合性をとる。

全体を通して矛盾する項目があれば、その領域については再考して修正を加える。全体の最適化が図れたら、11の領域に優先順位をつけ、順次施策を実施する。

一つや二つの進化だけで、他の領域にプランがなければ、該当する領域での個別最適の戦術に留まっている可能性がある。この場合、短期的な打ち手や販促策としてなら活用できるが、経営全体を進化させる仕組みにはなっていないことを強調しておきたい。

プロセス(5) 経営戦略として整合性が取れる様に、個別領域の進化策に手直しを加える

個別領域では問題がないように見えても、戦略全体から見ると矛盾が生じている打ち手が見つかれば、それを手直しして、経営戦略として全体の整合性を図るように再度内容を精緻化する。

11の領域で考え出した打ち手に一貫性があり、考え方と施策に矛盾がなくなれば、次は着手する優先順位と達成目標や実施予定日を考慮して実施計画を立案した上で順次実施する。

なお、プロセス(3)と(4)の全体最適化に使用する巻末シートの活用方法は、終章「進化戦略の全体最適の手引き」の本文に記してある。

以上が本書の流れである。なお、事例について強調しておきたい点が2つある。

まず1つは、事例を読む際に留意していただきたい点についてだ。

各章ごとに事例は豊富に挙げているが、事例については、11のうちの1つの領域での成功

話ではなく、その領域で新たな施策に取り組んだ結果、他の領域で、いかにその施策に連動した取り組みを行なったか、戦略全体を網羅して詳述していることだ。

この意図としては、何度も述べているように、11の領域は個別に独立して存在するのでなく、それぞれが連動し影響を与え合っていることを理解し、11の領域で必要となる施策と組み合わせを考え、自社の戦略を立案して欲しいからだ。

また、11の領域で個別に考えた内容は、その領域だけに通用する「部分最適」のプランになっている可能性があるので、全体を通して一貫した戦略を立案するということを常にアタマに入れて読み進めていただくために、事例はあえて戦略全体に言及しているということを強調しておきたい。

2つめは、事例を中小企業に限定したことの意図だ。これは、企業の規模にかかわらず、旧来型の常識を打破するような、独自の戦略を生み出していただきたいからだ。

事例に登場する企業がどのように事業の進化に取り組み、いかに成果に結びつけていったかを読み解きながら、自社の取り組みと比較してみて欲しい。そこで提示される参考視点や解決策を参考にすれば、自社が推進すべき進化への道筋が見えてくるはずだ。

なお、成功した企業に学ぶことは絶対に必要だが、学ぶこととマネをすることは根本的に異なることを知っておくべきだ。

「なぜ、従来の市場を根本から変える発想が生まれたのか」

「なぜ、その戦略を考え出せたのか」

この「なぜ」を考え抜くために、事例から多くを学んでいただきたい。

しかし、「どうすれば自分たちにもできるか」「どうすれば先行商品よりも売れるか」といった具合に、「どうすれば」から発想する人は、小手先の改良改善にとどまる。

「なぜ」と考えられる人は戦略的思考ができ、他業界の事業や商品からも気づきを得て、自社に応用・活用できる。しかし、「どうすれば」と考える人はどうしても戦術的思考で、競合他社や自社業界の動きを見て、改良改善で対応しようとする。

両者の差は決定的で、市場そのものを創造する視点に立つ前者に対し、後者は先行企業によってつくられた土俵の中を細分化するのにとどまる。

大事なことは、時代の流れを変えるリーダーシップを発揮し、モノマネや二番煎じではないオンリーワン企業を目指すことだ。経営者は旧来型の画一的発想に縛られず、自社や自社が身を置く業界の常識をいま一度疑ってみてほしい。

業界の競争ルールとは、強い企業、トップ企業がつくったルールである。強い企業に都合の良いルールを前提に争っても、トップに勝つことはできないのだ。この不利な競争を避けるには、自ら独自の競争ルールを生み出し、オンリーワンとなる11の秘訣を実行することだ。

これにより、新たな収益源を発見し、高い付加価値を創造でき、従来型を踏襲する企業に比べ、決定的に有利な事業を展開できるようになる。あるいは同一業界内でも、トップ企業と不利な競争をすることなく、オンリーワンの事業展開を行なうことが可能になる。

事例に登場する企業が事業を進化させていくきっかけは、「主要取引先の倒産」や「収益が出ない下請け体質からの脱却」「後発企業としての生き残り」など様々だが、経営環境が様変わりし、旧来の経営戦略では成り立たなくなったことは共通している。

そしてどの企業も過去の方法論とは決別して経営を進化させたことで、実績と成果を手に入れることに成功したのだ。

本書を足掛かりにして進化経営に取り組めば、読者の企業はさらに輝きを増し、魅力に溢れ、顧客から指名される企業になれると筆者は確信している。

第1章　市場の進化

既存市場で利益が出なくなった３つの理由

Ｍ精機は、生産財部品の中小製造メーカーである。

大量消費の需要に呼応して、どこよりも早く工場の機械化に取り組み、製造工程を全自動化した同社は、良質な部品を大量につくり、安価に提供する企業として評価を獲得してきた。需要は安定し、業績も順調に推移してきた。

ところが１０年ほど前から主力の部品市場に、中国をはじめとする新興国企業が参入してきた。結果、あっという間に低価格製品が市場に流入し、安定していた市場が熾烈《しれつ》な価格競争市場に激変してしまった。

製品には自信があるが、外見からは違いがわからないため、ユーザーは安価な部品を選ぶ。管理が行き届く日本国内で部品を製造しているが、適正価格で販売できなければ企業として利益は出ず、このままではどれだけ製造しても赤字を増やすだけになってしまうのではないかと、Ｍ社長は危惧《きぐ》する。

いま、Ｍ精機に限らず海外企業が参入し、価格競争に苦しむメーカーは数多い。そういう市場には共通した３つの特徴があり、

①すべての製造工程が機械化された大量生産方式の市場

②薄利多売の市場

③製品の優位性が発揮しにくい市場

などの理由で、企業や製品の「ブランド力」が発揮できないという特徴がある。

「ブランド力」とは「付加価値」であり、少し乱暴な言い方だがわかりやすく言うと、「競合他社製品よりも高い値段で売れる」収益の源泉である。この「ブランド力」については第6章「ブランドの進化」に譲るが、ブランド力の向上ではなく、生産性の向上によるコストダウンで利益を出してきた会社は、価格競争の激化によってますます苦しくなる。

この流れは生産財の部品製造に留まらず、家電やコンピュータなどの業界でも起きている現象だ。自動車と並んで日本を牽引してきたＳＯＮＹやパナソニック、シャープ、ＮＥＣや富士通を見れば、市場が急速にコモディティ化し、日本企業の強みが失われていることに気づく。

この背景には、前章で述べたように、アップルのような工場をもたず（ファブレス化）、安価に生産できる新興国メーカーに製造と組み立てを依頼し、販売価格を維持できる仕組みを生み出した企業の台頭が背景にある。

Ｍ精機にしても、部品を量産する現在の市場では、同社の強みや優位性が年毎に発揮できなくなる。海外製品との価格競争が今後さらに激しくなる環境で、自社製品の改良改善だけでは、経営は好転しない。

ところで、市場のコモディティ化と同様に増えてきているのが、市場そのものが縮小してきて、そこに身を置く企業の売上と利益が減っているというケースだ。

たとえば、花きの市場は縮小傾向にあり、市場全体で大きな成長は見込めない業界といわれている。

そもそも日本国内の花き産業の市場規模は９，４１２億円で、清酒産業の７，０５８億円よりも大きく、運動用具産業の９，６９８億円と同程度だ。（近年その市場規模が調査されていないため、総務省統計局「平成１７年産業連関表（基本分類表）」を参照）

この花き市場が近年縮小する傾向にあり、農林水産省の需要予測では過去の購入トレンドから判断して、将来に向けて何も手を打たなかった場合、２０２５年には２００９年と比較して切り花の市場はマイナス２３％、園芸品・園芸用品では同年比較でマイナス２９％になると予想されている。

一般的な生花店は、法人用として胡蝶蘭《こちょうらん》に代表される贈答用高級花や開業・開店祝い用のスタンド花、結婚式場や斎場で使用する冠婚葬祭用の需要を想定している。生活者向けにはギフト用を中心とした切り花が多く、観葉植物に代表される鉢物を取り扱う店舗も多い。生花店は売れ残って捨てる廃棄率（ロス率）が３０％前後もあり、これが花の販売金額が高くなる最大の要因だ。

この業界も二極化が顕著で、立地と規模に制約がある個人商店の経営は厳しい一方、大手企業の業績は堅調だ。またバーチャルの世界にも競合が現れ、ネット経由で容易に注文できるので、間接的に競合している。

その市場にあって長年生花屋を営み、店舗数３店舗をもつ中堅A社も苦戦している。A社の主要な収入源は、法人需要としては単価の高い贈答用の胡蝶蘭《こちょうらん》や鉢物、開業・開店祝い用のスタンド花などが中心だ。

一方、生活者向けには誕生日や母の日に代表されるギフト用の花と、観葉植物も品揃えしている。

この世界では、自分たちで市場に出かけたり直接生産者とやり取りしたりして仕入れるが、仕入れの手間や輸送代、日持ちしない花の特性から売れ残り分を原価に加味するため、仕入れ価格の3倍程度で販売している。店頭での販売価格が高くなるが、こうしないと利益が出ないのだ。

生活者向けの需要を拡大するには、通行量の多い場所を選び、多品種の品揃えを行なうために、ある程度面積のある物件が必要になるが、当然家賃は高くなる。

また、胡蝶蘭《こちょうらん》や生花の鮮度を保つためには冷蔵ショーケースが必要で、こうした設備投資と電気代、そして家賃などの固定費負担が増えると収益が出なくなるため、多店舗化は容易に進まない…という様々な制約に、社長は打開策を見出せないでいる。

しかしA社をはじめ、花きのように縮小傾向にある市場で売上利益を伸ばせない会社の多くは、非常に発想が硬直化しており、経営者が過去の方法論から抜け出せていないと言わざるを得ない。

その根本原因は「現状分析」の欠如によるもので、主に次の３点の分析がなされていない。

①市場の中でどんな需要がマイナス成長なのか、また、なぜ需要が拡大しないのか

花きの業界で市場が減少しているのは、法人需要と仏事需要が大きい。特に法人需要は景気の影響に大きく左右されるからだ。

また、生活者市場では若年層の購入者が少なく、切り花を月平均で一度も購入したことがない世帯が６割、同じく園芸品・園芸用品では７割もあり、特に２０代から４０代の購入金

額が低い。その一方、５０代から７０代の購入金額は高くなっている。（出典：農林水産省　花きをめぐる情勢　花き産業振興室　平成２３年５月）

こうした傾向がなぜ生じているのか、また、どうすれば新たな花の需要を開拓できるかについて業界や企業では十分に分析されておらず、企業として取り組める市場創造策も考えられずにいた。そのため生花の小売業では旧態依然とした経営が行なわれていることが多い。

②競合との違いがなく横並びの発想

生花店を比較してみると、どの店舗も冷蔵ショーケースに生花が置かれ、注文を受けてから花束をつくるのが通例となっている。また、手軽に買える価格ではないため、生活者が花を購入するのはギフト用が多く、自家用は限られている。

③自社の強みを発揮する領域を特定していない

生花の需要があれば法人用も個人用も幅広く取り扱うため、自社の強みを特定し、自社の資源を集中化させることができずにいる企業が多い。

この傾向は生花市場の企業に限ったことではなく、他の業界にも共通するポイントだ。

これら主に3つのマイナス要因を抱える縮小市場には小規模な事業者が多く、旧来型の経営を踏襲《とうしゅう》するだけで、新たな取り組みを行なう法人が少ないため、市場そのものが活性化していない。

しかし逆にいえば、市場を分析し、業界の常識という色メガネを外してみることで、売上と利益が伸びにくいといわれる業界でも、独り勝ちの経営をすることができる。

そこで本章では、最適な市場を策定し、あらたなビジネスの仕組みをつくるプロセスを、「B2Bビジネス」と「B2Cビジネス」の2つに分け、それぞれ製造業と小売業をモデルに解説する。

B2Bビジネスの「市場の進化」経営

まず、価格競争市場から脱し、新たな高収益市場を生み出した製造メーカーDG TAKANOの事例をご紹介する。

既存の技術を横展開し、商品単価100倍の市場を開拓する

高野精工社は1961年に創業し、業務用ガスレンジの火力調整ツマミを製造する企業だった。同社は不良品率が1万個に1個という品質の高さを売りモノにしていたが、2005年頃より中国や韓国から低価格部品が流入したため価格競争に巻き込まれ、厳しい状況に追い込まれた。

この窮状を打破することになるきっかけは、三代目にあたる高野雅彰氏のもとに節水製品の依頼が入ったことだった。

水に関する知見を全くもたない高野氏は、これまでにない節水製品をつくるため、「合同会社デザイナーズギルド」を2008年に立ち上げ、大和ハウスなどの企業のエキスパートから水市場のアドバイスを受け、自らは設計を担当した。

デザイナーズギルドでの仕事のやり取りはメールを使い、月に1回行なわれる会合で問題を解決する方法によるプロジェクトが始まる。

高野氏は既存節水製品の構造や機能・性能などを比較分析し、特許資料を調査するなどした後に、試作品の製造に着手。10数回に及ぶ設計変更を重ね、「水質を問わず、目詰まりせず、メンテナンスが容易で節水率が高い」ノズルを2009年に完成させる。

蛇口ノズル「バブル９０」

高野氏は、実家の高野精工社の工場設備を使って製造をはじめた。製造過程で熟練の技を必要とする部分があり、そこは高野氏の父親の高野善行社長が行なった。

善行社長は切削《せっさく》加工の職人で、１０００分の1ミリメートル単位の精度で金属を切削加工する熟練の技をもっており、この技によって製品化に成功する。

「バブル９０」と命名されたこの蛇口ノズルは、最大で９５％の節水率を実現し、少量の水に大量の空気を効率よく混合させ、使用感や洗浄力を損なわず、手洗いや洗浄など用途に併せて必要最低限の水を出すことができる。

調整リングを回せば水量の調節が可能で、水圧が高いほど節水効果も高くなる。

ヨーロッパや中国などの水質は硬水で、一般的な水栓では内部が詰まりやすいが、「バブル９０」はノズルを下に引っ張ると、サビや泥水の詰まりを取り除けるため、水質を選ばず詰まる心配がないことも大きな優位性だ。

　そして、完成した「バブル９０」を携えてメッセベルリン２００９「水」専門見本市に出展し、注目を集めたことからその需要性を同社は確信する。同年の「〝超〟モノづくり部品大賞（モノづくり日本会議／日刊工業新聞社主催　経済産業省／日本商工会議所後援）」において、中小企業で初めて大賞を受賞した。

　この「〝超〟モノづくり部品大賞」の受賞を機に、国内外から「バブル９０」が注目され始めたことを受けて、２０１０年に「株式会社ＤＧ ＴＡＫＡＮＯ（資本金１，０００万円）」を設立し、本格的に事業を開始する。

「バブル９０」は約5～１０％の水量で従来と同様の洗浄力を発揮し、手洗い時に水が飛び散ることなくまっすぐ落ちるよう工夫されている。また、電気を一切使用せず水圧だけで使用できる独自の技術開発により、特許も取得した。

　同社は兵庫県内の一部の小学校にサンプル提供し、飲料メーカーに納入して節水に対する高い評価を獲得していく。

　さらに、水道の使用量が多い飲食店、学校や工場、病院や介護施設、ゴルフ場、原子力発電所などの法人に「バブル９０」の需要が見込め、水圧の低いエリアや土地の低い地域、硬水や軟水の地域、水質の悪い井戸水などでも使用できるのも強みだ。

年間の水道代が120万円かかっていたラーメン店が66万円になるほどの省エネ性能があることから、「バブル90」には最初飲食店が飛びつき、2014年には累計販売個数が5万個を突破する。

そして、2013年の売上1，000万円から20倍の2億円の規模に急成長する。高野精工社が製造販売していたガスレンジ用のツマミは1個250円だったが、DG TAKANOの「バブル90」は1個2万5，000円前後で販売されている。

なお同社は、グループ会社として販売会社の株式会社DG SALESを東京に置き、ユーザーへの直接販売、サービスサポート組織ももっており、その下に自動車メーカー・東芝グループ・商社・飲料メーカーなどを販売代理店にし、製造機能と分けている。

B2Bにおける「市場の進化」経営を推進する5つのポイント

DG TAKANOの事例をもとに、B2Bビジネスで主に生産財メーカーが、閉塞《へいそく》した市場でなく独自の市場を見つけ、そこで活路を見出す経営のポイントを5つ挙げておく。

①第三者からもち込まれる相談やＯＥＭには新規案件につながるヒントがある

長らく同じ市場でビジネスを行なっていると、新たなビジネス発想に立てなくなり、過去の延長線上で考えてしまいやすい。だが、第三者からもち込まれる相談やＯＥＭの中には、自分たちでは思いもよらない新たな市場や製品を発見するヒントがある場合がある。

この事例でも外部から節水製品の依頼が入ったことで、業務用ガスレンジの火力調整ツマミで培った技術を、水道市場で転用して高機能の製品開発につなげるきっかけになっている。

ＯＥＭや他社からのもち込み企画の場合、相手方の技術に依存するのでなく、技術特許などの知的所有権は自社で取得し、自社ブランドで販売できる体制を想定しておかないと、単なる下請け企業に終わってしまう。自社で生み出したノウハウは自社で有効活用し、事業化を図ることを前提に取り組むことだ。

②新市場を創造するために、ユーザーの代替メリットを徹底的に分析し、解決策を追求する

新たな市場で自社の売上を伸ばすには、既存製品の改良改善だけでは上手くいかないことが多い。特に業務用市場ではユーザーが購入するメリットが大きくないと、需要は顕在化しない。

ＤＧ ＴＡＫＡＮＯでは市場を開拓するために、「水道を大量に使用するユーザー向けの節水機能」に着目、「高機能の節水型蛇口ノズル」を製品化した。ユーザーの水道料金コストを大幅に削減できるメリットは、代替を促進する要素になった。

製品価格が高くても、省エネ効果が高く、ランニングコストを大幅に削減できるメリットがあれば、顧客は喜んで代替購入してくれる。

③ひとつの事業所で複数の需要が生まれる製品なら、市場は拡大できる

「バブル９０」の耐用年数は１０年とされており、次の買い換え時期は１０年後となる。一度購入してもらうと、１０年後にしか需要が生まれず、市場の拡大が望めないように思える。

だが、「バブル９０」を必要とする法人や組織には、ひとつの事業所でも水道の蛇口は何カ所もあり、複数の製品需要が存在する。そのため買い換え需要を待たなくても、新規取引先の開拓に注力すれば、需要を拡大できる。

④製造に徹し、「販路」や「営業力」は他社の力を借りて共生することも選択肢に入れる

ＤＧ ＴＡＫＡＮＯは、グループ企業にＤＧ ＳＡＬＥＳをもち、直接販売を行なっているが、生産財を中心に大手企業の下請け的役割を果たしている企業では、社内に営業機能をもたない場合も多い。したがって、製造に専念してきた企業が新たな取引先や販売先を開拓するのは至難の業だ。

こうした際の選択肢として、自分たちは製品の製造に特化し、販売先の開拓や営業活動は他社の力を借り、代理店契約や販売契約を結んで業務委託を行なうという住み分けを視野に入れる必要も出てくる。

ただし、自前で販売力や営業力をもつことを長期的には実現すべきだ。企業が成功するには、製品開発や製造と同じ力を、販売(営業活動)にも注力することが欠かせない。しかし過去に自らの手で販売活動を行なった経験がなければ、ノウハウ蓄積のためにも思い切って全面的に委託するという方法もある。

⑤他社がすぐに参入しない市場規模と利益率を想定しておく

自社が取り組んだ市場の規模が大きくなり、魅力的な市場に見えると、大手企業も含めて多くの競合企業が市場に参入する可能性がある。よって、業界の大手が参入しないように、市場規模を急に大きくせず、事業を推進する。

また、製品の利益率が高いと、固定費が掛かっている大手企業には魅力的に見え、参入される可能性が出てくる。工場で機械だけで生産できる量産品ではなく、職人による手作業との組み合わせにより付加価値を高め、人件費(手間)が掛かっていることを競合他社にわからせておくことも必要になる。

加えて、特許や実用新案を取得し、参入障壁を高くする取り組みも欠かせない視点だ。

Ｂ２Ｂビジネスの「市場の進化」を策定するプロセス

それでは前述したポイントをアタマに入れながら、Ｂ２Ｂビジネスでの市場の進化プロセスを、事例として取り上げている製造業でまとめる。

プロセス(１)　自社の市場を正しく把握する

まず、自社にとって最適な市場を策定するには、現在自社が土俵にしている市場について冷静に分析してみることだ。

序章で述べたように、経営環境の変化により前提条件が変わってしまったにもかかわらず、自社が身を置く市場について深く考えることなしに経営をしていると、いつのまにか意図せずに「競合企業が乱立する市場」や「価格競争が激しく利益が出ない市場」に身を置いてしまうケースが多い。

そこで、まずは現状の分析を行ない、自社の「市場規模と構造」を把握する必要がある。なお、現状分析はB2BでもB2Cでも、どちらのビジネスの場合にも必要不可欠なプロセスであるため、ここで両方のビジネスでの現状分析の方法をまとめて述べておく。

現状分析には巻末の**シート(1)**と**シート(2)**を使用する。まず**シート(1)**に、市場規模と構造の変化を把握するために「市場を構成する顧客」「市場に存在する製品・サービス」「需要が生まれる頻度」「購入に至る経緯」の4つの項目における変化を書き込んでいただきたい。

それでは、4つの項目について、以下述べていく。

現状分析①　市場を構成する顧客

現在どのような顧客(B2Cなら生活者、B2Bなら法人・組織)によって構成されているのかを知る。

B2C(小売業のように直接生活者に販売する企業形態)であれば、自社の製品やサービスを購入する顧客の年齢・収入・人口、ライフステージや家族構成（未婚・既婚・子供の年齢など）などを把握する。

一方、Ｂ２Ｂ（生産財メーカーのように法人間取引を行なう企業形態）であれば、自社の事業や製品（例えば自動車メーカー向けエアバッグの製造など）・サービスについて需要がある法人や組織の業種・企業規模・企業数などを把握する。

人口が増えている時代には子供の数が多いので、学習塾や予備校・通信教育などのビジネスが台頭する。逆に、人口が減少して高齢者が増えると、高齢者に向けた宅配事業や介護事業などのビジネスが増大する。これは人口（顧客）の数が多いことに焦点を合わせて、そこで需要が生まれるビジネスを考え出しているからだ。

したがって、顧客の変化の度合いは３段階に分けて考え、「大きく様変わりしたこと」「変化を感じること」「変わらないこと」をそれぞれ詳細に分析する。たとえば、大きく様変わりしたことは「顧客が高齢化し、新規顧客が増えない」ということで、変化を感じることは「高齢者夫妻や単身者が増えている」といった具合だ。

現状分析②　市場に存在する製品・サービス

現在どのような製品やサービスが、自社の市場に存在しているのかを把握する。

市場の構造が根本的に変わる可能性がない場合には、既存の製品やサービスを分析する。だが、従来とは全く異なる新技術を携えた新製品が登場すると、製品の市場構造は様変わりしてしまい、旧来品が淘汰されることがある。たとえば、デジタルカメラの台頭により、写真フィルムや印画紙に代表される写真用品市場が消滅し、これに伴ってＤＰＥを行なう業態も淘汰されたことが好例だ。

また、iTunesやオンデマンドの登場により、音楽ＣＤやＤＶＤの市場が急速に縮小していることも、市場構造が激変した例だ。ＩＴに代表されるデジタルとオンラインの世界では、こうした事態が日常的に起きている。

そこでシートに、大きく様変わりしたことは「ネット経由の買い物が一般化している」、変化を感じることは「６０代でもネット通販利用者が増えている」など、思いつくものを書き込んでいく。

現状分析③　需要が生まれる頻度

製品やサービスがどのような頻度（季節与件や買い換えなど）で購入されるかを把握する。

消費財で米や卵といった食料品は、購入頻度は高くなる反面、単価は安くなる。また食べる人の数が多い（市場規模が大きい）ため競合企業が数多く存在し、価格競争になりやすい。

その一方、耐久消費財の自動車では、単価は高いが購入頻度は5年～10年と長くなる。また、自動車を選択する基準は価格だけでなく、燃費などの機能性（省エネ）・デザイン・ブランドなど多くの選択肢がある。このように市場によって購入頻度や需要の構造は変わってくる。

こういう観点で分析してみると、たとえば、大きく様変わりしたことは、「省エネでランニングコストが下がる製品が動いている」、変化を感じることは「中元や歳暮の需要が減少してきている」というようなことが出てくる。

現状分析④　購入に至る経緯

購入のきっかけ（買い換えニーズなど）や、購入する前に参考にする情報など、購入に至る行動を把握する。

かつてはマスメディアの広告を見て商品情報をつかむことが一般的だったが、現在はネットを使って必要な情報を自ら検索するスタイルが定着している。このように、生活者自らが情報を探しにいく行動スタイルに対応し、検索すれば自社が容易に見つかるようにするなど、ネット検索への企業対策はもはや基本条件になっている。

ここで重要なのは、ネットの登場により、商圏の考え方が大きく変わり、生活者の購入プロセスも様変わりしていることだ。

こうした変化を受けて、たとえば、大きく様変わりしたことを考えると、「SNSでのクチコミで売れることが多くなった」、また、変化を感じることは「若者にチラシがきかなくなった」などが見えてくる。

自社の市場の現状を把握すると、過去と現在の市場で様々な変化が出てきたことに気づくはずだ。市場は絶えず変化しており、変化に乗り遅れると業績は悪化する。企業が持続的に成長するには、未来に向けた市場の変化を予測し、先手を打つことに尽きる。

プロセス(2)　自社の強みを発揮し、収益が高まる市場を策定する

現状の市場を把握し、課題が見えてきたら、それをもとに、今後自社の強みを発揮し、収益が高まる市場はどこかを考える。

そこで、次の4つの特徴をもつ市場はないかを、アタマに入れて考えていただきたい。

①既存の市場でなく、自社の技術が生かせる別の市場や領域

日本国内で製造する企業が、優位性が発揮できない製品をつくり、固定費が安価な新興国メーカーと価格競争を行なうには限界がある。

製造拠点を海外に移す方法もあるが、競争力を維持するにはコストが安価な国や場所に絶えず製造拠点を移していくことになり、抜本的な解決にはならない。

そこで、国内で製造する価値があり、価格競争に陥らずに済む市場がないかを探してみることだ。

②国内外の競合企業が目をつけ参入してくる成長市場ではなく、競争が少なく、しかも市場が安定している成熟市場

規模が急速に大きくなっている成長市場にはどの企業も注目し、多くの企業が参入してくる。参入する企業が乱立すると新機能開発が熾烈になり、さらに価格競争も激しくなる。

その一方、大きな市場でありながら成長が緩やかで成熟しているように見える市場には、参入する企業が少なく、市場が旧態依然としたビジネス構造になっている場合がある。そこに盲点がないか探ってみるのだ。

③中量・少量生産で付加価値がアピールでき、製品単価が上げられる市場

市場の大きさは、「製品単価×顧客数×購入頻度」で決まる。大量に製造して薄利で販売する「薄利多売」市場でなく、中量生産や少量生産による付加価値の高い製品で、価格が高くても需要のある市場を創造できないか、検討してみる必要もある。

④長期間にわたり市場に技術革新がなく、顧客視点の製品開発が行なわれていない市場

市場が大きいにもかかわらず、既存製品に技術革新が少なく、旧来品が長期間そのまま流通している市場を見つけ、そこで顧客が求めるニーズに応えた製品を開発できないか検討してみる。

プロセス(３)　既存市場における顧客の不満・悩み・コスト高の要因などを洗い出し、それを解決する機能を開発できないか検討する

狙いを定めた市場で自社の強みを発揮するために、その市場における顧客の不満・悩み・コスト高の要因などを洗い出し、それを解決する機能を開発できないか検討する。

ここで重要なポイントは、既存製品の単なる改良改善でなく、価格が高くても顧客が喜んで購入してくれるメリットや機能を研究し、製品化を検討してみることだ。

その際に徹底的に調べるべきは、繰り返しになるが「顧客が抱えている不満・悩み・コスト高になる要因」である。

以上、Ｂ２Ｂ製造業の市場の進化のポイントとプロセスを述べた。なお、ここまで述べた

ことを、「最適な市場を策定するプロセス」と「市場の進化経営を推進するポイント」として、巻末の**シート(2)**にチェックリスト化してあるので、市場策定の際に考えをまとめるために活用していただきたい。

このチェックリストを使って、自社が取り組むべきことをモレなく確認し、レ点をつけた項目について検討する。

B2Cビジネスの「市場の進化」経営

次に、B2Cビジネスにおいて、現在の市場のとらえ方に盲点はないのか。縮小している市場であっても、成長するビジネスを行なうことが可能なのか。さらにはその市場でいかに高収益性を確保するかなど、既存の収益の上げ方の盲点を見つけ出して進化させる仕組みと方法を、事例で取り上げた小売業で述べる。

まず、前述のとおり縮小傾向にある生花市場において、新たな仕組みを生み出した成功例として青山フラワーマーケットを紹介したい。

業界異例の利益率で多店舗展開を果たす生花店

青山フラワーマーケットを展開する㈱パーク・コーポレーション（井上英明《ひであき》社長）は１９８８年１２月２４日に設立され、２０１５年１２月期の段階で年商は約７１億５，０００万円。店舗数は青山フラワーマーケットが９３店舗、オンラインショップが１店舗、フラワースクールの hana-kichi が１店舗、TEA HOUSE を３店舗（２０１５年1月現在）展開する企業だ。

創業時は、在庫をもたず無店舗の完全予約制による花の配達業務から事業をスタートさせ、２年後に東京の青山ラミアビルの地下階段の踊り場で販売できないかと考え、ビルオーナーと交渉。店舗スペースではない場所を安価に利用させてもらうことに成功する。

この出店をきっかけにして、同社はこれまでの生花店にはない独自のビジネスモデルを考案していく。

同社の経営のポイントは４つある。

１つ目は、自社の事業領域を、「生活者向け需要」に絞り込んだことである。

一般的な生花店は贈答を目的とした法人向け、冠婚葬祭向け、生活者向けと用途を広げて品揃えを増やしているため、それなりの売場面積が必要だった。

しかし同社はこうした固定観念に縛られず、法人需要（特に胡蝶蘭《こちょうらん》）や冠婚葬祭需要を捨て、観葉植物などは小ぶりの鉢植えだけに限定し、自社の事業領域を「生活者向け需要」に絞り込む。この方針により、商品回転率を高めることに成功した。

２つ目は、固定費を引き下げ、廃棄ロスをなくす取り組みを徹底したことだ。従来の生花店は生花や胡蝶蘭《こちょうらん》などの高級品の鮮度を維持するために、冷蔵ショーケースが必要だった。またこれらの什器を設置するスペースが必要になるため、店舗面積が広くなり家賃が増える要因になっていた。

冷蔵ショーケースを２４時間稼動するために電気代も必要で、固定費が増える一因でもあった。そこで同社では冷蔵ショーケースを設置せず、回転率のよくない商品を在庫としてもたず、小規模な店舗による高効率経営により家賃を減らす経営を考え出した。

また、「花をその日のうちに売り切る」ために、チェーン展開をしているのに、生花の仕入れは本部ではなく各店に裁量を与え、店の立地に合わせた花が店頭に並ぶ。高級住宅街が近ければ、リビングや玄関で見栄えのする大ぶりの花を増やし、若年層の通行量が多ければ、グラスに挿せる小ぶりのブーケを目立たせるという具合だ。

立地は駅改札から３分以内で通行量の多い場所に限り、これも「売り切る」ための必須条件だ。特別な日だけでなく、日常的に足を運んでもらうため、ビル内であればファッションのフロアではなく、ビルのエントランスや生鮮食品フロアに出店する。

３つ目は、ブーケ（何種類かの花を組み合わせ花束にしたもの）商品の開発だ。ブーケ商品の誕生によって、花を購入する機会と購入者を増やした。

創業して数年たった頃、「花は好きだが、飾らない」という生活者に詳しく話を聞いたところ、「どこに飾ったらいいかわからないから」「花瓶をもっていないから」「花の組み合わせ方がよくわからないから」という意見が多かった。

そこで、グラスブーケ、キッチンブーケ、エントランスブーケ、リビングブーケなど、飾る場所の名前をつけ、手軽な価格で、あらかじめおすすめの花を合わせた「ライフスタイルブーケ」という商品を開発した。

たとえば一番小さなサイズのブーケは、「花瓶がなくても、小さなグラスにでも気軽に飾れますよ」という意味をこめて「グラスブーケ」と名づけた。

それが、自宅用といっても仏壇用の花がメインだった日本の家庭の花事情を変えるターニングポイントになり、花を購入するきっかけと購入する人の両方を拡大。新規需要と新規顧客の開拓の両面でブーケが貢献している。

同社では買って帰る際にその姿が美しく見えるように、ラッピングや紙袋にもこだわり、男性用にはギフトボックスブーケを用意して、目立たない(花をもつのが恥ずかしいと思う男性がいる)ように工夫している。また花が長持ちするように、オリジナルの小さな「切花鮮度保持剤」を付ける配慮まで行なう。

これまで自宅に花を生ける習慣がなかった人を開拓できたことで、花バサミや花瓶といった関連商品も売れるようになった。そのため店頭には多種多様な小ぶりの花瓶がディスプレーされている。

4つ目は、出店要請を受けて、立地条件の恵まれた場所に進出したことだ。

同社の出店政策は、デベロッパーや物件オーナーから要請を受けて出店する方式を取っており、出店先は東急百貨店、JR東日本ステーションリテイリング、ルミネ、アトレなど立地条件に恵まれた場所になっている。

よって、同社店舗の多くは面積8坪前後(26㎡前後)と小型ながら、1店舗当たり年商で7,000万円程度の売上を上げる。

このように、主に4つの取り組みにより、小型店でありながら高収益を生み出すビジネスモデルを生み出したのだ。

青山フラワーマーケット店内とブーケ商品

Ｂ２Ｃビジネスが新たな市場を開拓する４つのポイント

ここで、青山フラワーマーケットの成功事例をもとに、Ｂ２Ｃビジネスの小売業が新たな市場を開拓するポイントを４つにまとめる。

①安売りと「適正価格」の販売とでは、経営手法が全く異なることを認識する

利益率を高めるため、仕入れ条件（掛け率など）の変更を要請しても、相手から受け入れられるとは限らず、無理すれば貴重な納入先を失うことにもつながる。

競合対策として自社の利益を削って安売りすると、売上高を高めないと値下げ前の利益は確保できない。しかし需要は簡単には大きくならず、売上を増やすのは容易ではない。

そこで、業界や社内で慣例化していた仕組みを見直して廃棄ロスを減らし、ロス分を販売価格に転嫁せずに、販売価格を安くできないか検討する。利益を削らずに、顧客が手を伸ばしやすい価格で販売できる仕組みを考えれば、需要は拡大する。

②固定費と在庫を減らせば、小売ビジネスでは売上と利益に直結する

節約発想ではなく、固定費が膨らんでいる原因はどこにあるのかを考える。その際、従来

は必需だと思っていた什器や機器の必要性を問い直し、店舗面積に占めるスペースの比率を把握する。

小規模店舗で販売効率のよい店舗（例えばキヨスク）を見ると、廃棄ロスがない品揃えで、安売りせずに販売している。自社の業界で高効率の小型店舗が運営できないか検討する。

③新規需要の創造には、事業領域を特定し、その市場に最適な商品開発を行なう

これまでにない新規需要を創造するには、想定される全ての需要や顧客を相手にしようと考えず、他社にない個性を発揮できる事業領域を探す。その際に有効なのは「絞り込み発想」だ。

人通りの多い店舗立地であれば、法人需要よりも個人需要が見込める。個人需要で新たな顧客と購入機会を生み出すためには、ひと目見て購入意欲が刺激され、あるいは利用場面を想起する商品づくりが必須になる。

花を「素材」として店頭に並べている生花店が多い中で、青山フラワーマーケットでは「ブーケ」という完成品を生活者に見せて花の需要を創造している。さらにグラスブーケ、キッチンブーケ、エントランスブーケ、リビングブーケ、ギフトブーケなど用途別にブーケを考案し、購入刺激を与える工夫がある。

④ひと目で「欲しくなり」「贈りたくなる」プレゼンテーション方法を工夫する

生活者は「素材（事例では生花）」を見せられても、何に利用するかを想像できないと購入意欲が高まらない。「ギフトパッケージ」「ラッピング」「メッセージカード」といった工夫で用途を店頭で想起させると、購入意向は高まる。

自家需要しか想定していないスーパーや量販店の店頭では、顧客はギフト需要を想起できないが、デパートや専門店ではギフト需要を前提にした商品づくりと見せ方が行なわれている。こうした取り組みの相違を比較すれば取るべき方法論が見える。

B2Cビジネスの「市場の進化」を策定するプロセス

それでは前述したポイントをアタマに入れながら、B2Cビジネスの市場の進化を策定するプロセスを、事例に挙げた小売業でまとめておこう。

プロセス（1）　特定の需要に特化して、需要を創造できる商品開発と独自の仕組みを考える

歴史のある業界では、知らぬ間に同質化と横並び発想に支配されていることが多い。また全ての需要に対応しようとするあまり、個性や強みが発揮できずにいる企業は多い。顧客に選ばれるには、わかり易い顧客のニーズに特化し、需要を掘り起こせば、他社にはない優位性づくりと個性化につながる。また企業規模が拡大することを想定して、店舗が増えても運用できる仕組みを考えておく。

プロセス（2）　経営の負担となる固定費を圧縮できないか検討する

固定費の負担が大きいと企業の経営は厳しくなり、売上を上げても利益が出せない原因になる。過去の経営手法や方法論に固執せず、どうすれば固定費を低く抑え、身軽に収益が出

る経営が行なえるかを追求する。

プロセス(3) 販売価格が高い原因を放置せず、好ましい価格に設定できないか検討する

長らく続いている業界の慣習や仕組みを変えようとせず、需要を喚起しない価格の設定を続けていると、市場は縮小して魅力のない存在になってしまう。

利益を削る発想ではなく、どうすれば生活者が手軽に手を伸ばし、購入してくれるかについて研究し、適切な価格設定を行なう方法がないかを検討する。こうした場合には同業他社だけでなく、異業種他社の価格設定も参考にする。

プロセス（４）　新たな需要を創造する新商品を開発する

市場を特定したら、その市場を牽引する商品を考え出すことが必要になる。顧客がひと目見ただけで用途を想起できれば、購入機会を増やすことができる。

顧客の購入意欲を高め、さらに購入機会を増やすには、「見た目のわかりやすさ」「躊躇《ちゅうちょ》させない価格設定」「レディメイド（完成品）」「取り扱いが容易で手間いらず」などの要素が必要だ。

プロセス（５）　条件のよい物件に出店できる方法を考える

小売事業を成功させるには、通行量の多い場所に出店することが欠かせないが、好条件の物件に出店するにはコストがかかる。

条件の良い駅ビルや都心のショッピングセンターのテナントになるには高収益企業としての評価を受け、デベロッパー側から出店要請を受けることが必須となってくる。

出店要請が受けられるように、既存店舗での実績を高める取り組みが欠かせない。

プロセス(6) 上記の要素を組み合わせ、独自のビジネスモデルに組み立てる

規模を拡大させ店舗数が増えても自社のノウハウが転用でき、どの店舗でも運用できる仕組みに仕立てる発想をもつ。

以上が、B2Cビジネスの市場の進化のポイントとプロセスである。

なお、こちらも、B2Bビジネスの進化経営同様に、巻末の**シート(2)**に「最適な市場を策定するプロセス」と「市場の進化経営を推進するポイント」のこれまでの説明をチェックリスト化してあるので、市場策定の際に考えをまとめるために活用していただきたい。

第２章　顧客の進化

商品力に自信があっても売上が落ちている本当の理由

Ｓ米菓は埼玉に本社と工場をもち、最高の品質を追求して美味しい米菓をつくることだけに、これまで邁進《まいしん》してきた。

販売については、卸や問屋経由でスーパーや量販店で販売している。しかし、年々売上と利益が下がり続け、経営が苦しくなってきている。

菓子の市場はチョコレートとスナック菓子のシェアが大きく、それに米菓が続く。２０１４年米菓市場の販売金額ベースの市場規模は３，５０８億円で、前年比１０２・８％で推移。横ばいから微増の市場だ。

米菓マーケットは新潟県の企業が販売額の５０％を押さえているが、これは新潟県が過去に食品産業を育成するために研究開発を進め、米菓の製造に必要な基本技術や製造特許などを県の研究所が取得。この知的資産を県内の米菓企業に無料で提供した結果である。

一方、Ｓ米菓のように、東京などの大都市部近郊にある米菓メーカーは零細企業が多く、弱体化してきている。その背景として、中小規模の米菓メーカーの販売は卸や問屋に依存しており、高い掛け率の販売手数料を負担している面もある。さらに、スーパーや量販店では特売の対象になることが多く、販売価格が下落し、薄利になっている。

しかも知名度がないため、扱ってくれる小売業が限られ、仕入れてくれても値引き販売を要求される。

最大の競合は、米菓市場でも積極的にＰＢ展開を進めている組織小売業だ。大手米菓メーカーがＰＢの生産を受託しているため品質も高く、シェアを奪われている。

このように、苦しい環境に置かれている中小米菓メーカーだが、これは従来の製販の住み分け型の経営では、もはや適正な利益をあげることができないことの表れだ。

メーカーは製造に徹し、販売は卸や問屋に任せるという製販の住み分けは、２０世紀の製造業にはよくある経営スタイルだった。菓子業界に限らずステンレス製の食器などを製造する金属加工の業界などでもこの慣行は今も続いている。

しかし、自ら営業活動や販路開拓を行なっていないと、自社製品がどのような顧客に、どんな販路で購入されているかが把握できない。卸や問屋によっては、販路別の個別商品販売データをメーカーに提出しないところも存在するため、どんなに「おせんべい」や「おかき」の製造と改良改善には熱心でも、自社商品を購入してくれる顧客の動向を把握できない（顧客データが入手できない）まま経営を続けていては、重点顧客を特定し、顧客ニーズや顧客が欲しくなる製品を把握して販売するという**「顧客視点の経営」**ができないのだ。

それでも、主要販路であるスーパーや量販店の成長が順調であれば、薄利ながら多売によって利益を確保できるのだが、コンビニエンスストアやネット通販に代表される業態が台頭する中で、スーパーや量販店の魅力が相対的に鈍化し、売上が伸びなくなっている。

その対応策として、小売業は値下げによって売上を伸ばそうとするが上手くいかず、収益性を低下させている。そのためさらに値引きに突き進むという悪循環を生んでいるのだ。

悪循環に入った販路で販売していれば、自社の経営にも悪影響が出ることは明らかだ。

一方、知恵を使う企業では、まず、どんな顧客のどんなニーズに応えるかを特定し、どんなモノをつくるかを決めて、市場規模と購入頻度を算出し、販売計画を立てる。誰にどんなモノを売るかによって販売の仕組みが変わり、生産するシステムも変わるからである。

そこで本章では、現在つくっているモノや提供している商品・サービス、あるいは現有技術を、新たな顧客に提供できないかを起点に、メーカーを例に、自社の事業価値を高度化させる仕組みづくりのプロセスを述べていく。

ただし、「Ｂ２Ｂビジネス」と「Ｂ２Ｃビジネス」では市場は同じに見えても求められる製品やサービスは大きく変わるため、この２つを分けて詳しく解説することとする。

B2Cビジネスの「顧客の進化」経営

子供を対象に廉価な商品が主流の菓子市場で、「贈答用」の商品と用途を早くから開発し、現在では「海外の富裕層」をも顧客にして売上と利益を伸ばしている洋菓子メーカー、ヨックモックの取り組みを、B2Cビジネスにおける消費財メーカーの成功事例として最初にご紹介したい。

ギフトアイテムとしてデパートで展開

クッキーの「シガール」で知られる洋菓子ブランド「ヨックモック」を展開する㈱ヨックモック(藤縄武士《ふじなわたけし》社長)は、売上高190億1,707万円(2014年度の㈱ヨックモックホールディングスおよび㈱ヨックモックの売上高)の企業で、日本全国の有名デパートにおよそ160店舗を出店している。

同社はギフト需要を中心に、デパートチャネルを活用したビジネスを展開し成長してきた。南青山と東京駅に直営店をもち、お土産用商品や限定販売品などを販売するほか、OEM

ご購読特典

酒井光雄氏による
≪進化経営 動画レクチャー≫
無料進呈のお知らせ

本書をご購読いただき、誠にありがとうございます。購入者さま限定特典「酒井光雄氏による進化経営 動画レクチャー」(全９講) 閲覧のご登録は、下記URL又はQRコードよりお願いいたします。
皆さまのご事業のお役に立てば幸いでございます。

http://jmca.jp/form/sb0624

＊上記サイトよりお申込みいただくと、返信メールで
特典サイトの［ID］と［パスワード］をお知らせします。

◀QRコードからもご登録いただけます。

【お問合せ先】日本経営合理化協会 出版局　担当／高橋
東京都千代田区内神田1-3-3　〒101-0047
TEL 03-3293-0041／FAX 03-3293-0048
etsuko@jmca.net

事業として他社ブランドによる商品開発とその生産も行なっている。

じつは、「ヨックモック」以外に別ブランドでも事業を展開しており、「ＷＡ・ＢＩ・ＳＡ」を２００４年に三越銀座店に出店。ヨーロッパの伝統的なクッキーを抹茶や和三盆、きな粉など和のテーストと苺やぶどうなど果実テーストで、より繊細で味わい深く仕上げた「香ほろん」や「あんフィナンシェ」「焦がしざらめカステラ」、季節限定品の「夏季の氷」を販売している。

また、フランスのショコラティエ・エ・キャラメリエであるアンリ・ルルー氏の会社を買収し、「アンリ・ルルー」をブランドとした事業を２００７年に立ち上げている。このブランドの代表的な商品は加塩バターを使ったキャラメル「Ｃ．Ｂ．Ｓ．（セー・ベー・エス）」だ。

ロングセラー商品「シガール」の誕生秘話

同社はもともと東京足立区でチョコレートをつくっていたが、１９６９年に百貨店向け菓子販売会社として㈱コックモックを設立。創業者の藤縄則一氏が「ラング ド シャー（フランス語で「猫の舌」の意味で、猫の舌の形をしたクッキー）」にヨーロッパで出会い、これをヒントに商品開発を行なってヒット商品につなげた。

ヨックモックのロングセラー商品「シガール」

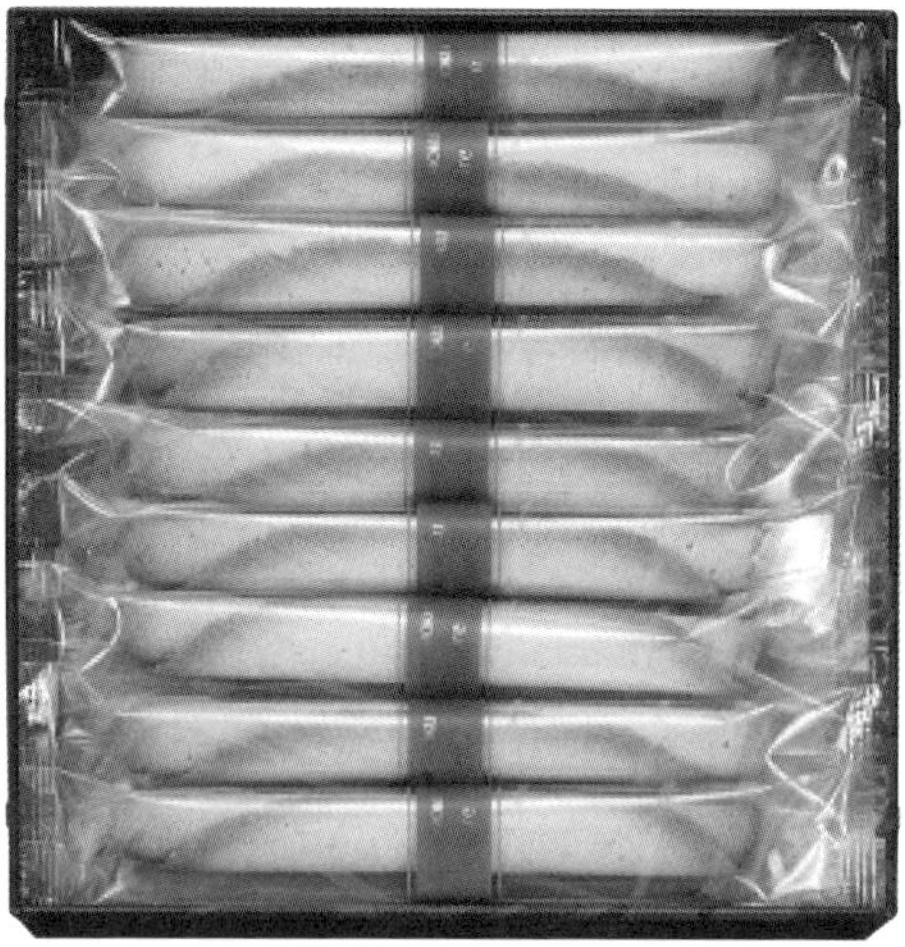

従来のクッキーは小麦粉にバターまたはマーガリン、ショートニングなどの油脂と、卵・砂糖を加えて製造するが、同社ではバターが最も多く、ついで砂糖・卵・小麦粉となるようなラング　ド　シャーをつくろうと逆転の発想で取り組み、そこで誕生したのが同社の主力製品となった「シガール」だ。

バターを多用し薄く焼いたラング　ド　シャーは、当初すぐに割れてしまう問題があり、強度を増すために工夫を重ね、生地を巻いたところ強度が増して割れなくなった。その外見が葉巻タバコに似ていることから「シガール」と命名された。

「シガール」を三越の日本橋本店に持ち込んだところ好評価を得て、ここから販売が始まる。当初は販売量が限られていたため、「シガール」は手巻きで製造されていたが、さらに他のデパートに販路を拡大し販売量が増えたため、手巻きでなく機械による量産化体制を確立していった。

ヨックモックの特筆すべき経営の取り組みを、ここで３つ挙げたい。

まず１つは、「菓子づくりの原点は、まごころのこもった手づくりにある」という創業者の信念から、「菓子にあった機械づくり」を推進していることだ。

ヨックモックにとって生産ラインの機械化の目的は、高品質なお菓子を少しでも手頃な価格でたくさんのお客様に提供することである。よって、手づくりと同様の微妙な味と品質をつくり出すことのできる機械を開発できなければ、機械化は絶対に行なうべきではない、というゆるぎない思いがあった。

「機械にあった菓子づくり」ではなく、「菓子にあった機械づくり」の取り組みが始まり、製造機械の開発部隊が結成され、さまざまなメーカーが試作機を持ち込んで試作を繰り返したが、「手づくりの味」をそのまま実現することは困難を極めた。

試行錯誤が何年にも渡って続けられ、「シガール」の機械化には、１０年もの歳月を要したが、この強いこだわりが機械化でも高い付加価値のある商品を産んだ。

2つ目は、「ブランド価値の向上」を戦略的に行なっていることだ。

1978年、南青山に本社ビルをつくった際に、1階にカフェと店舗を併設した。パイロットショップという概念がない時代に、青山という街のブランドイメージを活用したことで、同社の知名度が向上し、企業ブランド価値を高めることに成功している。

3つ目は、海外市場への進出である。

国内で着実にファンをつくる一方、海外市場にも販路を拡大し、海外店舗の1号店として1986年にアメリカのビバリーヒルズにあるデパート「ニーマンマーカス」に出店し、以降30年間にタイ・台湾・アラブ首長国連邦（UAE）・香港・マカオに進出している。アメリカではニーマンマーカス、サックスフィフスアベニュー、バーグドルフグッドマンなど高級百貨店を中心に、クリスマスなどの期間出店を含め、約50店舗の展開に成功している。

ここで注目すべきは、UAEへの進出による富裕層の人気獲得だ。

同社が中東に進出したきっかけは、青山や銀座の店舗に訪れる中東からの旅行者が、ショーケースに陳列してある商品を全て買い求めるなど、大量購入する姿が頻発したことに起因する。

ドバイの店舗

そこで、市場性を調べるためUAEに役員を派遣して市場調査を行なったところ、需要が大きいことが判明。2012年10月に地元企業のコングロマリットと組んで、UAEでも富裕層が暮らすアブダビの官庁街に出店した。

この成功によって、ドバイなどに16店舗(2016年3月時点)を展開している。8店目となったドバイ店舗の出店先は、現地の企業でも入居条件が難しいとされるドバイ・モールで、同社の人気と評価が見て取れる。

このようにUAEで人気を獲得した理由は、次の3つだと私は分析している。

①イスラム教の信者はアルコールを飲まないため、甘い菓子を好む(ちなみに、2011年時点で、UAEでは5人に1人が糖尿病にかかっている)。

②ギフト需要に加え、オフィスや自宅には来客用のお菓子を用意する習慣がある。

③中東の富裕層は息子を米国に留学させることが多く、アメリカでヨックモックを知った人たちがいる。彼らが留学を終えて帰国したことから、UAEでは富裕層の中でも階層が上がるほどヨックモックの知名度と認知度が高くなっている。

ちなみに、現地で販売されている商品は全て日本から輸入されていることもあり、日本のおよそ2・7倍の価格で販売されている。

Ｂ２Ｃにおける「顧客の進化」経営を推進する４つのポイント

ヨックモックの事例をもとに、Ｂ２Ｃビジネスで、主に消費財メーカーが新たな顧客を開拓し、そこで活路を見出す経営のポイントを４つ挙げておく。

①過去を踏襲せず、「固定観念」を疑い、有望な顧客と用途を探す

購入者層を広げるため、特定の顧客や用途を想定した商品づくりは限られており、特に米菓では万人向けの自家消費を前提とした商品仕様が中心だ。

その一方、デパートやショッピングセンターの食品売場、駅や空港の売店、繁華街で路面店展開を行なう菓子メーカーは、想定する顧客を「大人」に設定し、用途としてお土産やギフト需要を想定している。

そのためラッピング用の包装紙やギフト用の箱や缶、手提げ袋などを工夫して付加価値を高め、１，０００円から３，０００円前後の価格帯を実現している。こうした取り組みは米菓メーカーではほとんど見かけない。

つまり、想定する顧客と用途を、

「子供でなく大人」→大人向けの商品開発

「自家需要でなくギフト需要」→人に贈りたくなる商品づくり
「セルフ販売でなく対面販売」→贈り手の「気持ちを形」にする
「安価でなくギフト価格」→販売価格をヒト桁上げる
と考えてみると、新たな価値づくりの道が見えてくるはずだ。

②消費財メーカーなら「直営店舗による製造直販」の仕組みを視野に入れる

廉価な商品を販売して利益を高めるには、大量生産による大量販売が必要になる。そのためには数多くの販路で販売する必要があり、卸や問屋に依存した営業方法になる上に、体力のある大企業と勝負することになる。

その一方、製造から販売まで自社で一貫した取り組みを行なうには、家賃や人件費などの固定費が掛かり、販路開拓や営業活動のノウハウも必要になる。

しかし、そのメリットとして収益率は高くなり、価格も含めて自社ですべてをコントロールできるという強みを手にできる。

生産財市場と違い消費財市場では、安売り競争が激しく、スーパーや量販店の販売力にも陰りが見えており、直営店舗で販売する方法は選択肢に入る。あるいは、直営店展開まで進まなくても、卸や問屋ルートでなく、自ら営業活動を行ない自社の販路を開拓する取り組みが、販売価格を維持する上で不可欠といえる。

③顧客の設定と用途が明確に決まると、商品仕様から販売方法まで一貫した付加価値づくりが必須になる

スーパーや量販店向けの商品は陳列棚やセルフ販売の制約もあり、商品の仕様やパッケージサイズなどが競合他社と似通《にかよ》ってくる。

その一方、デパートやショッピングセンターなどへの直営店展開の場合には、単に商品をつくるだけに終わらず、商品仕様からパッケージデザインまで、すべて自分たちで価値を高める方法を考え出すことになる。

これはモノづくりではなく、付加価値づくりの仕事だ。商品のブランド名・商品パッケージからギフトボックス・手提げ袋に至るトータルデザイン、接客方法から人材育成に至るまで自ら取り組むことになる。

地方都市にある消費財メーカーは、こうした付加価値づくりの取り組みが苦手だ。付加価値を生み出すために投資する発想がなかったからだ。デザイン会社との付き合いがなく、印

刷会社にデザイン料込みで制作を依頼してきたような企業が典型例だ。

したがって、付加価値づくりを自ら行なうためには、外部の協力会社やブレーンを見つけることが先決である。

④海外市場に進出する際は、直営展開だけでなく、信頼できる企業との提携も選択肢に入る

日本を代表する米菓メーカーの亀田製菓は、海外に進出しているものの、海外市場の開拓は上手くいっていない。アメリカでは日本の米菓の味はそのままでは受け入れられず、エリアごとに地元対応した商品づくりが必要になっているからだ。

圧倒的な力を発揮しているのは、岩塚製菓から技術供与を受けている中国の総合食品メーカー旺旺集団《ワンワングループ》で、1983年に岩塚製菓の「味しらべ」を、台湾では「旺旺仙貝(せんべい)」の商品名で発売して大ヒットし、台湾の米菓市場のシェアの9割を握り、1992年に進出した中国大陸でもシェアの75%を押さえている。

中国本土に進出するには中国政府との折衝《せっしょう》や、物流網や販売網の整備(中国には問屋機能がない)が必要で、自社の力では成功しないと当時の岩塚製菓は判断した。そこで、技術供与の形態をとり、毎年20億円ともいわれる金額を旺旺集団《ワンワングループ》から受けている。

岩塚製菓の成功例に見られるように、海外で食習慣のない商品を販売しようとする際には、現地の事情に詳しく、信頼の置ける企業と提携する方法も選択肢に入る。

B2Cビジネスの「顧客の進化」を策定するプロセス

それでは、前述したポイントをアタマに入れながら、B2Cビジネスにおける顧客の進化プロセスを、事例として取り上げている消費財メーカーでまとめる。

プロセス(1)　自社製品の顧客と用途を明確に設定し、その顧客に支持される製品づくりを行なう

高品質の製品をつくる姿勢に加え、モノをつくる前提として「どんな顧客を相手」に「どんな用途を想定」し、「どんなモノをつくり」、「どこで」「どのように販売するか」を考えて、事業を設計する。

つまり、モノづくりから販路・販売方法まで、顧客の視点に立って自社の仕組みを再構成

してみることが重要なのだ。

そこで必要になるのが、自社の「顧客の設定」を正しく把握することである。「自社の顧客設定は正しく行なわれているのか」、「過去の延長線でモノづくりを行なっているだけで、顧客の進化を踏まえた対応が後手に回っていないか」、「新たな顧客を発見することで、新市場の開拓につながらないか」…こうした視点から現状の分析を行ない、経営における「顧客の設定」を理解する必要がある。

なお、顧客設定の理解は、Ｂ２ＢでもＢ２Ｃでもどちらのビジネスの場合にも必要不可欠なプロセスのため、ここで両方のビジネスでの顧客設定の理解の方法をまとめて述べておく。シートは巻末の**シート(３)**を使用する。**シート(３)**に、自社の「顧客の設定」を理解するために、「顧客と用途」「顧客の規模」「顧客の需要」の３つの項目を書き込んでいただきたい。

それでは、３つの項目について、以下要点を述べていく。

顧客の設定①　顧客と用途

自社のビジネスはＢ２ＢかＢ２Ｃか、そして顧客の特徴と用途を整理する。

なぜなら、市場は同じに見えても、法人顧客と個人顧客とでは、求められる製品やサービ

社長だけのために書かれた手づくりの実務書

出版物のご案内

日本経営合理化協会　出版局

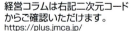

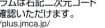

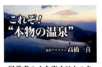

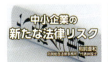

スは大きく変わるからだ。

例えばタイヤ市場を例にとると、自動車メーカー（純正品）以外の法人顧客は、業務用としてタイヤを利用するタクシー会社やバス会社、トラックを利用する運送会社、航空機を使用する航空会社などがある。

業務用として使う法人顧客の場合、他の消耗品と同様にタイヤも経費の削減対象になり、いくら高機能であっても高価格で販売することは容易ではない。

そこでブリヂストンは、法人顧客向けに使用した中古タイヤにゴムを貼り付けて再生し、新品よりも3割ほどタイヤが安くなるリトレッド事業を世界90カ国で展開している。

その一方、個人でクルマ好きな人たちなら、価格が高くても高品質・高機能のタイヤを買い求めてくれるし、ブランド価値も選択肢のひとつに入る。こうした個人顧客向けとして、タイヤに静粛性《せいしゅく》・乗り心地・運動性能を求める人のための「レグノ」、ポルシェやフェラーリにも採用され走りにこだわる人には「ポテンザ」というブランド製品を供給している。

このように、タイヤという同一商品を売るのであっても、顧客の設定によって製品開発から販売方法までがらりと変わる。そこで、この例にならって、自社の顧客の特徴と用途をじっくりと考えてみていただきたい。

顧客の設定②　顧客の規模

万人を顧客に設定すると、市場規模は大きくなるが、規模の経済で大企業に有利になる。一方、特定の顧客に絞り込んでいる企業は、自社の個性と強みを発揮できる。

自社の顧客を絞らず、限りなく多くの人たちを相手にする企業の典型例といえばユニクロ（ファーストリテイリング）だ。

ユニクロは、「汗を吸って放出するエアリズム」や「繊維が水蒸気を吸収発熱し、保温性に優れたヒートテック」といった機能開発と共に、シンプルなデザインでアパレルを製造販売している。

彼らが想定する顧客の幅は非常に広く、着る人を選ばない。いわゆる万人対象のビジネスである。ユニクロは典型的な規模の経済を発揮し、大量生産による安価な販売を実現している。これは、他社が同じ土俵で競おうとしても容易ではない。

事業の規模が大きくないと、こうしたビジネスは実践できないからだ。また、万人向け市場は価格競争になることが多く、この点でも企業の体力が必要になる。

その一方、典型的なハイエンドブランドだけを取り扱うＬＶＭＨグループは、クリスチャン・ディオール、ダナ・キャラン、ジバンシィに代表されるファッションブランド、タグ・

ホイヤーやウブロのような時計ブランド、ドンペリニオンやクリュッグ、シャトーディケムといったお酒のブランドまで、市場と顧客を絞り込んだブランドを数多く擁してビジネスを展開している。

絞り込んでいるため顧客の数は限られるが、顧客単価は非常に高額だ。それでも個別ブランドの売上には上限があるため、グループ全体の売上額を高めるため、企業買収によりブランド数を増やす独特の経営手法を推し進めている。

このように、どの規模の顧客を狙うかによって打つ手は変わる。自社が万人を相手にする顧客設定の場合、規模の経済で有利になる大企業と伍《ご》して、どのように顧客を創造するか。あるいは、特定の顧客に絞り込む顧客設定の場合、自社の個性と強みを発揮するにはどうすればいいのかを、**シート（３）**を使って考えを練っていただきたい。

顧客の設定③　顧客の需要

Ｂ２Ｂビジネスの場合、「顧客の設定」を考えるのは、「誰に」というように人間とは限らず、特定の法人需要や用途も併せて考える。

たとえば、オフィス用の事務機器やパソコンなどのＩＴ機器、法人が利用する営業用のクルマ、法人向け各種保険、オフィスグリコやオフィス用置き薬、オフィス用宅配弁当など多様な法人顧客需要が存在する。

さらに、市場と顧客を絞り込み、消防自動車や救急車といった特殊車両を使用する消防署、診察台や手術台を必要とする開業医や病院などといった法人顧客も存在する。

こうした法人需要を想定する際には、顧客の設定を「〜を必要とする企業」や「〜で困っている法人」と考えればよい。

一方、個人の需要を考える際は、自家需要（自分か家族が消費するモノ）と、ギフト需要の2つがある。

個人顧客の自家需要は消費頻度が高く、気に入ってもらえば継続購入が見込めるが、商品単価は安くなることが多い。家庭内消費を前提にスーパーや量販店で販売されている食品・飲料・生活雑貨などは需要が大きいが、価格を安くして販売するからだ。同じ商品を他の小売店でも販売していれば、自社が選ばれるためには価格を安くしなければ売れない。

そもそも、こうした商品群は生活防衛的要素が強いので、高額な商品は購入されることが少ないともいえる。

これと対照的なのが個人顧客のギフト需要（贈答需要）で、購入頻度は限られるが顧客単価は高くなる。中元や歳暮というソーシャルギフトよりも手軽な、手土産に代表されるパーソナルギフトの需要が膨らんでいることに注目していただきたい。

自家需要の販路は、スーパー・量販店・コンビニエンスストアなどが中心になるが、こうした販路ではギフト需要はあまり喚起されない。

その一方、デパート・ショッピングセンターの専門店・東京駅に代表される利用者が多いターミナル駅や羽田空港などの専門店では、お土産も含めたパーソナルギフトの比率が圧倒的に高くなる。

つまり、**パーソナルギフトの需要は、「販売する場所（販路）」によって大きく変動する**ということだ。同じカテゴリーの商材でも、販路を変えれば商品単価を上げられる。そこで、**シート(3)**を使い、顧客のどの需要に応えるのかをじっくりと考えてみていただきたい。

なお、自社の新たな事業の仕組みを構築する際は、本書で紹介している成功事例のほかにも、雑誌、新聞、テレビ、セミナーなどから、飛躍している企業の取り組みをできるだけ多く学び、自社に応用していただきたい。

ご参考までに、飛躍企業から学びとっていただきたい点を4つ列記しておく。

《飛躍企業から学ぶ要点》

・自社の想定顧客と用途を明確化した製品設計
・定価販売が行なえる販路と販売方法を選択
・自社の顧客動向を把握できる仕組み
・企業と商品の付加価値を高める取り組み

プロセス(2) 製品に相応《ふさわ》しい販路と販売方法を開発する

プロセス(1)にて顧客と用途を特定し、良質な製品を製造したら、製品に相応《ふさわ》しい販路と販売方法を考え、自らの手で取引先を開拓することが必要になる。そこで、自社で販売を行なう方法がないかを考え、できることから取り組んでみる。

その際は、すぐに直営店展開ができなくても、将来直営店を出店することを踏まえて、販売価格(定価販売)を守れる取引先を開拓する視点も必要だ。

言うまでもなく、安売りする販路で安価に販売された商品は、定価販売に戻すことができなくなり、パーソナルギフトにも選ばれなくなるからだ。

以上、Ｂ２Ｃ消費財メーカーの顧客の進化のポイントとプロセスを述べた。なお、ここまで述べたことを巻末の**シート（４）**にチェックリスト化してあるので、最適な顧客を策定する際に、考えをまとめるために活用していただきたい。

Ｂ２Ｂビジネスの「顧客の進化」経営

次に、Ｂ２Ｂビジネスにおいて、顧客の特定と用途の特定を策定するプロセスとポイントを述べる。

まず、「落雷すると大被害をこうむる法人」という特殊な需要に特化し、オンリーワン企業として３つの事業を展開する「サンコーシヤ」の取り組みを紹介する。

雷防護を基幹事業とした3つの事業展開で飛躍

㈱サンコーシヤ（伊藤眞義《まさよし》社長）は、雷から、各業界の制御機器など、電気設備を守る「雷防護」の製品を開発製造する企業だ。

同社の創業の原点は、雷リスクに対するインフラ防護である。1930年に設立され、前身の山光社が第二次大戦後に研究を始め、ついに国産初の避雷器を生み出した。それが電力線の高圧電流の保安器として利用されたところから事業が始まり、日本の高度成長を支えるインフラ構築に尽力してきた。

雷の研究を通じて誕生したのが、落雷位置評定システム（LLS）である。このシステムを使い、気象観測として落雷情報を一般ユーザー向けにメディアで販売を開始することになり、平成3年（1991年）にフランクリン・ジャパンを設立した。

日経HR（ヒューマン・リソース）が行なった『日本の優良企業パーフェクトブック2015年度版』の調査で、「5期連続営業黒字の中堅・中小企業」にランクインしている同社だが、その経営の見事さは、単に雷防護製品の製造だけではなく、雷情報の観測・提供や、雷コンサルティング業務、さらに省エネルギーシステムと、総合的なソリューション（例えば電力設備における劣化診断技術の開発と提供）を提供している点にある。

これは世界でもサンコーシヤだけの強みであり、この分野ではすでにオンリーワン企業だ。同社の岐路は、多角化させた事業を撤退し、中核技術に資源を集中した１９９０年代である。過去に事業領域を拡大し、ＯＡ機器や家電製品のＯＥＭ生産に手を広げていたが、発注側である大手企業が生産拠点を海外へ移し、さらに円高の進行により、事業としていずれ立ち行かなくなると判断した。

そこで当時、基幹部門に育っていたＯＡ機器や家電製品のＯＥＭ生産から撤退する決断を下して、実行した。

同社の現在の事業は、主に次の３つである。

・雷害に関する調査・研究・コンサルティング
・雷防護素子、電源・信号・通信用の避雷器、耐雷トランスなどの開発・製造・販売
・携帯電話基地局の雷対策

さらに、雷防護の本業から派生した事業も順調に成長を遂げており、「情報通信事業」として通信・電力・鉄道業界における通信伝送システムの分野では、

・光ファイバーによる通信関連機器の開発・製造・販売
・携帯電話中継基地局の設置工事

「環境対策事業」として、

・電源設備と設備劣化診断、雷観測機器製品の開発

・非常用電源装置の販売

など、自社の本領を発揮できる中核事業と技術に資源を集中し、その分野を独占している。

同社の売上高は単体で111億2,200万円(2015年3月期実績)、連結で145億2,500万円の規模だ。

主要取引先は国土交通省、防衛省など各官公庁、全国の電力会社、JR・私鉄など全国鉄道関係会社、NTT東日本、NTT西日本など通信会社、さらにNTTドコモ、KDDI、ソフトバンクモバイルなど移動体通信会社、放送会社、製造メーカー、電気・通信工事会社など多岐にわたっている。

このように、日本の電力と通信のインフラネットワークを「雷防護」というコア技術で守ってきた同社は、中核技術に経営資源を集中させ、高度情報化とグローバル化に対応して「雷防護」「通信網」「環境情報」の3事業分野で、圧倒的強みを発揮するオンリーワン企業となったのである。

B2Bにおける「顧客の進化」経営を推進する3つのポイント

サンコーシヤの成功事例をもとに、Ｂ２Ｂにおける「顧客の進化」経営を推進する３つのポイントをまとめる。

①自社の本領を発揮できる中核事業と技術に資源を集中し、その分野を独占する

競合他社に対して自社の優位性が最も発揮できる中核事業を特定し、そこで必要な技術にもてる資源を集中し、他社が参入できない専門性を発揮するように取り組む。

大企業が片手間で参入するにはハードルが高く、競合他社がすぐに参入してこない市場で勝負し、その市場を独占できる企業を目指すのだ。

②絞り込まれた特定の市場で、自社製品を必要とする場所や機器の数が多い事業を見つけ、育成する

サンコーシヤの成功例をみると、取引先・納入先は工場・鉄道・風力発電設備・太陽光発電設備・通信・ダム・防災施設・ビル・オフィス・マンション・空港・東京スカイツリーのような電波塔・一般家庭と多岐に渡っており、それぞれの領域で多様な場所に同社の製品が

利用されている。

また、雷害対策が施されている具体的な場所は、電話・携帯電話・放送会社では無線設備・携帯電話基地局・放送設備、電力会社の通信網・電力会社の発・変電所、送電線など電力供給ラインなどに同社製品は不可欠だ。

さらに、鉄道業界では各種制御機器・信号通信設備などに組み込まれている。

このように、事業分野が特定され絞り込まれていても、自社製品を必要とする場所や機器が多ければ、事業規模は大きくなる。

③掘り下げた分野の中で派生する関連ビジネスを育て、さらなる収益源につなげる

サンコーシヤは、雷の研究から発展して落雷位置評定システム（ＬＬＳ）を生み出し、落雷情報を一般ユーザー向けにメディアに販売するフランクリン・ジャパンを創業。現在では落雷情報・発雷確率・降水レーダー・注意報や警報・天気・週間予報・台風情報・衛星画像の情報まで提供する企業に成長している。

このように、特定の分野で技術を磨き、そこから派生する関連分野のビジネスに拡張すれば、さらに強みを増し、収益基盤も多様化する。

顧客と専門分野を絞り込み、そこで需要を拡大すると市場の規模が拡大する好例だ。

B2Bビジネスの企業が顧客の進化を策定するプロセス

それでは前述したポイントをアタマに入れながら、B2Bビジネスの企業が顧客の進化を策定するプロセスをまとめておこう。

プロセス（1）　過去に取り組んだ仕事の中で、顧客の要望を越えて生み出した独自の技術や製品がなかったかどうかを調べてみる

取引先からの注文に応じるだけでなく、自社の工夫や技術力により、顧客の要望を越えて対応できた技術や製品を洗い出し、そこに自社の活路が潜んでいないかを探ってみる。記憶に残っているやりがいのあった仕事や、充実感に満たされた仕事の中に、気づかずにいた強みや専門性が潜んでいることがある。

プロセス(2) 顧客が製品を製造する過程で、支障をきたす特定の状況や場面がないかを洗い出し、そこで求められるモノやサービスを検討する

顧客の製品づくりに必要な「部品」を製造する発想だけでなく、製品づくりの過程で支障をきたす特定の問題を防止する技術や製品に、自社の力を転用できないか考えてみる。

工場の生産性を向上する社内の仕組みや、使用する工具や機器の調整・メンテナンスなどを自社で販売できないか洗い出してみる。

プロセス(3) 製造現場で共通する課題や悩みを解決している技術や製品を調べ、自社に応用できないか研究する

企業の製造現場で共通する課題や悩みを解決している技術や製品を調べ、自社で応用できないかを検討してみる。

プロセス（４）　自社で主体性を発揮できる特定の顧客や用途を洗い出してみる

取引先から提示された課題に取り組んだ仕事でなく、自社の力で主体的に取り組めた特定の仕事やその内容を洗い出してみる。

以上がＢ２Ｂビジネスの市場の進化のポイントとプロセスである。なお、こちらも巻末の**シート（４）**にチェックリスト化してあるので、顧客策定の際に考えをまとめるために活用していただきたい。

第3章　意味の進化

存在価値には「寿命」がある

Ｆ画筆製作所は、日本画用筆と書道用筆、そして刷毛ブラシを製造する日本でも数少ない画筆専門の製造業だ。

明治時代に義務教育が始まり、学校で習字教育が行なわれたことから、和筆の生産量は増加した。しかし戦後、習字教育が一時廃止されたこともあり、業界全体で書道用の筆の生産量は大きく減少した。

同社でも書道用の筆の構成比は３０％程度になり、主力は日本画用筆が６０％を占めている。先代からＯＥＭ生産だけを行なってきたので、自社ブランドはもっていない。

過去に、絵手紙用の筆に活路を見出そうと取り組んだが、販路が限られている上にＯＥＭ生産のため、売上にはなかなか貢献しない。

３０名いる社員の大半は生産に携わっており、営業やマーケティング、広報活動は十分に行なえていない状況だ。せっかく誇れる筆の技術をもっているのだから、直販も視野に入れて売上と利益を伸ばしていきたいのだが、そもそも市場の成長が今後も見込めるのかと社長は悩んでおられる。

このように、既存の市場のさらなる成長性が見込めず、活路が見出せない企業は多いが、人間と同様に製品やサービスには寿命がある。**寿命を迎えるのは存在意義が希薄になり、社会に果たす企業・製品・サービスの「意味」が失われるためだ。**

当初は社会的に「意味」があったのに、時間の経過と共に製品やサービスの価値が低下し、魅力を失うことはよくある。だからこそ、企業は絶えず製品やサービスの「意味」を見直し、時代が変遷《へんせん》しても輝きを失わないように進化させる必要があるのだ。

そこで本章では、製品・サービスが発揮する「意味」の魅力を失わず、さらに存在感を高める「価値の進化」を、「B2C」「B2B」2つのメーカーの成功事例を挙げながら、仕組みづくりのプロセスと要点を述べていく。

B2Cビジネスの「意味の進化」経営

前述のF画筆製作所のように、市場が縮小している「工芸用や書道用の筆」から「化粧用の筆」に商品の意味を変換し、化粧筆市場で世界トップシェアを誇るまでに飛躍した成功企業、白鳳堂《はくほうどう》の取り組みを、Ｂ２Ｃメーカーの成功事例として最初にご紹介したい。

書道用の筆から化粧用筆へ

広島県安芸郡熊野町は江戸時代の後期から筆の製造が盛んで、日本で生産される筆の約８割は熊野町で生産されている。

この地で１９７４年に設立された㈱白鳳堂《はくほうどう》（高本和男代表）は、高級化粧筆の製造を中核事業とし、２０１４年の売上実績は２６億９，０００万円、社員数３４０名（正社員１７０名、パート他１７０名）を擁する企業だ。

製造する製品の内訳は化粧筆９５％、和筆（書道筆・面相筆・日本画筆等）２％、画筆（洋画筆・デザイン筆等）２％、工業用筆１％という構成になっている。１日当たり約２万本に上る生産量の９割以上を占めるのが、国内外の化粧品メーカー向けＯＥＭだ。

同社の自社ブランド製品はアイシャドウ用ブラシの３，３４８円から、灰リスの毛を使用したフィニッシングブラシが１１，８００円など、高級化粧筆の位置付けと価格設定を行なっている。

このように、化粧筆のトップブランドとして飛躍を遂げている白鳳堂《はくほうどう》だが、かつては典型的な下請け型で、収入は安定しなかった。

１９７０年代当時、熊野町にある筆の業界は伝統工芸筆、書道筆、画筆、工業用筆、そして化粧品に添付される量産品の化粧筆などを製造していた。同町の大部分の筆メーカーは製造するだけで営業や販売は行なわず、卸売業からの注文で製造する典型的な下請け型ビジネスだったのだ。

下請けのため受注にはばらつきがあり、注文がある時とない時では生産量の差が大きい上に、繁忙期と閑散期では労働時間が変動するといった問題を抱え、収入が安定しない時期が続いた。

また、卸に販路を握られているため、製品の値下げ圧力が強く、業界の価格競争も激しかった。伝統筆の需要は減少する一方で、旧来市場が大きくなる見込みは薄く、先行きに不安があった。

高本氏の実家も伝統筆の製造を生業《なりわい》としていたが、卸からの注文で化粧パレットに添付する化粧筆を主に生産していた。この時期は筆の品質よりも納期が優先され、大量生産によって価格競争に陥るという「負の構造」に陥っていた。

しかし、化粧筆の量産化によって品質が後回しになっていることに髙本氏は危機感を抱いていた。そこで実家から独立し、現在の白鳳堂を設立したのだ。

創業後、高本氏は旧来の卸に依存した下請けビジネスでは活路が開けないと考え、試作品を携えて化粧品会社と直接取引するために営業を開始する。しかし、業界の慣習と流通構造の壁は厚く、取引先の開拓はできずにいた。

取引先の開拓と併せ、1982年に化粧筆の自社ブランドを開発し販売を開始する。だが、商品の知名度や認知度がないため、プロのメイクアップアーティストに働き掛けていくが、成果にはなかなかつながらなかった。

転機のきっかけとなったのは、移動中の新幹線で目にした雑誌の記事であった。記事には、ニューヨークで活躍する日本人メイクアップアーティストが紹介されており、面識はないがその人に会おうと、高本氏はニューヨークに向かった。

そのメイクアップアーティストは白鳳堂の化粧筆の品質を高く評価してくれ、さらにカナダの新興化粧品会社、M社で化粧筆を必要とする可能性があるとアドバイスをくれた(M社は1985年にカナダのトロントで創業し、プロ向けの化粧品ブランドとして知られ、一般生活者にも愛用されている。現在、同社はアメリカの大手化粧品ブランドの傘下にある)。

さっそく高本氏は、当時トロントにあったM社の本社に、ツテもないまま出向いて交渉した。すると、サンプルで持ち込んだ30種類のうち13製品が採用されたのだ。しかも卸を通さず、化粧品会社と直接契約を結ぶOEM供給が、1995年に実現する。

ここまでたどり着くのに、白鳳堂を創業してから20年が経過していた。

M社と直接取引によるOEM契約を交わした後、M社は化粧品ブランドとして成長し、それに呼応するように白鳳堂も事業を拡大していく。

この流れの中で、同社は1995年、中国に協力工場を設立し、翌年1996年にはアメリカのロサンゼルスに出店する。

しかし受注は好調でも在庫が膨らみ、取引先からの入金が遅れるなど、資金繰りが厳しい状況が続いた。そこで、大手繊維メーカーを退職して白鳳堂に入社した長男の髙本壮氏が、この状況を打破すべく社内の整理整頓と在庫削減を推進。同時に製造工程の見直しも進め、当初3割にも及んでいた不良品の出現率を、1,000本に1本に満たない状況にまで引き下げた。

並行して、不採算だったロサンゼルス店を1998年に閉鎖、さらに品質管理に問題のある中国の協力工場も1999年に撤退し、事業の見直しを図った。

一つ一つ問題を解決しながら売上・利益の拡大にまい進する同社にとって、大きな課題は、

白鳳堂の化粧筆

手作業による効率の悪さを克服し、量産を実現することであった。しかも手作業による付加価値と品質を維持したまま、という条件がある。

そこで考え出した打開策が「製造工程の細分化」だ。

化粧筆の生産工程は原毛の調達（ヤギ・いたち・リスなどの毛をヨーロッパや中国から輸入）から始まり、毛の選別や混合、筆先の整形（毛先を切らず、筆先を整える）、毛植え（毛の根元をくくり、金口に差し込む）から軸付け（金口に軸をつける）、そして検品という7つの工程に分かれる。

白鳳堂はこの7つの工程をさらにおよそ80の工程に細分化し、ひとりの担当者が1つから3つの工程を受け持つ、作業分担方式を採用したのだ。

理由は、全ての作業を行なう職人になるには経験と時間が必要になるが、製造するプロセスを細分化し、ひとりが手掛ける工程を限定すれば、効率化し量産化できるからだ。さらに、工程を細分化したことで、各作業プロセスの精度を高めることにもつながる。

加えて、人材が流出しても自社の製造ノウハウは簡単にはもち出せないメリットも生まれた。

M社との直接取引により、白鳳堂の知名度はどんどん上がった。そして2007年頃には、世界の著名化粧品会社約７０社から、化粧筆のＯＥＭを直接受けるまでに成長を遂げたのである。

同社の取り組みの優れた点は、ＯＥＭだけではなく、自社ブランドを構築し、製造直販体制を整えたことにも注目していただきたい。

国内販売では、１９９６年に卸を経由しないインターネット販売を開始。２００１年に「コスメ情報専門ポータルサイト・アットコスメ」と共同で自社ブランド製品を開発し、限定５００組は数時間で完売する。この取り組みの成功により、同社化粧筆のブランド名が女性たちに知られるきっかけとなった。

さらに、ネット販売と並行して、自社ブランド製品については収益率の高い製造直販方式を採用し、デパートでの催事出店や店舗出店を進めていった。そして、２００３年に東京青山に自社ブランド初の路面店を開設し、販売を通じて製品情報や使用方法を発信した。これはブランド価値の向上を狙って行なった取り組みである。

結果、権威ある「ものづくり日本大賞」（社団法人日本機械工業連合会と経済産業省・国土交通省・厚生労働省・文部科学省主催）で、同社高本和男氏は、日本の文化や産業を支えてきた「ものづくり」の最前線で活躍する人として、内閣総理大臣賞を受賞している。

Ｂ２Ｃビジネスの「意味の進化」７つのポイント

白鳳堂の事例から、Ｂ２Ｃビジネスで主に消費財メーカーが商品の意味を変換し、そこで活路を見出す経営のポイントを７つ挙げておく。

①自社製品の意味を変え、もてる資源を集中化し、時間をかけて高付加価値市場を自らの手で育成する

従来の市場と使途でなく、「自社製品に新たな存在価値」を見出せる市場として、白鳳堂は化粧の分野を特定した。

自社の強みが発揮でき、製品単価が高く設定できる高級化粧筆の領域を自ら開拓し、そこに資源を集中化したのだ。その結果、独力で高付加価値市場を育成することに成功している。

女性向けの製品でも、化粧品のように「首から上」に使用するものは付加価値が重視され、価格も高く設定できる特性がある。白鳳堂の化粧筆はこの条件にも上手く合致している。

②業界のプロフェッショナルたちの助言に耳を傾ける

白鳳堂は、業界のプロフェッショナルたちと交流を図って助言に耳を傾け、化粧品メーカー

の動向などを収集。その情報や知識を、営業活動に反映した。

また､その道の専門家から自社製品に対する評価を獲得したことが､製品力の裏づけとなっている。すなわち、プロフェッショナルが評価すると、製品の強みが顧客に容易に伝わるということだ。

③海外メーカーとの直接取引を実現し、この成約をテコにして同業他社のＯＥＭを開拓

白鳳堂は卸に依存した販売体制から脱却するため、メーカーと直接ＯＥＭ契約が結べるよう､海外メーカーにマトを絞って交渉して成約に結びつけた。その結果､他の化粧品メーカーからも注目されることになり、更なる新規開拓に結びつけている。

業界の古い商習慣を打破するためには、国内ルールに縛られない海外メーカーとの取引を突破口にして、直接取引できる新規取引先を開拓したプロセスに着目したい。

④機械化による量産ではなく、「製造工程を細分化する人的生産方法」で付加価値を守りながら量産化に成功

職人による製造プロセスをおよそ８０に渡る工程に細分化し､ひとりがすべてをつくらず、

１つ～３つの工程だけを担当する分業制に転換。手作業による付加価値を守りながら量産化する方法を白鳳堂は考案した。

「量産するには、機械化が必要だ」とする旧来発想を覆した点は、注目に値する。また、この方法により、仮に人材が流出しても、自社の製造ノウハウが簡単には流出しないメリットも生まれている。

⑤ＯＥＭと自社ブランドの両方で売上を確保

直販する自社ブランドの利益率は高いが、販路と顧客が限定されるため、売上規模は限られる。他方、直接取引するＯＥＭは利益率は下がるが、ＯＥＭ先の企業数が多いため、販売量は多くなる。

白鳳堂は自社ブランドとＯＥＭ両者の長所と短所を踏まえ、２つの事業を並行して行なう二本橋戦略を採用し、経営を推進している。つまり、自社ブランドで付加価値とブランド価値を高め、ＯＥＭでは量産によって売上規模を拡大するという見事な経営手法だ。

⑥情報専門ポータルサイトとの協働で知名度を向上させ、ネット直販で必要なネット上の情報資源づくりに成功

ネット直販で顧客を増やすには、ネット上で話題をつくり、知名度と認知度を高めることが不可欠だ。

白鳳堂は化粧情報専門のポータルサイトと協働して商品開発を行ない商品をヒットさせ、ネット上の情報資源を生み出した。これにより、顧客である女性たちに自社ブランドが知られ、ネット販売に必要な情報コンテンツに結びつけた。

ネット直販を成功させるには、ネット上に知名度と認知度を高める情報コンテンツを用意することが不可欠だ。

⑦自社ブランドを成功させるには、対面販売チャネルとネット販売の両方を押さえ、相乗効果を狙う

メーカーが自社ブランド品を直販して成功するには、付加価値の高いリアルの対面販売チャネルでまず評価を獲得し、そこで得た評価を情報資源にしてネット直販につなげるというプロセスを踏むことだ。

リアルでの顧客接点と実績づくりが、バーチャルでの評価と売上に直結した好例である。

B2Cビジネスの「意味の進化」を策定するプロセス

それでは、前述した7つのポイントをアタマに入れながら、B2Cビジネスにおける意味の進化プロセスを、事例として取り上げている消費財メーカーでまとめる。

プロセス(1) 自社製品の「意味」を分析する

自社の製品・サービスの「意味」を、まずは分析する。シートは巻末の**シート(5)**を使用する。**シート(5)**に、自社製品・サービスの「意味」を、「製品・サービスの役割・存在価値」「製品・サービスの意味と用途」「製品・サービスの意味の変化と新しい価値」の3つの項目で整理していく。なお、B2BでもB2Cでもどちらのビジネスの場合にも項目は共通なので、記入の欄を分けてはいない。

それでは、3つの項目について、以下要点を述べていく。

意味の進化を考えるポイント①　役割・存在価値

誕生した当時と現在を比較し、自社の製品・サービスが世の中で果たしている役割や存在価値が希薄になっていないかを評価してみる。

たとえば、デジタルカメラの登場により、フィルム式カメラと写真材料の存在価値と意味は消滅した。そのデジタルカメラもスマートフォンの登場により、存在意義が希薄化している。携帯電話（いわゆるガラパゴス携帯）やビデオカメラでも、同様の状況が起きている。

かつて、カメラや写真材料の製造を主力にしていたコニカとミノルタは合併し、写真フィルム・レンズ・カメラなどの写真関連分野からは撤退。アメリカのイーストマン・コダック社は経営破綻している。

これら業界の衰退を見るまでもなく、製品やサービスがこれまで担ってきた存在価値と意味が失われる前に、新たな価値と意味を見つけないと、フィルム写真市場のように企業の存続が危うくなる事態も招くのだ。

その一方、需要は変わらず存在していて、製品やサービスの存在価値と意味は旧来のままで、価格競争に翻弄《ほんろう》されている業界も存在する。

その典型がメガネ業界で、１９９６年にはおよそ６，０００億円あった市場が２００９年には4，000億円を割り込んでしまっている。かつてメガネは高額品だったが、製造直販を武器に登場した新興企業が安価なメガネを投入し、低価格メガネが主流になった。

メガネは「視力矯正が必要な人」のために存在し、そうした人たちを助けることに「意味」があった。その存在意義と意味を変えないままに、低価格競争を行なっている状況では収益が上がらず、企業には閉塞感が漂ってしまう。

こうした業界では、これまで気づかずにいた「新たな存在価値とそこで担う新たな意味」を見つけることが、企業が進化し成長を続けるために欠かせない。

「新たな存在価値とそこで担う新たな意味」とは、例えば「視力矯正が必要でない人」に向けたメガネの新機能を考え、これまでになかった存在意義と意味を生み出すことだ。

意味の進化を考えるポイント②　意味と用途

製品・サービスが発揮する「意味」は、その用途によって大きな違いが生まれる。

前述したカメラ業界で、カメラと写真フィルム時代の「存在価値」と「意味」に代わり、新たな領域に進化させた企業も存在する。その典型がオリンパスだ。

同社の主力事業は、医療機関向けに消化器内視鏡や外科内視鏡などの内視鏡製品と周辺機器を提供する医療事業に進化しており、その医療事業分野における同社の売上比率は７３％にまで拡大している。

つまり、カメラで培《つちか》った技術とノウハウを生かして内視鏡製品を生み出し、医科向け市場で自社の新たな「存在価値」と「意味」を見出しているのだ。これはカメラの撮影機能と映像化技術を活用し、通常のカメラではできない「人の身体内部を撮影する」という新用途の開拓であり、他社が簡単にマネできないビジネスだ。

このように、自社の市場を絞り込んで新たな用途を開拓したことで、オリンパスの内視鏡製品は「人の健康を見守る」という新たな意味を生み出したわけだ。

意味の進化を考えるポイント③　意味の変化と新しい価値

用途が変わると、製品・サービスが果たす「意味」が変わり、新しい価値が生まれる。

前述したメガネ市場で低価格商品を供給するだけでなく、これまでの発想起点である「視力矯正が必要な人」のために存在するという概念を見直して、新たな「意味」を発見したことで市場を活性化させた企業がある。ＪＩＮＳのブランドを展開するジェイアイエヌだ。

ジェイアイエヌはメガネのユーザーを、「視力矯正が必要な人」に加えて、「パソコンを日常的に使用する人」を新たに設定し、彼らが必要とする機能を考え出した。それが「JINS《ジンズ》PC」だ。

このメガネは度が入らず、パソコンの液晶ディスプレーで使用されているLEDから発生し、眼精疲労や睡眠障害の原因となるブルーライトを最大で50％削減する機能をもつ。このメガネは発売後1年間で50万本を売り上げるヒット商品となった。

「視力矯正が必要でなく、パソコンを日常的に使用する人」に、眼精疲労や睡眠障害の原因となるブルーライトを削減するための用途を提案し、パソコンを使う人の眼をブルーライトから守るという新たな「意味」を生み出した。

視力矯正が必要でない人を顧客にすると、日本の人口の1億2,000万人が潜在顧客となり、現在のメガネ人口である6,000万人の倍に市場が膨らむ。

また、疲れ眼で眼科に通う人は年間に1,600万人といわれ、メガネの「意味」が変わると、新たな価値が生まれ、市場も拡大する。

プロセス（２）　これまでとは業界が違うＯＥＭ先を探し、新分野でのＯＥＭ製造を通じて新たなノウハウを蓄積する

「市場の進化」経営の中でも触れているが、中小企業が従来とは異なる新たな「存在価値」や「意味」を見つけようとする時、社内ではその手掛かりを容易に見出せないことが多い。

そうした時には、従来とは業界の異なる企業からＯＥＭ生産を受注し、あるいは過去のＯＥＭの実績を振り返り、そこで活路を見出すためのヒントや斬新なアイデアを探る方法がある。

成功事例に登場した白鳳堂であれば、ＯＥＭを生産しながら、絵や文字を書く以外に、新たな用途と意味・存在価値を探したことで、これまで気づかずにいた化粧品の筆という分野に進出を果たせた。

プロセス（3）　安定した消費頻度と買い換え需要がある市場を探し、その中で自社の強みを発揮できる分野を見つける

消費財で新たな存在価値と意味を見出す際には、製品の消費サイクルと買い換え需要が見込めるかどうかを把握しておく必要がある。

たとえば、義務教育の授業で絵筆を使う場合、子供は必ず購入するからそれなりの数量と市場規模は見込める。だがその後、絵筆の継続購入はあまり見込めないだろう。絵を描くのが好きな人やマニア、そしてプロを除くと、継続購入してくれる顧客の数が限られるからだ。

また、購入頻度が人生で一度しか存在しない業界がある。ランドセル業界だ。小学校に入学する時に新入生は全員、ランドセルを購入するが、その後小学校を卒業する6年間に再購入されることはない。

ランドセルの商品単価は高いものの、再購入需要が生まれないため、市場規模は子供の数に連動してしまう。

このように、ひとりの顧客で複数の購入が見込めるかどうかも市場規模を決める。顧客が

選ぶ選択肢が多く、ひとりで複数所有する意味や価値があれば、市場規模は膨らむ。

プロセス(４)　プロフェッショナルの需要がないかを調べ、彼らの協力を仰いで新たな存在価値と意味を探す

消費財から耐久消費財、さらに生産財に至るまで、その道のプロフェッショナルが好んで使い、評価を受けた製品の付加価値は向上する。とくに、その道で名の知れたプロフェッショナルのお墨付きや評価が獲得できれば、製品の価値は増す。

自社にノウハウが乏しく、ブランド価値を自力で生み出せない企業の場合、製品開発の段階からプロフェッショナルに参画してもらい、製品開発を行なう方法がある。

プロセス(5)　職人による手作業の価値をアピールでき、それに見合った価格設定が可能な分野を探す

製品づくりのすべてのプロセスを機械化して生産できれば、コストを抑えて安価に販売できる。だがこの方法では他社も機械化すれば同じ品質の製品をつくれるため、市場は価格で競うコモディティ化する。

一方、職人による手作業でしか製造できない製品は、量産品にはない付加価値が生まれるが、製造数には限りがある。この場合は製造方法を工夫して、手作業でもある程度量産化できないか検討してみる必要がある。

また、売上金額と利益を向上させるには、「製品単価を高く」し、「複数の購入を促す」ことができ、「継続購入」が見込める領域を発見することも重要な視点だ。

プロセス(6)　どの販路で、どのような販売方法を組み合わせれば、自社の価値がアピールできるかを考えて実行する

手づくりの良さを伝えようとするなら、原則として対面販売が向いている。製品の現物と共に、販売員が製品情報を顧客に説明できるからだ。

一方、セルフ販売のチャネルでは、製品に関する情報が生活者に届いていないと購入率は下がる。だからセルフの売場で販売する企業は、大規模な広告を投入する。

また、自社製品がヒットした場合は、安価な模倣品を競合他社はすぐに投入するので、市場が潰される可能性もある。市場の規模が大きくなれば、こうした状況が起こることを想定しておく。

次に、買い換え需要や買い増し需要に代表される継続購入の段階になると、ネット通販の利便性が大きくなる。顧客が既に商品情報をもっている場合には、ネット通販で購入し宅配される方が便利だからだ。

ネット通販の場合に顧客の購入率を高めるには、郵送料の設定がポイントとなる。郵送料

を無料にするか、顧客に痛みのない金額にする工夫が必要だ。

自社で営業力がない場合には、付加価値が高く、定価販売する対面販売チャネルに強い卸や問屋の協力を得るか、他社と販売代理契約を結ぶなど、外部企業との協働も視野に入れる。

以上、B2C消費財メーカーの意味の進化のポイントとプロセスを述べた。なお、ここまで述べたことを巻末の**シート(6)**にチェックリスト化してあるので、最適な意味を策定する際に、考えをまとめるために活用していただきたい。

B2Bビジネスの「意味の進化」経営

次に、B2Bビジネスにおいて、「他にはない存在意義」を考え、「意味の進化」を策定するプロセスとポイントを、生産財メーカーを事例に述べる。

「絶対に緩《ゆる》まないナット」を製造する企業として世界的企業となったハードロック工業を成功事例として紹介したい。

「絶対に緩《ゆる》まない」存在価値で市場を専有化するハードロック工業

１９７４年に設立されたハードロック工業㈱（若林克彦代表）は、東大阪市に本社を構え、売上高１５億円（２０１４年6月実績）、社員数６０名という中小メーカーだ。

「ネジは構造上、必ず緩《ゆる》むものだ」と業界では諦められていた概念を覆《くつがえ》し、絶対に緩《ゆる》まないナット「ハードロックナット」を開発。売上規模は小さいながら、世界的なトップメーカーとして君臨している。

同社はアメリカの雑誌「Newsweek」で「世界が注目する日本の中小企業１００社」に選ばれ、日経ＢＰ社が主催する「第１０回日本イノベーター大賞」も受賞している。

看板製品「ハードロックナット」は、世界一厳しいといわれるＮＡＳ（米国航空規格）の振動試験でも優秀な結果を出して評価を獲得し、製品価格は普及品の４～5倍だ。

しかし、緩《ゆる》まない製品力に加え、一度締めればその後のメンテナンスが不要のため、保守点検費用を大幅に削減できる点も高く評価されており、高額でも言い値で売れるのだ。

同社の取引先とその採用実績は世界に誇れる。

たとえば、東海道新幹線、東北新幹線「はやぶさ」の車両をはじめ、各新幹線に同社のナットは採用されている。

新幹線のように振動が多い過酷な使用条件の下でも緩《ゆる》まない同社のナットは、点検に必要な手間と経費を押さえ、新幹線の安全走行を支えている。

東海道新幹線は一編成16両で運行され、16両の車両にはおよそ2万本のボルトが使われている。このボルトの脱落を防止するためにすべての場所を点検し、ナットの締め直しを行なえば、大変な手間とコストが掛かるからだ。

そして万一、新幹線の走行中にボルトを締めているナットが外れ、主要な装置が脱落するような事態を招けば大事故につながる。しかし東日本大震災時に走行中だった東北新幹線が、同社製品の高い品質効果を立証している。

さらに、東京スカイツリー内には同社製品がおよそ40万個使用されている。建設工事中に東日本大震災に見舞われたが、地震発生後に実施された検査でナットの緩《ゆる》みは確認されず、震災の3日後には工事が再開される一助になった。

このほか、瀬戸大橋、レインボーブリッジ、羽田空港、六本木ヒルズなど日本を代表する橋梁《きょうりょう》や建築物をはじめ、機械、建設、船舶、プラントなど、安全性が欠かせない分野で同社の製品は採用されている。

海外ではイギリス・オーストラリア・ポーランド・中国・韓国、ドイツの鉄道と台湾の新幹線でも採用され、スペースシャトルの発射台や海上掘削機、アミューズメントパークなどにも同社製品は採用されている。

ちなみにイギリスの鉄道会社に採用されるきっかけは、国内で起きた鉄道事故の検証番組内で「ハードロックナット」の有効性が紹介されたことによる。この番組を観た同国の鉄道会社が一斉に採用に踏み切ったのだ。

このように、国内はもとより世界中から注文が殺到する同社だが、会社設立のきっかけは顧客からのクレームだった。

大阪工業大学卒業後バルブメーカーに就職し、設計技師となった若林氏は、大阪で開催された国際見本市で「戻り止め（緩《ゆる》み止め）ナット」を見て、もっと安価に簡単につくれないかと考えた。

そして試行錯誤の末、板バネでボルトのネジ山をはさみつける方法を開発。この製品を「Uナット」と名づけ、1962年に実弟らと3人で製造販売の会社として冨士産業社（現冨士精密）を創業した。

しかし、ネジ問屋や大阪の町工場に営業活動を開始するが、すぐには成果につながらない。3～4年経って、やっと受注が安定してきた。

ところが品質に対するクレームが発生した。掘削機などで激しい振動を与えると、わずかだが緩《ゆる》むというクレームが顧客から入ったのだ。若林氏はこのクレームの解決策を求め試行錯誤を繰り返していたが、ある日、神社の鳥居にクサビが打ち込まれている構造を見て、「絶対に緩《ゆる》まないナット」のヒントを得る。

それは、ナットを2つの機能に分解し、下のナットは凸形、上のナットは凹形にし、ボルトにこの2つのナットを通して締めると、凸型ナットによってボルトにクサビを打ち込んだ状態になり、絶対に緩《ゆる》まないというアイデアだ。

ちなみに、この構造を開発したことにより、同社のナットは一度締めると絶対に緩《ゆる》まないだけでなく、着脱は何十回でもできるという特徴も併せもつ。

これを契機に、若林氏はUナットを販売していた富士産業社(現富士精密)を無償で譲渡し、1974年にハードロック工業を設立した。

製品需要を開拓する営業活動

この「絶対に緩《ゆる》まないナット」の売り込み先として、まず鉄道会社に狙いを定めた。

もともと、前身の富士産業社製のUナットを採用してもらっていた阪神電気鉄道に「ハードロックナット」を試験使用してもらったところ、３カ月経過しても緩《ゆる》まないことが実証された。

この阪神電気鉄道での試験実績を活用して、関西の私鉄に営業を行ない、次々と受注に成功していく。１９７６年には旧国鉄にも働き掛けるが採用には至らなかった。しかし、民営化されたＪＲ東海と再度交渉し、１９８７年に防音壁を留めるナットとして採用が決まった。防音壁ナットへの導入後、その効果が認められ、車体本体への採用につながっていった。ＪＲ東海は金属疲労によるトラブルを防ぐために、車両が１００万キロを走破すると、車両に使用されているナットはすべて交換する。１００万キロには３～５年で達し、ナットをこのサイクルで交換するため、ハードロック工業には買い換え需要が繰り返し生まれるのだ。

Ｂ２Ｂビジネスの「意味の進化」４つのポイント

ハードロック工業の成功事例をもとに、Ｂ２Ｂビジネスの主に生産財メーカーが「意味の進化」を推進する４つのポイントをまとめておきたい。

①「自社製品の役割」を進化させ、製品の存在価値を高める取り組みを実践する

従来のボルトとネジの役割は「モノとモノを留める」機能にあったが、ハードロック工業は「ボルトとネジを留めた後に、絶対に緩《ゆる》まない」機能に進化させ、他社にない同社の存在価値として昇華させた。

製品機能の高度化に加え、自社製品の役割を進化させ、製品の存在価値を高める取り組みができないか、検討してみる価値がある。

②需要が繰り返す消耗品市場で、他社にない価値を創造して専有化する

ハードロック工業は需要が繰り返す消耗品市場で、価格競争に陥らず、自社の強みである「緩《ゆる》まない」機能とその存在価値により市場を専有化している。

消耗品市場の中で、取引先から継続的に購入してもらう理由と代えのきかない価値を見出す取り組みを実践する。

③世界に誇る企業に採用され、自社製品の評価とブランド力を向上させる

日本を代表する新幹線や東京スカイツリー、レインボーブリッジといった高速鉄道や構造物、橋梁《きょうりょう》などに採用されたことで評価が高まり、世界中の一流企業に採用されたことでハードロック工業のブランド力は磐石《ばんじゃく》になった。

取引先や採用先のブランド力が高いと、自社のブランド力も並行して向上する。営業活動を行なう際には、採用先や採用実績がブランド資源になることを念頭に入れる。

④価格が高くても、取引先を納得させる理由と存在価値を創造する

ハードロック工業の製品価格は普及品の４〜５倍に設定されており、緩《ゆる》まない製品力に加え着脱は何十回もできる。また、一度締めればその後のメンテナンスが不要で、保守点検費用を大幅に削減できるため、納入先の経費削減に貢献できる。

製品力に加えて納入先企業の経費削減につながるため、製品価格が高くても採用され、価格競争に陥らずに済んでいる。

製品力を磨くだけでなく、自社製品を通じて取引先企業の経費やロスを削減することに貢献できないかを視野に入れ、企業活動や製品開発に取り組む。

Ｂ２Ｂビジネスの「意味の進化」を策定するプロセス

それでは前述したポイントをアタマに入れながら、Ｂ２Ｂ（生産財メーカー）が意味の進化を策定するプロセスをまとめておこう。

プロセス（１）　ニッチな市場で製品機能を高度化するだけでなく、業界や製品が抱えている「しかたがない」「宿命だ」とされていた問題や課題を解決する方法を考える

既存製品の機能を高度化する取り組みはもちろん必要だが、並行して「業界で製品機能に関して諦めている問題」や「製品が負っていて解決できないと決めつけられている課題」を直視し、本当に解決策がないか探してみる。

プロセス(2)　製品間の価格競争でなく、価値で選ばれる新たな比較対象を探す

既存製品の機能を高度化させただけでは、取引先は製品の値上げや製品単価アップを容易に受け入れてはくれない。単に製品間の価格比較に終始しているからだ。

その製品を採用することで、これまで必要だった手間やコストを大幅に削減できれば、製品価格が高くても採用してくれる可能性が出てくる。他社製品や既存製品でなく、比較の対象を手間やコストの削減にできたら、価値で選んでもらえる。

プロセス(3)　新規取引先に自社製品の採用を働きかける際は、製品の実験結果や効果検証のデータを活用する

新製品で採用実績がまだない場合には、取引先に試験導入や実験導入を働きかけ、その検証結果をデータ化する。ここで得たデータを新規取引先の提案に活用し、製品への信頼性を

アピールする。

プロセス（4）　価格競争をせず、価値を売りモノにしている業界や企業に営業を行ない、そこでの採用をテコにして取引先を拡大する

価格の安さでなく、価値を重視する業界や企業は必ず存在する。例えば「業界で№１」「日本が誇るモノづくり」「日本を代表する製品やサービス」を提供している企業だ。

こうした法人は自らの手で価値を創造し、価値を販売しているので、他にない存在価値を備えた製品であれば、取引先として認め、製品を選んでくれる可能性が高い。

どの業界で、どんな企業が価値を重視しているかを探り、取引先になってもらえるように営業活動に取り組むことだ。

以上がB２Bビジネスの意味の進化のポイントとプロセスである。なお、これらは巻末の**シート（6）**にチェックリスト化してあるので、新たな意味策定の考えをまとめる際に活用していただきたい。

第4章　製品の進化

時代が求める製品の「進化」とは

H堂は秋田県内に4店舗の直営店をもち、和菓子の製造販売を行なっている和菓子メーカーだ。

季節の和菓子として、花びら餅・うぐいす餅・桜餅・栗きんとんなどに加え、日持ちのする味噌煎餅・落花生煎餅・カステラ煎餅などを取り扱っている。

過去につくった製品をベースにして、新製品の開発は適宜《てきぎ》行なっているが、売れ行きを見ると、やはり定番品の評価が高い。和菓子の特徴でもあるが、顧客層が高齢化していることも気になる点だ。

店主は停滞気味の現状を打破し、若年層にも受けるような商品の開発や販売エリアの拡大を検討しているが、それには大きなカベがある。それが商品の賞味期限だ。

店主は、「若者にも受ける和菓子」をコンセプトに、果物を使用した商品を考えた。乳製品を使う洋菓子と違い、和菓子は植物性の材料が主体で、従来は和菓子に生の果物を使用することはなかったが、最近は「苺《いちご》大福」に代表されるように、生の果物を使った和菓子がスーパーやコンビニエンスストアにも出回っているため、これに目をつけたのだ。

しかし本来、日持ちしない餅と生の果物の組み合わせは、当日限りの条件で店売りが基本だ。賞味期限を長くするために保存料や防腐剤を使用することはしたくない。

これが、販売エリアの拡大を阻むカベとなっているのだ。

H堂では先代から継承した「無添加」「手づくり」の伝統を守って製造しており、地元での評価はそれなりに受けている。反面、「日持ちしない製品」が多いため、他県のデパートなどに販売エリアを広げようとしても、賞味期限が短く、廃棄ロスが出るため実現できていない。

それに加え、他県に直営店を増やそうとすると、店舗の近くに工場を併設する必要があり、多額の投資が必要になってしまう。

日持ちがよい製品を増やせば廃棄ロスを減らせ、収益性も良くなることはわかっているが、先代から守っているこだわりは捨ててはいけない…このH堂のように、従来からの製品のままでは、飛躍が難しいと感じている企業は多いはずだ。

そこで本章では、単なる「製品の改良改善」ではなく、いまの経営環境と構造変化を味方につけて飛躍するために、製品をどう進化させ、収益が出るビジネスにつなげていくかを、2社の成功事例を挙げながら、仕組みづくりのプロセスと要点を述べていく。

Ｂ２Ｃビジネスの「製品の進化」経営

前述の和菓子メーカーＨ堂のように、賞味期限という製品がもつ制約条件を克服し、市場を海外にまで広げた成功企業、丸京製菓の取り組みを、Ｂ２Ｃメーカーの成功事例として最初にご紹介したい。

６０日間日持ちする「どらやき」で市場を海外まで広げる

人口５７万人の鳥取県で、「どらやき」の年間生産量が世界一の企業がある。米子市で１９５８年に創業した丸京製菓㈱（鷲見浩生代表）だ。同社は、１日におよそ４０万個、年間１億２，０００万個のどらやきを生産する、社員数約２００人、売上高３４億円（２０１１年７月期現在）の製菓メーカーだ。

丸京製菓のどらやきは、単一工場としては「世界一の生産量」規模を誇る。同社は国内では１，０００店を超えるスーパーに設けられた和菓子コーナー「丸京ショップ」を中心に、生協、コンビニエンスストアなどで販売している。

さらにアメリカ、カナダ、中国、韓国など世界16カ国に輸出し、海外市場にも積極的に進出している。

同社は製餡（和菓子で使うあんこ）メーカーからスタートし、現在の主力商品であるどらやきは、1980年代末から製造を開始した。経営の転換期となるきっかけは、1994年、売上シェアが80％を占める取引先の菓子問屋の倒産という危機に見舞われたときだ。

同社は売上を上げるため、観光土産や問屋の下請け、スーパーやコンビニエンスストアのPB商品の生産、さらに東京エリアの販路開拓とあらゆることに取り組んだ。

その結果、新たな販路開拓と共に、OEMではなく自社ブランドによる製品販売を開始することになる。さらに副産物として、「自分たちの仕事は忍者みたいだ」と自嘲を口にしていた社員たちのモチベーションを高めるきっかけにもなった。

1996年、当時36歳の鷲見氏が社長として就任してから、さらなる飛躍のための戦略的経営が本格的にスタートする。

まず、30~40代世代のファミリー層を狙ったブランド展開のため、どらやきの味を変えた。お年寄り好みのイメージのある和菓子の概念を払拭するため、餡《あん》の甘さが残らないように卵の含有量を増やしたのだ。

全国販売を実現するためには、どらやきの賞味期限も大きな課題だった。同社の「どらやき」は鳥取県で生産しているため物流コストが高く、出荷から販売までのリードタイム（所要時間）が長いことも重なり、全国展開ができずにいたからだ。

また、競合する大手製パンメーカーのどらやきに比べ、価格面でも勝てずにいた。

この弱点を克服するため、米子市にある社団法人氷温協会が開発した「氷温《ひょうおん》技術」という独自の方法でどらやきの開発に取り組み、ついに、添加物を使わず「６０日間日持ちするどらやき」の製品化に成功したのだ。

ちなみに「氷温《ひょうおん》技術」とは、０度から氷結点までの凍らない温度帯の中で、必要な素材を氷温熟成させる技術である。

少々長くなるが詳しく述べると、１９７０年（昭和４５年）、鳥取県食品加工研究所長だった（故）山根昭美氏が、二十世紀梨の長期貯蔵の研究中に、保冷庫の温度管理が０℃以下になる失態を犯した。ところが二十世紀梨は凍らず、みずみずしさを保っていた。ここに着目して生まれたのが氷温技術である。

氷点下の厳寒地に生きるカエルやヘビなどの両生類、魚類は水が凍っても死ぬことはない。この疑問と二十世紀梨が凍らずみずみずしかった事実に着目し研究した結果、果物などの食

氷温技術を使った「60日間日持ちするどら焼き」

品が０℃以下でも、凍結せず生き続けることが可能な温度領域、すなわち「氷温《ひょうおん》」を発見する。

もともと日本では、古くから冬の寒い外気を利用した「寒仕込み」や「寒ざらし」といった加工方法で、食材を保存し利用してきた。

これは朝晩の温度差が大きく乾燥することで、素材にうま味が増すことを利用している。氷温技術は昔から日本に伝わる自然の保存方法に着目し、冬だけでなく年間を通じて「氷温」が利用できるようにした。

この氷温技術の採用により、同社のどら焼きは添加物を使わない上に、コクとうま味が増し、日持ちする製品になった。

「６０日間日持ちするどらやき」の誕生により、日本全国で販売が可能となり、海外でも優位性を発揮する強みが生まれ、同社の飛躍が始まった。

２００２年、氷温技術を活用する新工場を建設。さっそく翌年から稼動させ、自社ブランドによる経営が加速していく。

世界１６カ国へ進出

「６０日間日持ちするどらやき」を武器に、同社は海外へも販路を広げていく。１９９８年、最初の進出先はアメリカであった。日系の代理店を通じてロサンゼルス・サンフランシスコなど西海岸にある中国系と韓国系スーパーへの卸売りからスタートした。

この販路にした理由は、どらやきの想定顧客を「あんこを食べる食習慣がある東洋系アメリカ人」に絞り込んだからだ。

当初は冷凍と解凍がうまくいかないなどの問題が続き、進出後４～５年は赤字が続いた。しかし現在ではなんと、２カ月の賞味期限が維持できる独自のノウハウを確立している。

そのやり方は、まずマイナス２２度～２５度の冷凍コンテナで運び、およそ2週間かけて完全に凍らせる。そして現地で陸揚げ後、５度から１０度で約１カ月かけて解凍し、その後冷蔵庫で１カ月かけて常温に戻す。

こういうプロセスを踏むことで、２カ月の賞味期限が維持できるのだという。他社に簡単にマネのできない、この独自技術を武器に、同社は順調に海外での販売数を伸ばしていった。

販売の方法にも工夫をこらした。食経験がない海外の消費者には、店頭での試食販売を継続して行ない、3年目に1億円の売上を達成。同時に品質も向上させ、同社の海外展開の中でもトップの市場に成長させた。

このアメリカでの成功を基に、イギリスとアジアに進出。イギリスでは流通業大手のテスコの全店で採用され、現地の回転寿司店のメニューにも採用されている。

アジアでは、2011年に上海に販社「丸京貿易上海有限公司」を設立。続いて2012年に、台湾に「台湾丸京製菓股份有限公司」を設立した。

生産委託契約を結んだ現地製餡メーカーの工場で、どらやきの量産を開始し、氷温倉庫も建設。台湾工場ではハラル認証の取得に取り組んでいる。台湾で生産したどらやきは、中国の上海や廈門《アモイ》などに輸出し、日本からは大連に輸出されている。

海外展開による販売エリアは、前述したアメリカ・韓国・台湾に加え、オーストラリア・ヨーロッパなどおよそ16カ国(2013年時点)に及んでいる。

B2Cビジネスの「製品の進化」5つのポイント

丸京製菓の事例から、Ｂ２Ｃビジネスで主に食品メーカーが製品を進化させ、飛躍につなげる経営のポイントを５つ挙げておく。

①添加物を加えずに、賞味期限を長くする取り組み

食品や菓子のメーカーは新製品開発や味の向上には熱心に取り組むが、自社製品の前提条件になっている「日持ちがしない製品特性」に着目することは少ない。

保存料などの添加物を加えて賞味期限を延ばす企業は多いが、安全安心志向が強まる中で、こうした施策はデメリットになる場合がある。

こうした中で、丸京製菓のように「添加物を加えずに、賞味期限を長くする」というポリシーを守り、地元の研究機関がもつ氷温《ひょうおん》技術に着目し、自社製品の賞味期限を延ばすことに成功した取り組みは注目したい。

②顧客イメージの向上と新規顧客の拡大を目的に、製品の味を進化させる

歴史のある業界ほど伝統的な製造方法を踏襲《とうしゅう》することに意味があると考えやすいが、時代

の嗜好《しこう》に合わなくなると新規顧客は増えず、顧客は高齢化してしまう。

丸京製菓では自社製品のユーザーイメージを若返らせ、若い世代にも支持されることを念頭に置いて、味の改良にいち早く取り組んだ。

売上が落ち込んだり、ユーザーの味覚調査などから指摘を受けたりするのでなく、トップの判断で製品の進化にいち早く取り組んだ点に着目したい。

③製品の課題解決が、国内に加えて海外での販路拡大にもつながっている

「添加物を加えず、日持ちする製品」にできたことで廃棄ロスがなくなり、賞味期限が長くなったことで小売業からも生活者からも支持され、販路が全国に拡大した。

さらに賞味期限が長くできたことで輸出も可能になり、海外展開にも弾みをつけることになっている。

④廃棄ロスを払拭《ふっしょく》する

単価が安い製品を製造するメーカーは、顧客単価を上げるためにアイテム数を増やしたパック詰め製品をつくり、スーパーや量販店で販売することが多い。

しかし世帯人数が少ない核家族化が進む中で、賞味期限が短く、食べ切れない量のある食品やお菓子は敬遠される。だが、日持ちする製品ならばこの懸念は払拭される。

⑤海外での戦略的な生産体制と輸出視点をもつ

丸京製菓は台湾工場で生産した製品を、「メイド・イン台湾の日本ブランド」としてアメリカ・韓国・中国に輸出し、台湾生産であることを強みにして、反日感情や日本ブランドの反発をなくしている。

また丸京製菓の台湾工場はハラル認証に取り組み、将来はマレーシアやインドネシアへの市場拡大も視野に入れている。ちなみにインドネシアの人口は２億５，０００万人でその内イスラム教徒は人口の８６・１％、同じくマレーシアの人口は２，９９５万人で人口の６０・４％がムスリムだ。

Ｂ２Ｃビジネスが時代が求める製品に進化させるプロセス

それでは、前述した５つのポイントをアタマに入れながら、Ｂ２Ｃビジネスにおける製品の進化プロセスを、事例の丸京製菓の取り組みでまとめる。

プロセス（1）自社の「製品」が置かれている環境と求められる進化を分析する

新製品を考え出す、あるいは改良改善を行なう時、かつては自社の業界と競合製品、そして自社製品を念頭に置いて取り組めば済んだ。

だが、ビジネスを取り巻く構造は大きく変質し、現在は自社が身を置く業界よりもさらに広い視野に立った「経営環境の変化」と、「収益モデル構造の変化」を前提に、「製品の進化」を検討しないと、成功がおぼつかない状況にある。

そこで、巻末の**シート（7）**に、自社製品・サービスをとりまくビジネス環境の変化を整理し、製品の進化の方向性を定めていく。なお、Ｂ２ＢでもＢ２Ｃでもどちらのビジネスの場合にも項目は共通なので、記入の欄を分けてはいない。

それでは、以下要点を述べていく。

３つのビジネス環境の変化を踏まえる

序章にて、企業をとりまく経営環境がいかに変化し、収益モデルをどのように進化させていかなければならないかを述べた。本章では、とくに製品の強みや弱みを考えていく際に、踏まえておかなければならない環境変化に絞って掘り下げておきたい。

踏まえるべきポイントは次の３つである。

①インターネットによって、「価格比較」、「世界規模での価格競争」、「ワンストップ・ショッピング」が進行

リアルの世界しか存在しない時代なら、欲しい商品は商圏内にあるいくつかの店舗間で価格比較される程度で済んでいた。だが、インターネットによって商圏という概念がなくなり、顧客は最も安く販売している企業や店舗を世界中から探し、世界のどこからでも購入するようになった。

この環境変化によって、自社製品にどんな影響が出るかを考えていただきたい。

たとえば、リアルの小売業の場合には店舗面積に限りがあるため品揃えに制約があるが、バーチャルの企業ならそんな縛りはなくなるという変化が出てくる。

また、複数のジャンルの異なる品物を購入したい時に、バーチャルの企業なら1カ所で買物が済み、クレジットカードを使ってオンラインで決済できる。

ネット上で自社製品を販売するところが増えれば増えるほど、自社製品の価格は下落することも、ネット社会がもたらした変化だ。

②グローバル化で仕事が安価な国に流れる

特にB2Bの企業については、必要とする仕事があれば、インターネットを使って世界中から相手を探し、最も安価に引き受ける企業に依頼できる時代である。

すなわち、競争する相手は国内だけでなく世界中の企業になった。この傾向は大企業から強まり、下請け的に受注していた中小企業は大きな影響を受ける。

③デジタルの世界では「価格下落」が急速に進み、「無料」化も進む

家電に代表されるデジタル製品は、新興国でも安価につくれるため、価格競争は避けて通れない。

たとえば、アナログ時代のVHSレコーダーが、同じ性能の製品が半額になるまでに、かつては8年を要していた。ところが、デジタル部品を組み立てるＤＶＤレコーダーは、わずか半年で半額になっている。

デジタルの価格下落は、アナログよりも１６倍の早さで進んでいることになる。デジタルの分野で技術と価格だけで優位性を発揮するのは容易ではない。

また、ゲームソフトのように、過去は有料だったソフトウエアが、スマートフォンやタブレット端末のアプリによって無料で提供されるようになり、無料でも収益が入る仕組みを考え出さないと、経営が成り立たない構造になっている。

製品を進化させる３つの基本視点

前述した３つの構造変化を踏まえた上で、自社の「製品の進化」の方向性を考える。

そこで、基本的な視点を以下３つ挙げるので、参考にしていただきたい。

①改良改善型進化

日本人が最も得意とする進化方法で、既存製品の機能や使い勝手などを高度化し、あるいは改良する取り組みだ。これは、食品などアナログな業界では今でもよく行なわれている。

一方、デジタルの世界では技術の進歩スピードが速く、改良改善した製品を市場に出しても、競合メーカーがさらに進化させた製品を投入するため、すぐに利益が出なくなる。

改良改善発想は既存製品を前提に考えるため、画期的な製品を考え出す方法としては向いていない。その代表例が、携帯電話の延長線上でない開発視点から生まれたスマートフォンだ。

ただし、「60日間日持ちするどらやき」を武器に飛躍した事例の丸京製菓のように、「製品がもつ制約条件(例えば保存期間や賞味期限)と、物流や配送(チルド物流や冷凍物流)などの仕組みの改良改善ならば、製品力以外で優位性を発揮できる企業資源になる場合がある。

そこで、自社の製品の進化が、「製品そのものを改良改善する視点」と、「製品がもつ制約条件(例えば保存期間や賞味期限)と、物流や配送(チルド物流や冷凍物流)などの仕組みを改良改善する視点」のどちらであるかを、見直すことだ。

②既存製品の存在や価値を否定し、新たな価値を生み出す革新的取り組みによる進化

レコードがCDになり、次にiTunesから音楽がダウンロードできるようになったことで、これまでのオーディオ機器が衰退していった状況がこれに該当する。

つまり、既存製品とは全く異なる技術や仕組みによって誕生した製品やサービスを生み出せば、既存製品が存在できなくなる。これは、革新的な進化視点だ。

そこで、自社の製品は、既存製品の存在や価値を否定し、新たな価値を生み出す革新的取り組みによる進化であるかを考えてみよう。

反対に、現在の自社製品の売上利益が下がっている場合、それは他社からの革新的進化によって生まれた製品によって存在価値を失ったからではないか、分析する必要がある。

もしそういう可能性がある場合には、早急に手を打たないと企業の存続が危うくなる。

革新的な進化は、異業種他社からもたらされることが多い。そして、収益を上げる方法も、「製品の販売価格」だけでなく、「毎月の利用料」などサービス課金を採用することも多い。この「課金方法」の進化については、第８章で詳述したい。

③既存製品を効率よく製造し、安価にする進化

既存製品をさらに効率よく製造し、安価に提供するために取り組む方法だ。

メーカーの場合ならヒトがしていた仕事を機械化やロボットに代替させて人件費などのコストを削減したり、ネット販売や自動販売機を使い効率よく販売したりする取り組みも含まれる。この方法は、販売価格を上げる事ができない業界やカテゴリーでよく行なわれる。

ただし、単に機械化するだけでは他社に追随《ついずい》され、価格競争力で新興国に負ける事態も起こる。

プロセス(2) 顧客の高齢化を防ぐために「製品の進化」を検討する

製品の中には、若年層に好まれるものと、大人や高齢者に好まれるものが存在する。この傾向をそのままにしていると、製品イメージが高齢化し、若い世代を始め新規顧客の開拓が後手に回ることがある。

食品や菓子の業界では、時代に併せて製法やレシピを進化させ、伝統を守りながら若年層など新規顧客を開拓する取り組みが必要だ。

プロセス（3）　廃棄ロスを減らす「製品の進化」方法を考える

食品のように賞味期限がある業界では、廃棄ロスを減らすためにどのような選択肢があるかを検討する。

添加物を入れずに「日持ちしない製品を少しでも日持ちするようにする取り組み」と「日持ちする製品としない製品とで住み分けて経営する」という選択肢がある。前者と後者それぞれに、自社で取り組める方法を洗い出す。

プロセス（4）　販路の拡大を阻害している課題を洗い出し、解決策がないか検討してみる

自社製品が販路を拡大できない理由を製品面から分析し、その課題を解決する方法を考える。どうすれば小売業のバイヤーに仕入れてもらえるか。また生活者に支持してもらえるか

を検討する。

プロセス(5)　地元の大学や各種研究機関がもつ技術を応用できないか検討する

自社の力だけで解決できない課題は、地元の大学や自治体の研究機関などで、参考になる技術やノウハウをもっているところがないかを調べ、共同研究を申し入れる方法がある。また、地元の自治体が取り組んでいる自主研究や研究助成についても調べ、活用できないかを検討する。

以上5つの進化プロセスを踏まえて、時代が求める製品に、自社製品をいかに進化させればよいかを具体的に考えていただきたい。

ロングセラー商品をつくり育てる「製品の進化」

次に、時代の求める「製品の進化」によるロングセラー商品づくりを主眼に、食品メーカー以外の「製品の進化」を策定するプロセスとポイントを述べる。

特に販売を問屋まかせにしているメーカーの場合、生活者のニーズよりも、卸や小売、あるいは自社の都合を重視した製品を開発する傾向が強く、「製品の進化」にはなはだ疎いケースが多く見受けられる。

たとえば、家庭用の片手鍋や両手鍋、ケトル（やかん）、パスタ用鍋や天ぷら鍋、蒸し器などの製品を手掛ける零細金属加工メーカーZ社は、ここ10年間で、アジアを中心に安価な海外製品が市場に多数出回り、納入先からは値下げ要請が強くなったことで、利益率は大幅に低下している。

現在付き合っている問屋は量販店やスーパーなどに強いが、大手の組織小売業は海外から直接調達する取引を増やしており、Z社の取り扱い比率は低下する傾向にある。

Z社にとって売れる製品をつくり出すことは何より重要だが、社内の製品開発担当は製造担当と兼務で、独自性のある製品企画を立案するよりも、社内でつくりやすい製品企画に偏る傾向が強い。

また、問屋任せにしていたため、対外的な営業力が弱く、自社ブランドをつくる取り組みも行なってこなかった。

確かな品質が評価され、販売力のある企業やブランド力のある企業からOEMを受注する一方、ブライダルをはじめとするギフトカタログ企業からも製品を依頼されているが、OEMで売上を上げていられるうちに、何とか売れる製品を生み出せる体制を整えたいと、社長は考えている。

Z社のように、どこから「製品の進化」に手をつけていけばよいのかと悩むメーカーのために、15年以上売れ続けるロングセラーを連発し、問屋を経由しない直接販売体制で全国展開を果たした㈱スノーピークの成功事例を紹介したい。

15年以上売れ続けるロングセラーを連発するスノーピーク

㈱スノーピーク(山井太《とおる》代表)は新潟県三条市に立地し、アウト・ドア・ライフスタイル用品の開発・製造・販売事業を営む企業だ。

売上高55億5，900万円、経常利益2億7，200万円(2014年12月期現在)、社員数192名(2014年12月31日現在)である。

同社が取り扱う製品は、テント(アメニティドーム)24，800円～、タープ(屋外用の屋根シート)27，800円～、焚火台12，600円～、オリジナルマルチスタンド9，800円などだ。大きな特徴は、これら多くの商品が発売から15年以上経過しても販売されている定番製品で、廃番となる商品はほとんどないということだ。

同社は問屋を経由しない流通政策を2000年から採用している。顧客に直接販売する直販比率が、売上高全体の15％ほどを占めており、他社より流通コストが少なく済んでいる。

2011年、スノーピークは本社(ヘッドクォーターズ)を、新潟県三条市の工業団地から同三条市中野原に造成したキャンプ場内に移転した。キャンプ場はおよそ5万坪(約16万5，000平方メートル、東京ドーム4個分)という広大な敷地である。

移転の費用は17億円を金融機関から借り入れ、現本社を建設した。目的は、社員が日常的にユーザーの間近で働くことで、ニーズを徹底的にくみ上げるためだ。

効果は出ている。本社移転前2011年の売上高は28億円、10年間の売上高の伸びは平均で7％増だった。しかし経営が好転したことも相まって、移転後の3年間の売上高の伸びは20％増となっている。

ちなみに、移転前の10年間でキャンプ人口はおよそ30％減少したが、2007年以降は団塊ジュニアの子供たちが市場に加わったため、再び拡大傾向にある。

このように順調に飛躍を遂げるスノーピークだが、かつては売上が6期連続で下がり続けた危機もあった。

先にスノーピークの歩みを簡単に述べておこう。同社の前身は、1958年7月に初代社長、山井幸雄氏が、金物問屋の山井幸雄商店を創業したところから始まる。

登山が趣味だった山井氏は当時の登山用品に不満をもち、1959年にオリジナルの登山用品を開発し、全国販売を始める。1963年には「スノーピーク」を商標登録した。

1976年に自社工場を設立し、商社からオリジナルブランド展開を行なうメーカーに転換、1986年には現社長の山井太《とおる》氏が入社した。

この頃からアウトドアをライフスタイルととらえ、スノーピークをオートキャンピングブランドとしてリニューアルを始める。

1987年に、スノーピークを代表するロングセラー商品のマルチスタンド（屋外で使用するガスの調理台やテーブルなどを乗せる足となる多目的スタンド）を発売。システムデザインをコンセプトにしたオートキャンプ用品の開発を本格化させる。

さらに１９８８年、ＳＵＶ（スポーツ用多目的車）で出かけるキャンプを想定したオートキャンプ用品を市場に投入。従来のキャンプ需要と違い、豊かなオートキャンプ市場の創造に取り組み、この施策が当たってオートキャンプがブームになる。

１９９６年１２月には山井太氏が社長に就任。株式会社スノーピークに社名を変更する。しかし、ブームの終焉《しゅうえん》が訪れた。売上が低迷し、１９９９年まで６期連続で売上が下落。ピーク時の売上高２５億５，０００万円から、１４億５，０００万円まで落ち込んでしまう。

この時期、自社製品の進化のきっかけとなる、あるイベントが催された。それは、顧客とスノーピークの社員が共にキャンプを楽しむことを目的に初開催したイベント「スノーピークウェイ」である。

このイベントで同社は、商品に対する顧客からのナマの声を、ダイレクトに聞くことができた。

これを契機に、同社は製品づくりにこれまでとは違った視点をもちはじめ、２０００年に問屋との取引を止めた。さらに同社製品を取り扱う小売店の数を１，０００から２５０に絞り込んで１商圏に１店舗とし、同社の全商品を品揃えして販売してくれる店舗に限定するという方針に転換した。

この英断により、販売価格を平均で35%程度引き下げることに成功し、2000年から業績が回復。ついに増収を達成した。


ロングセラー商品を連発する経営体勢づくり

同社のモノづくりの前提は、「アウトドアライフが好きな社員が集まっている組織」だ。社長の山井太氏は年平均40～50日はキャンプするアウトドア好きだが、同社社員も同様でアウトドアが大好きな人材が集まり、社員がアウトドア用品のヘビーユーザーでもある。社屋に隣接してつくられた広大なキャンプ場にはシャワー設備も用意され、誰でも手頃な料金で利用できる。前述したとおり、同社がこの地に本社を移転した理由は、ここでキャンプする顧客と全社員が接点をもちコミュニケーションを図る狙いがあった。

また、スノーピークというブランドを、本社の環境を通じて「見える化」するという役割も担っている。およそ600アイテムある同社製品群はすべて自社で開発し、その内の45%は金属加工業が集積する地元新潟県燕三条エリアで製造している。なお、同社では他社の模倣は一切行なわないため、価格競争に陥ることはない。

なぜ、高品質かつロングセラーとなる製品を次々と開発できるのか。それは、企画からデザイン、製造ラインに乗せるまでをひとりの開発担当者が受けもつ体制にある。

ひとりの担当者が開発プロセスの全工程に責任をもつため、製造に関する知見が必要になる。そのため開発担当者は同社の協力工場２０~３０社を回り、製造現場で自ら作業し、経験を積んで知見をもつように制度化されているのだ。

永久保証の品質になるまで、製品テストは担当者の責任で行なわれる。ただし製品チェックは、それぞれの段階毎にチームでチェックする体制を取っている。

２０１５年現在の開発メンバーは、アウトドア用品８名、アパレル５名、新規事業３名の体制で、全社員の１割を企画開発関連の部署に配置している。

同社では発売から１５年以上経過しているロングセラー製品が中心で、外観だけ変えて新製品として販売する方法は取っていない。時代に合わせて製品を磨き、定番として売れ続けることでコモディティ化(価格の安さだけで選ばれること)を防いでいるのだ。

こうした取り組みを可能にしているのは、社員が好きなことを仕事にしている結果だ。好きだから深く掘り下げ、他社製品を模倣することなく独自性のある製品が生まれている。

さらに、独自の流通政策や組織体制づくりと併せて、「顧客の組織化」にも独自の施策を施している。たとえば、自社製品の需要創造を担うキャンプ場である。

本社（ヘッドクォーター）がある三条市中野原の直営のキャンプ場に加えて、大阪府箕面市に同社がプロデュースした「スノーピーク箕面キャンプフィールド」と、大分県日田市の旧椿ヶ鼻《つばきがはな》ハイランドパークを利用した「スノーピーク奥日田」の、計３カ所にオートキャンプ場がある。

同社製品を使ってアウトドアライフを楽しめる場を生活者に提供し、自社製品の需要創造にも取り組んでいるのだ。

こうした施策が功を奏し、ポイントカードの会員数は15年3月末の時点で12万1，000人、このうち、年間の購入金額が２０万円以上のロイヤルカスタマーは６・７％を占める。

問屋を通さず直接取引している小売店に加え、１５年１月末時点の直営店舗数は１１店。同社スタッフが運営する売上構成比は、５２％に上る（２０１４年１２月期現在）。

製品の進化によるロングセラー商品づくり６つのポイント

スノーピークの成功事例をもとに、製品の進化によるロングセラー商品づくりの６つのポイントをまとめておきたい。

①製品を進化させる牽引役《けんいん》は、自社製品のヘビーユーザーでもある経営者と社員が担う

経営者と製品開発者は、自社が取り組んでいる製品分野が大好きで、しかもヘビーユーザーであれば、ユーザーが求める製品が自ずと理解でき、製品を進化させることが可能だ。自分たちが顧客でもあるからだ。

自社で製品を進化させる最良の方法、それは社内に最も厳しい顧客目線をもつ経営者と社員が存在する組織にすることだ。

そうなるには自社の事業や製品が本当に好きな人材を雇用できる人事制度と仕組みづくりが必要だ。

②製品開発担当者に必要な知見を積ませ、プロに育てる

企業の製品開発担当者は、製品の企画力はもっていても、製品ができ上がるまでの製造プロセスや製造上の工夫・苦労は知らずにいる。

そこで、職人を始めとするつくり手の取り組みやノウハウを理解した上で製品開発に取り組ませることによって、さらに高度な製品を開発することにつながるはずだ。こうしたノウハウは、協力企業がもつことが多く、そこにある知見を学ぶ取り組みは価値がある。

③他社製品を模倣せず、定番製品を生み出すユーザー目線をもつ

ユーザー目線やユーザー心理が見えない製品開発担当者は仮説を導き出すことができず、ユーザー調査によって答えを見つけようとし、あるいは他社製品を分析した結果から改良改善を行ない製品化しようとする。

これでは競合他社の後追いになるだけで、独自性は発揮できない。

定番化する製品を生み出すには、ユーザー目線で製品の進化を考え、価値を磨き上げる担当者を育成することだ。

④自社製品の需要を創造し、自社のブランド力を「見える化」する場を提供する

メーカーは単に生産して供給するだけに留まらず、自社製品を使う場所や楽しめる機会を提供し、自社製品の需要を絶えず創造する取り組みも欠かせない。この取り組みは自社のブランド力を顧客に「見える化」する最適な機会になる。

⑤製品を進化させたら、それにふさわしい売り方と販路を見つける

製品を進化させると、既存の販売方法や販路ではそぐわない状況が必ず生まれる。製品の進化にふさわしい売り方や販路を検討し、最適な方法を見出したい。

⑥自社の哲学を社内外に表明する

スノーピークは自社のミッションステートメント（企業と社員が共有化すべき価値観や社会的使命を明文化したもの）「The Snow Peak Way」の中で、

『私達は自らもユーザーであるという立場で考え、お互いが感動できるモノやサービスを提供します』

という一文を明記している。この哲学が同社の行動指針であり、判断基準になっている。この考え方が「製品の進化」を推進する原点であり、他社にない同社の強みを生みだす価値観となっている。

製品の進化によるロングセラー商品づくりを成功させるプロセス

それでは前述したポイントをアタマに入れながら、B2Cビジネスの、とくに営業力の弱い製造業が製品の進化を策定するプロセスをまとめておこう。

プロセス（1） 人材採用条件を見直し、自社の業界と製品が大好きな人材を社員にする

組織が大きくなると、人材採用の基準が「優秀な人材」を獲得することに終始しやすい。だがモノづくりを行なう企業にとって最優先にすべき人材採用の条件は、「自社の業界が好きで、自社製品の熱烈なユーザーであり、顧客視点をもった人材」を迎え入れることだ。業界で自社や他社の製品を使う経験を豊富にもっている人材なら、机上で考える人材にはない経験値を備えており、実体験に基づいたユーザー発想の製品開発が行なえる。

製品を進化させるには、自社製品が好きで、自身がユーザーとして厳しい選択眼をもつ人材を担当者にすることだ。そのためには人材採用基準と制度をつくり、該当する人材が集まる組織と風土にする取り組みが欠かせない。

プロセス⑵　「開発者はユーザーであるべきだ」というポリシーをもつ

製品開発担当者が顧客の心理を理解できないと、顧客が求めているモノが見えなくなる。その結果、ユーザー調査や競合企業の製品を分析して自社製品を生み出そうとするため、他社と似通《にかよ》った製品づくりに陥ってしまう。

自社製品を愛用する社員なら、顧客が欲しいモノ、必要とするモノは見える。社員がユーザーなら、自分が必要とするものを開発して提供すれば、顧客は買い求めてくれる。顧客でもある社員がいれば、製品開発のヒントは社員の中に答えがある。

プロセス⑶　ユーザーである顧客との接点を継続してもてる場と仕組みをもつ

製品が絶えず進化するように、ユーザーである顧客も絶えず進化している。顧客の進化と企業の進化が歩調を合わせるためには、全社員が顧客と日常的に接することができる場が社内にあればいい。

顧客と定期的に交流できる機会があれば、社員はいつでも顧客視点に立った仕事ができる。

プロセス(4) 協力企業との関係を高度化し、製品づくりのノウハウを学ぶ

製造業の協力企業はそれぞれに特色ある強みをもち、製品づくりのノウハウをもつ。自社の社員が協力企業のもつ製造技術や工夫を学び、知見として蓄えれば、製品開発の力量は向上し、「製品の進化」に生かせる。

プロセス(5) どうすればブランド力が向上するかを独自の方法で考える

企業と製品のブランド力を向上する方法は、広告や広報活動だけではない。ヘビーユーザーである顧客のイメージ、製品が利用されている場所、製品が販売されている店舗とそこでの販売方法、ネット上に出てくる自社製品の評価、本社のデザインや内装、

社員と社長の個性やスタイル、社用車のデザイン、魅力のある福利厚生や社員食堂など、資源づくりの方法は無限にある。

以上が製品の進化によるロングセラー商品づくりを成功させるプロセスである。なお、こちらも巻末シート(8)にチェックリスト化してあるので活用していただきたい。

第5章　価格の進化

値下げ一辺倒からの脱却

R社は、女性用カジュアル衣料の分野で多くのアイテムを製造するアパレルメーカーだ。販路の7割は問屋経由の卸（掛け率は45％で、粗利益率は15％）で、残り3割が量販店系のショッピングセンターに出店している小売店（掛け率は55％、粗利益率は20％）向けだ。

シーズン毎に受注会を行ない、原則として買い取りにしているが、付き合いの長い取引先は委託販売もある。

業界での価格設定は「（原材料費＋工賃）×3倍」といわれてきたが、近年は海外で安価につくられた製品が主流になり、国内で生産していてはコスト競争力がなくなり、利益が出せなくなっている。

R社は自社ブランドで展開しているが、広告をしていないので知名度と認知度は低く、付加価値も少ないため、販売価格を高くすることができない。また、売れ残った製品はセールや福袋で売り切るようにしている。

問屋と既存取引先は一様に経営が厳しく、値下げ圧力が強い。そのためR社でもコストを抑えるために海外生産を行なっているが、大手のSPA（アパレルの製造販売業で、ユニクロやZARAなどがある)とは生産量が違い、彼らのように安価な販売価格にはできない。

R社のようなアパレルメーカーのみならず、ネットやSPA業態の台頭によって、あらゆる業界でブランド力のない中小企業は泥沼の価格競争に陥っている。

群馬県を中心にスーパーマーケットを展開するL社も、安売り以外で売上を伸ばす有効な手段が見つからず、悩む中小企業のひとつだ。日本の小売業の売り場管理や接客は圧倒的にレベルが高く、世界に誇れる存在だが、既存の経営のやり方では本当に利益が出なくなっている。

需要が旺盛だった時代は、メーカーや卸などに依頼すれば棚割りから店頭プロモーションまで何でもやってくれたので、小売は店舗をつくって商品を並べれば良かった。

海外も含めて繁盛している店があると聞けば、視察に行ってその真似をし、急成長をしている業態が海外にあれば、まったく同じ業態をつくってきた。

しかし高度成長期と違い、需要が縮小し続けている今、ネットも含めて店舗間競争が激しくなると、売上は当然減少する。売上を増やそうとしても他店と同じNB(ナショナルブランド)商品を販売しているため、価格を安くするしか方法がないというのが実情だ。

しかし、値引き競争をしても売上が伸びず、さらに値引きする。その結果、利益は一層減少する。まさに消耗戦だ。

この負のスパイラルを抜け出すには、他社にない商品を見つける自主マーチャンダイジング（ＭＤ）と流通構造を改革することになるが、容易ではない。これはスーパーマーケットに限らず、ドラッグストアやホームセンター、ショッピングセンターの専門店なども同じ問題を抱えている。

そこで本章では、適正な利益が出る価格設定をするために、いまの経営環境と構造変化を味方につけて経営を進化させるために仕組みづくりのプロセスと要点を、メーカーと小売の２つの業種の成功事例を挙げながら述べていく。

製造業の「価格の進化」経営

競合が乱立する市場で、利益を上げられる適正価格でシャツを販売する成功企業「メーカーズシャツ鎌倉」の取り組みを、製造業の成功事例としてご紹介する。

適正価格で販売し、海外展開を果たしたシャツメーカー

メーカーズシャツ鎌倉㈱（貞末良雄《さだすえよしお》会長・貞末民子《さだすえたみこ》社長）は、シャツ専門の製造販売業として１９９３年に創業。現在の年商はおよそ３３億８，０００万円（２０１５年5月期）、社員数１２０名の企業だ。東北1、関東１７、中部3、近畿1、中国1、九州２の合計２５店舗（２０１５年現在）を展開する。

創業者の貞末良雄氏は千葉工業大学で電気工学を学び、大学卒業後は照明器具メーカーに入社。１９６６年、２５歳の時にアパレルメーカーのヴァンヂャケット（ＶＡＮ）に転職する。入社して6年間は商品管理部で勤務するが、当時、物流は経営戦略の中で重要な役割を果たすという認識が希薄で、ＶＡＮの商品管理部は商品の出し入れを行なう保管機能でしかなかった。

そこで、貞末氏は出荷数に基づいて売上を管理し、売掛金の回収状況に応じた出荷管理をコンピュータ上で行なう「オーダー・エントリー・システム」を開発する。このシステムは、後に業界での物流システムの雛形《ひな》となった。ここで商品流通の仕組みとお金の流れを学んだ経験が、後に同社を起業する際に非常に役立ったようだ。

拡大路線に失敗し、１９７８年4月にＶＡＮが倒産した時、貞末氏は統括本部長兼物流部

長を務めていた。その後、量販店やアパレル会社を経て、アメリカでＧＡＰが取り組んでいたＳＰＡ（製造小売業）の手法に着目し、同社を設立する。

貞末氏は、事業領域を「シャツ」市場に絞り込んだ。国内には数多くのアパレルメーカーが乱立しているが、その中で比較的季節の影響を受けず、不良在庫になりにくいからだ。シャツのカテゴリーに絞り込んだ専門店は、当時存在していなかった。

そして、中間流通が収益の６割を得るアパレルの業界構造に疑問をもっていた貞末氏は、前述したＧＡＰのように中間流通を経由せず工場に直接製品を発注し、自らが在庫リスクを負うＳＰＡ（製造小売業）方式を選んだ。

中間流通に支払う経費がなくなれば、上質な製品を手頃な価格で販売できる。そう考えていた貞末氏は、兵庫県西脇にある生地メーカーと交渉。メーター当たり８００円の生地を現金取引で全品買い取りという条件を提示して、半額の４００円で商談を成立させた。

こうした取り組みにより、「肌触りのよい綿１００％の高級生地を使い、見た目が美しくほつれにくい巻き伏せ本縫いで、貝ボタンを使用し、しかも縫製は日本国内の工場で行なう高品質なシャツ」を４，９００円（現在５，０００円）という価格で実現する。

ちなみに、一般的な高級シャツの原価率は１５～１８％なのに対し、同社製品では約

メーカーズシャツ鎌倉のビジネスシャツ

60%となっており、同品質のシャツがデパートなら1万円はする。

こうしてこだわりの詰まった高品質シャツが出来上がり、1993年11月7日、鎌倉の鶴岡八幡宮から徒歩5分ほどの「大学前」バス停前にあるコンビニエンスストアの2階に、1号店となる16坪の店舗をオープンする。

予算的に制約があったため、立地条件のよい場所に出店はできず、人を雇うこともできなかった。そこで、販売は貞末民子社長、シャツの企画と発注は貞末氏が行なうという体制にした。

創業から半年近くたった1994年5月頃に、貞末民子社長が雑誌「Hanako」に店舗の情報を投稿したところ、鎌倉特集の中で紹介され、これをきっかけに顧客が次第に増えていく。店の前に行列ができるようになると、商社や百貨店の幹部も視察に訪れるようにもなった。

1号店が軌道に乗ったことで、1995年7月に横浜ランドマーク店を出店し、それ以降、東京から神奈川のエリアに直営店を出店し、事業を加速させていく。

2012年10月、同社はメンズファッションの本拠地ニューヨークのマディソン街に、海外出店を果たす。

ニューヨークのマディソン街は、「ブルックスブラザーズ」「ポール・スチュアート」「Jプレス」「Jクルー」といったメンズブランドが本店や旗艦《きかん》店を構える場所として知られている。この地に、約70平方メートルの店舗を出店した。

日本と同様にニューヨークでも日本製の高品質シャツが手頃な価格（79ドル）で手に入ることが評価され、クチコミやSNSによって現地の弁護士や金融関係者に広がり、出店後2年目にして黒字を達成している。

B2Cメーカーの「価格の進化」7つのポイント

メーカーズシャツ鎌倉の事例から、製造業が値決めの主導権をもち、既存の収益モデルから経営を進化させるポイントを7つ挙げておく。

①流行や季節性に影響を受けにくい製品領域に絞り込む

ビジネスパーソンがスーツに合わせて着るドレスシャツは、仕事で毎日着る消耗品で、定期的に買い換え需要が起こる。高額なシャツには手が出ないが、紳士服の量販店やスーパーでは買いたくないというこだわりをもつ男性は多い。こうしたビジネスパーソンが鎌倉シャツの製品を評価してファンになり、リピーターが生まれた。

企業側から見るとシャツのカテゴリーは季節に影響を受けにくい長袖が基本で、またデザインも流行に左右されにくい。こうした定番製品的要素が強いシャツのカテゴリーに絞り込んだことが同社の強みになった。

アパレル産業に限らず、コモディティ(価格の安さだけで選ばれる製品)にならない消耗品市場で、季節性に左右されず定番的な製品カテゴリーを見つければ、大きな鉱脈《こうみゃく》になる。

②中間流通をなくした製造直販システムに取り組む

メーカーの販売価格が高くなるのは、中間流通に支払うマージンと売れ残りのリスクを加味した価格設定になっているケースがあるからである。メーカーズシャツ鎌倉はここに着目し、製造直販方式を導入した。

近年、メーカーは製造しているだけでは利益が出なくなっている。製造から販売まで自社で取り組めないか、その方法を探す。

③知覚価値設定とバリュー価格設定を組み合わせ、市場規模を大きくして高収益を実現する

製造直販にすれば価格の設定は自由に行なえ、しかも利益は増える。しかし海外ブランドのように高額な価格設定にすると、顧客の数は減り、市場規模は限られてしまう。

そこでメーカーズシャツ鎌倉は、デパートよりも手軽で、量販店やスーパーで販売されている新興国製品ほど安価でない、国内生産で４，９００円(税別)という価格に設定した。

この価格は、顧客の心理・値ごろ感・支払い能力を踏まえた「知覚価値設定」と、コスト・パフォーマンス(費用対効果)が高い「バリュー価格設定」を組み合わせている。

目が肥えたこだわり層なら、品質が良いのに納得価格になっていることが見抜ける。また手が届く価格を実現したことで、顧客層を広げ、市場を大きくすることにも成功している。価格設定の際には、参考にしたい視点だ。なお、「知覚価値設定」と「バリュー価格設定」の詳しいやり方は、価格の進化プロセス(1)にて後述する。

④手が届く既製品でありながら、豊富なサイズバリエーションを用意し、手間を掛けずに選べる利便性を提供

サイズ選択の幅が限られる安価な既製品と違い、メーカーズシャツ鎌倉では、顧客が最適な製品を選べるように、豊富なサイズバリエーションを用意した。

さらに、店頭で顧客が簡単に選べるように工夫しているため、顧客は自分のサイズの製品を、２回目以降は陳列棚から容易に選べる。

これにより、多忙なビジネスパーソンが仕事の合間に短時間で買物でき、店頭での接客時間も短縮できるメリットを生み出した。

効率化だけを考えると、コモディティ製品になってしまうが、既製品の盲点を見つければ、新たな市場を創造できる。

⑤広告でなく広報活動に取り組み、自社の強みと魅力をクチコミやＳＮＳで広げる

直営店を出店しても、顧客基盤をもたない企業は集客に苦労する。メーカーズシャツ鎌倉では、女性誌「Hanako」に情報を送り（記事に取り上げてもらうためにニュースレターを送付）、同誌の鎌倉特集に掲載されたことがきっかけとなり集客につながった。

雑誌社は毎年定期的に特集するテーマ（観光なら京都や鎌倉、夏の水着シーズン前にはダイエットの特集など）があり、編集者は他誌を情報源として参考にすることが多い。

そのため一度メジャー誌に掲載されると、その後は多くの雑誌やＳＮＳなどに紹介される機会と頻度が増える（これを私は情報連鎖と呼ぶ）傾向がある。

メディアの特性を踏まえて広報活動を行なうと、Ｂ２Ｃ市場では非常に効果がある。

⑥メイド・イン・ジャパンの魅力を強みにする

製造コストを削減するために新興国で製造する企業は多いが、コスト競争では生産量の多い大企業が有利になる。中小企業の場合、価格競争の市場でなく、独自の強みを発揮した価格帯の製品で優位性を発揮すべきだ。

メイド・イン・ジャパンを売りモノにするなら、製品を通じて国内生産の価値を「見える化」させる。海外製品と国内製品で、モノづくりの違いを提示することがポイントになる。

⑦イメージの良い都市のブランド力を活用する

1都3県(東京、千葉、埼玉、神奈川)を対象に行なわれた全国都市ブランド力調査(2008年に㈱ゲインが実施)を見ると、行ってみたい都市ランキングでは大都市が想起される中で、鎌倉は19位にランクインしている。首都圏に暮らす生活者には、鎌倉という小都市のイメージが非常に高いことがわかる。

その一方、京都などと比較して、鎌倉の地をブランド資源としてアピールする企業や製品は少なかった。こうした中でメーカーズシャツ鎌倉は、鎌倉という都市のブランド力を自社の資源として上手く活用した。

ブランド資源として都市や街のイメージを活用する方法を、中小企業は研究し実践したい。

製造業の「価格の進化」を策定するプロセス

それでは、前述した7つのポイントをアタマに入れながら、製造業が値決めの主導権を持ち、既存の収益モデルから経営を進化させるプロセスをまとめる。

プロセス（1）自社の既存の「価格設定」の方法を分析し、新たな価格設定方法を決定する

これまでの価格の決定方法を振り返り、そこに問題はないか、まず自社の価格設定を分析する。巻末の**シート（9）**に、価格を決定する5つのプロセスを挙げているので、このプロセスに沿って自社の価格設定の問題点を抽出し、進化の方向性を定める。なお、B2BでもB2Cでもどちらのビジネスの場合にも項目は共通なので、記入の欄を分けてはいない。

それでは、以下要点を述べていく。

価格設定に必要な5つの要素

価格設定には、検討の材料となる要素が5つある。そこで、価格設定の前準備としてこの5つを考え、自社の既存の価格設定の問題点を抽出していく。

価格設定の前準備① 価格設定の目的を明確にする

価格設定の目的は、利益を出すことだけに留まらない。

・「利益の最大化」を目指すのか
・「市場のシェアを最大化」するためなのか
・「品質が高いという製品価値」を打ち出すのか
・「最も高い価格からスタートし、その後徐々に価格を下げる上澄み吸収」なのか
・「生き残り」をかけた価格設定なのか

このように、企業の目的によって価格設定の視点は変わる。
そこで、自社の価格設定の目的が明確になっているかを、まず確認していただきたい。

価格設定の前準備②　需要を判断する

価格設定の際には、自社の製品やサービスにどれだけ需要が見込めるかを事前に判断する。「価格の高い・安い」で需要がどれだけ変わるかを勘案し、価格を高くしても需要は変わらないのか、逆に、手が届く価格にしないと需要は膨らまないかを検討する。

顧客が付加価値を重視する業界（ファッションや宝石、香水など）では、あえて価格を高く設定し、販売量を伸ばすこともある。

そこで、既存の価格設定がどんな需要予測のもとに行なわれたのかを見直してみる。

価格設定の前準備③　コストの算出

価格設定の材料として、自社製品にかかるコストを見直す。

総コストの算出式は、固定費（生産量にかかわらず費用が掛かる人件費・家賃・光熱費など）と変動費（生産量によって変動する原材料費や部品代など）を合計する。

そして、平均コストは、総コストを生産高で割ると算出される。

価格設定の前準備④　競合他社のコスト・価格・価値の分析

自社の製品と他社製品をコスト・価格・価値で比較する。

他社製品にない価値を備えていれば、他社より価格は高く設定できるが、価値が同等か低いと、価格を安くすることになる。

価格設定の前準備⑤　自社の価格設定の方法を選択する

前述の４つの分析を踏まえ、自社のこれまでの価格設定の方法を進化させられないかを考える。

「進化」を具体的に説明すると、「コストをベースにした価格設定方法」から、「顧客や需要に焦点を当てた価格設定の方法」へと、発想そのものを変えていくのだ。

「コストをベースにした価格設定方法」とは、発想起点のベースを「コスト」にして価格を設定する方法だ。この価格設定方法は、顧客の立場を全く勘案していないため、設定された価格が顧客から受け入れられないこともある。

ちなみに、この価格設定方法は「有形のモノ」を前提にしており、「ソフトウエアに代表される無形の製品やサービス」には適用できない場合がある。ソフトウエアには開発経費はかかっても、原材料費がないからだ。

現在でも多くの企業がコストをベースにした価格設定方法から抜け出せないが、現在、繁栄している企業の主流は、コストをベースにするのでなく、顧客や需要に焦点を当てて価格設定を行なっている。

そこで、「コストをベースにした価格設定方法」を３種類と、「顧客や需要に焦点を当てた価格設定の方法」を６種類挙げるので、自社に最適な価格設定を選ぶ手がかりにして欲しい。

コストをベースにした価格設定① マークアップ価格設定（販売価格＝コスト＋利益）

「コストをベースにした価格設定方法」の１つ目は、製品のコスト（機械設備や家賃、土地代、人件費などの固定費と、原材料費や販促費などの変動費）に、自社が望む利益を上乗せする「マークアップ価格設定」だ。

新製品の場合には、コストを早く回収するために価格を高くする企業があるが、価格が高いと需要が膨らまないという弊害を生む。そこで企業は、どれだけ価格を引き下げれば、需要が拡大するかを考えて価格設定をする。

競合他社がここに目をつけ、販売価格を安くして自社のシェアを高めた結果、コストを大幅に下げることに成功した例もある。
小売業では今も主流だが、仕入れ価格(小売業にとっては原価になる)に一定の率で利益を上乗せする方法もこの発想だ。「七掛け」とか「六掛け」といった表現がなされ、「七掛け」なら定価の3割、「六掛け」なら定価の4割が粗利益になる。
多くの企業はいまだにこの価格設定方法を採用しているが、それが製造業を苦しめている原因にもなっている。新興国企業が日本製と似た製品をつくり、製造コストを大幅に下げて安く販売すれば、日本の企業はコスト競争力で負けて、利益が出なくなるからだ。

コストをベースにした価格設定② ターゲット・リターン価格設定

2つ目は、目標にしている投資収益率(ROI)が得られるように価格を設定する方法だ。算出方式は、単位コスト+(期待投資収益率×投下資本)÷販売数量=ターゲット・リターン価格となる。

コストをベースにした価格設定③ 現行レート価格設定

3つ目は、競合他社の販売価格に対して、優位性を発揮できる価格に設定する方法だ。

要するに、競合企業の販売価格よりも安くするのだが、この方法が行き過ぎると、熾烈《しれつ》な価格競争に陥る危険がある。

以上、３つの価格設定方法をこれまで採用していた企業は、顧客や需要に焦点を当てた価格設定への進化を考えてみることだ。

その参考となるよう、顧客や需要に焦点を当てた価格設定を次に６種類挙げる。

顧客や需要に焦点を当てた価格設定① 知覚価値設定

顧客がいくらまでの価格なら購入してくれるかを考えた販売価格で、製品やサービスが提供する価値に基づいて価格を設定する考え方だ。

知覚価値によって価格を設定する際は、顧客の心理・値ごろ感・支払い能力を踏まえることが前提になる。

また、販売価格から利益を引いた金額が製造コスト（販売価格マイナス利益＝コスト）になるため、このコスト内で製品をつくり出す必要がある。

工場をもたないメーカー（ファブレス企業）は、自社で算出したコストで製造してくれる企業に外注する。この方法を採用する典型例がアップルだ。

これまで市場に存在していない価値や機能を備えた新製品では、基準となる価格が市場に存在せず、比較対象がないため、柔軟な価格設定が可能だ。だが、新たな価値をもつ製品やサービスは顧客に知られていないことが多く、その価値を顧客に理解してもらう啓蒙《けいもう》活動やコミュニケーション活動が不可欠になる。

なお、ソフトウエアに代表される無形の製品やサービスが知覚価値設定を行なう場合は、製作に費やした時間と労賃から値段をつけるのではなく、ユーザーである生活者にとって、どれだけの価値があるかを基準に価格を設定する。

そのほかソフトウエアは、売り切り型価格設定と、毎月の利用料金設定、売り切り型と毎年の更新料の組み合わせ価格などがある。

顧客や需要に焦点を当てた価格設定② バリュー価格設定

製品やサービスが発揮する価値に対して、顧客が最も価値があると認める機能と価格だと感じる価格に設定する方法だ。コスト・パフォーマンス(費用対効果)が高い価格設定を行ない、顧客ロイヤリティを高める手法でもある。

この方法は単に低価格にするのでなく、品質を落とさずに低コストで生産し、価値を求める顧客に、理にかなった価格で提供するところに意味がある。センスの良い家具を組み立て式にして物流コストを減らし、安価な価格で販売して顧客から支持を得たイケアがその代表例だ。

顧客や需要に焦点を当てた価格設定③　需要価格設定

１日に販売できる商品の数に限りがあるホテルや飛行機、列車などでは、定価販売していると収益が頭打ちになってしまう。そこで、時間帯や季節、場所などの需要の変動や動向によって価格を変える方法が生まれた。

ＪＲや航空会社、ホテルなどでは閑散期・通常期・繁忙期によって価格を変えている。コンサートホールや劇場、野球場などもシートの場所や条件により価格を変動させる仕組みだ。四季折々の花が咲くことを売り物にする「あしかがフラワーパーク」は、藤の花の咲き具合によって料金を変える変動性（昼だと９００円から１，７００円の間で変動）を採用している。

また、航空運賃のように一物多価になる場合、割引価格の設定には、予約変更時には多額の変更料が必要になるといった制約を設けることも必要だ。

顧客や需要に焦点を当てた価格設定④　差別型価格設定

コストの差でなく、ひとつの製品に複数の価格を設定する方法だ。大人料金と子供料金の設定、高齢者割引料金、会員価格による販売、ゴールド免許のドライバーには割引率が高くなる自動車保険などが該当する。

顧客や需要に焦点を当てた価格設定⑤　オークション型価格設定

インターネットの登場で増えたのが、オークション型価格設定だ。オークション型価格設定は主に3種類ある。

1つ目は、最高値をつけた人が落札する「競り上げ型」。2つ目は、最も安い価格を提示した企業や人が落札する「競り下げ型」。そして3つ目は、落札を目指す企業や人が1回だけ入札価格を提出するが、他社が提示した金額は開示しない「密封入札」がある。

中古車のネットオークションなら、Yahoo!（ヤフー）オークション、ガリバー、オークネットなどがある。

顧客や需要に焦点を当てた価格設定⑥ 無料価格

自社製品を無料で提供し、収益は別の方法で得る方法だ。

たとえば、検索エンジンのグーグルは無料で使用できるため、膨大な数のユーザーがいる。グーグルが収益を上げるのは、特定のキーワードや言葉を検索した人にキーワードに連動した広告を表示し、クリックした場合に料金が発生する仕組みが代表的だ。

マスメディアのように、関心のない顧客の分まで広告料金を払う必要はなく、キーワードの価格はオークションで決められている。

なお、期間を決めて使用料を無料にし、期間が過ぎたら有料になるソフトウエアなどについては第８章「課金方法の進化」で、プロモーションとして当初無料で製品を提供する方法は第１０章「販売方法の進化」で説明する。

プロセス(２)　自社の強みを発揮できる領域を特定する

プロセス(１)において自社の新たな価格設定方法を決定したら、それを起点に経営を進化させていく。

まず、自社のもてる経営資源を分散させずに一点に集中特化させ、絶対的な強みが発揮できるよう事業領域を特定する。

アパレルメーカーに限らず、中小企業が広範囲に多くのアイテムを製造していては、大手メーカーに負けてしまう。自社の事業の中で、どの製品領域なら自社の強みを最も発揮できるかを、たとえば特定のアイテムだけに絞り込むなど、検討する。

また、流行が早く、製品がすぐに陳腐化する領域でなく、需要が確実に見込め、流行や季節与件に影響を受けにくい分野がないかも検討する。

プロセス(3)　どこで自社の利益が失われているかを特定し改善する

問屋に任せれば営業活動はしなくて済むが、掛け率が低い上に、販路の質や販売価格がコントロールできないことが多い。結果、好ましくない小売店に製品が流れ、ブランド力が高まらないデメリットがある。そこで将来を見据えて、最適な利益を捻出する方法を検討する。

プロセス（４）　自社の体力に見合ったブランド力を高める施策を考えて実行する

自社ブランドでビジネスを展開するなら、大手メーカーに有利で費用も掛かる広告ではなく、自社で取り組めるブランドの認知度と知名度を高める広報活動を研究して実践する。マスメディアの中でも雑誌や新聞の記事はネット上で閲覧でき、掲載期間も長い。またブログやＳＮＳに掲載されたファンの声は、ブランド力の向上につながり、店頭への動員力にもなる。

プロセス（５）　定価で販売できる方法を考える

売れ残った商品をセールや福袋で売り切るという考え方でなく、定価販売をいかに継続するかという考え方に転換し、定価販売を前提とした経営方法を探す。

プロセス(6)　自社で直販する方法がないかを検討する

高収益なアパレル企業は、製造だけでなく販売も自らの手で行なっている。それに倣《なら》い、自社で直販する方法を検討する。

ただし、ネット直販はすぐにでも取り組める方法だが、リアルの店舗をもたず、ブランド力や知名度がない企業がネット直販を行なっても、顧客が集まらず売れない。よって、ネット直販をする前に、リアルの店舗で売上実績を高めることが必要だ。

以上がB2Cメーカーが価格を進化させるポイントとプロセスである。なお、これらは巻末の**シート(10)**にチェックリスト化してあるので考えをまとめる際に活用していただきたい。

小売業の「価格の進化」経営

次に、小売業の「価格設定の進化」を策定するプロセスとポイントを述べる。

競合企業が少なく定価の概念がない中古農機具の市場を新しく生み出し、高収益ビジネスを構築した旺方《おうほう》トレーディングの成功事例をまず紹介したい。

定価の概念がない新市場を生み出した旺方《おうほう》トレーディング

㈱旺方《おうほう》トレーディング（幸田伸一《こうだしんいち》代表）は２００３年に鳥取市で創業（設立は１９９５年）し、自社で運営する「農機具買取 .com（ドットコム）」を通じて全国から中古農機具を買い取って海外８７カ国に輸出、国内卸販売とレンタルも併せて行なっている。

売上高は１０億６，６００万円、従業員数６４名（２０１５年現在）で、中古農機具の買い取りサービスを全国規模で最初に始め、海外の販売比率は７５％に及ぶ。

全国にフランチャイズ展開する「ファームマート（FARM MART）」は、各地域の農家を対象に中古農機具の買い取りと販売、そしてレンタルサービスを行なっている。

事業を営む鳥取県は、人口574,022人(2014年現在)と日本で最も少なく、農機具を集めて輸出するには輸送コストがかかり、地の利はない。そんな鳥取で同社がビジネスを展開するのは、鳥取県の存在感をアピールしたいという経営者のこだわりがあるようだ。

中古農機具のレンタル業というのは非常にユニークなビジネスであるが、これは創業者の幸田伸一氏が家業の農業に従事していて肌で感じていたニーズから生まれたものだ。

中古品をリサイクルしてビジネスを行なっている代表例は自動車だ。中古車の市場は古くから存在し、自動車ディーラーが新車と共に中古車の販売を手掛けるほか、中古車専門のディーラーも数多く存在する。

現在、中古自動車市場ではネットを活用したガリバーインターナショナル、オークネット、中古車オークションとしてヤフーが行なうヤフオクがある。

また、中古オートバイ(バイク)の市場ではバイク王&カンパニーがあり、建設機械の世界でも中古販売会社が既に複数存在している。

幸田氏の実家は農家で、農家が農機を購入する際の心理や状況は肌で感じていた。また、中古農機の再利用はほとんどなく、いかに高機能でも高額な農機は必要ないという心情も理解していた。こうした中で中古農機に着目した幸田氏は、農機具のリサイクル事業を始める。

しかし、しばらくは販路の開拓に苦労した。転機は２００２年に訪れた。鳥取大学で８年間の留学を終えて帰国するエジプト人から、帰国して中古農機の販売をしたいと申し出があり、２０台分５００万円の農機を料金後払いで輸出した。すると、輸出した農機は１週間で売り切れ、ここから海外販路を開拓する足掛かりをつかんだ。

その後、クチコミによって海外の販路は次第に広がり、海外からのバイヤーが同社を訪問するようになった。

当初、中古農機具は中間業者から仕入れていたが、２００８年のリーマンショックで１ドル１２０円になったことを機に、２つの改革に着手する。

ひとつは中間マージンが発生しないように社内の仕組みを変更し、全国の農家から直接農機具を買い取るシステムを構築する。

その牽引役を担うのがインターネットの買い取りサイト「農機具買取.com」の立ち上げだ。このサイトの誕生により、法人だけだった買い取りの窓口を、一般の農家にも広げた。

当初は集客に苦労するが、サイトの改良を重ね、全国の農家から次第に買い取り依頼が集まるようになる。程度のよい農機を数多く仕入れた時には、国内の販社に卸すようにもなった。

ふたつ目の取り組みとして、２０１３年に農機具をレンタルできる「農機具レンタル .com」というサイトを起ち上げ、その運用を開始した。

レンタル事業が成功すると思った理由は、一般的に、農家が負担する農機具の総費用は1，０００万円前後あり、使用する頻度は年間に1～2回程度にもかかわらず、メンテナンスの手間がかかること。そして、農家同士で共同購入して金銭的負担を軽減しても、農機を必要とする時期が農家間で重複する問題があったからだ。

幸田氏の読みは当たり、同社の農機具レンタルサービスは次第に農家に知られていく。さらに、サイトを使ったバーチャルビジネスに加え、フランチャイズ展開で営業活動を行なう「ファームマート（FARM MART）」を全国に置き、事業を拡大していった。

海外の事業展開も順調で、中古でも農機具の値段は高く、手が出ない農家が多い東南アジアの市場では、レンタルによって地元農家の需要を生み出し、同社の収益性を高めている。

小売業が価格の進化経営を成功させる４つのポイント

旺方《おうほう》トレーディングの成功事例をもとに、小売業が価格を進化させる４つのポイントをまとめておきたい。

①経営者は皮膚感がある事業を選び、顧客が共感できる価格設定を行なう

ビジネス展開する事業領域や想定する顧客について、経営者がその動向や環境を熟知し、皮膚感と呼べる感覚を備えていることは非常に有利だ。

旺方《おうほう》トレーディングの経営者は、農家の気持ちを皮膚実感としてもっていたことで、中古農機具という新市場を見つけ、その商いで独自の価格を設定する力になった。

中古農機具の買い取り・販売・レンタルにおける価格設定でも、顧客の心理・値ごろ感・支払い能力を踏まえた知覚価値設定と、コスト・パフォーマンス（費用対効果）が高いバリュー価格設定を組み合わせている。

②定価がなく利幅が大きい中古市場の中で、まだ誰も手をつけていない領域を探す

クルマの中古車は、新車以上に収益が出る構造になっている。中古車はそれぞれが個別に査定額が異なり定価がないため、ディーラーは利益を上乗せしやすいためだ。

中小企業が新たな中古市場を開拓しても、その市場規模が大きいと大企業が参入してくる。大企業の参入を防ぐには、大企業には市場が小さく、中小企業にとっては魅力のある市場を特定することだ。

また、市場に魅力があると、多くの中小企業が参入してくることを想定し、事前に対抗策を検討しておく必要がある。

③リアルとヴァーチャルを組み合わせて、ビジネスモデルを最適化する

中古市場のビジネスで要になるのは、安定的に商品を仕入れる仕組みをもつことだ。自動車の中古車市場ではディーラー向けのオークションビジネスから生活者向けオークションサイトまで存在し、先行指標になる。

中古農機具の市場はまだこうしたインフラが整備されておらず、全国から商品を仕入れる仕組みを完備したところが主導権を握り、価格の決定権を発揮できる。

旺方《おうほう》トレーディングは、全国から中古農機具を調達する入口はネットにし、個別の営業活動や引き取り、運搬などはフランチャイズ展開する「ファームマート(FARM MART)」が担うという住み分けを行なっている。

今後新たな市場を開拓する際には、リアルとヴァーチャルを組み合わせてビジネスモデルをつくることだ。

④顧客を海外に求める

日本の中古車がロシア・ニュージーランド・オーストラリア・アフリカなどの海外の多くの国々で需要があるように、旺方《おうほう》トレーディングも中古農機具の主要販売エリアを海外に設定している。

日本国内では需要が限られていても、海外では需要が大きいビジネスは存在する。国内で中古品を調達し、海外で販売する仕組みは他の製品ジャンルでも存在するはずだ。

小売業が「価格の進化」を策定するプロセス

それでは前述したポイントをアタマに入れながら、小売業の「価格の進化経営」プロセスをまとめておこう。

プロセス（１）　他社が扱っていない魅力のある商材を探す

ナショナルブランド（ＮＢ）商品は、広告を通じて生活者に知名度と認知度を高めていることが多く、セルフ販売の小売業では店頭に並べれば自然に売れて行く。そのため、どの小売業でも品揃えする。

しかし、NB商品はどの店舗でも販売されているので、顧客は希望小売価格をよく知っており、他店でなく自店で購入してもらうには価格を安くするほかない。この価格設定では、自ずと限界があり、利益が出なくなってしまう。

その一方、自社のバイヤーが国内外から他店にない商品を見つけて独自に品揃えすれば、販売価格は柔軟に設定できる。

しかし、自主マーチャンダイジング（MD）の商品は知名度や認知度がないため、どんな価値がある商品なのかを顧客に知らせないと売れない。

そこで、商品を説明するPOPを店頭に設置し、チラシやサイト上で商品説明を行ない、さらに店頭でデモンストレーション販売を行なうといった取り組みが不可欠になる。

もはや広告や販促をメーカーに依存し、自らは商品を並べるだけの過去の方法では小売業は利益が出せなくなった。「他社にない魅力のある商品を見つけ、利益が出る価格に設定し、手間ヒマを掛けてその価値を顧客に伝える」ことが安売りから脱却する方法だ。スーパーの成城石井はこの取り組みでファンをつくり、支持されている。

プロセス(2)　定価の概念がないか、希薄な市場が存在しないかを探す

購入頻度が高い消費財のNB商品のように、誰もがその販売価格を知っている商材がある一方、定価が知られていない商材も存在する。地元では知られていても、全国的に知名度のないご当地商品がその代表例だ。

また用途によっても、生活者の商品価格の概念は変わる。その典型例が自家用とギフトで値ごろ感が変わるところだ。たとえばチョコレートなら、自家用は100〜300円程度の価格が主流だが、ギフトなら1,000円以上の価格設定が多くなる。

さらに、定価の概念が希薄だったり、概念そのものがなかったりするカテゴリーが存在する。前者は購入頻度が一生に1度か2度しかないカテゴリー(近年ここにも価格破壊が進んでいるが、結婚式の披露宴、葬儀、墓石などがある)であり、後者では中古品やアンティークのカテゴリー(車・時計・宝飾品・バッグなど)が存在する。

プロセス（3） 顧客の立場で潜在需要がないか考える

小売業が販売するのは「モノ」に限らず、顧客が求める需要が存在すれば、自社製品をレンタルやリースにして「サービス商品化」することが可能だ。この発想はホームセンターのコメリで取り入れられている。

以上が小売業が「価格の進化経営」を成功させるポイントとプロセスである。なお、こちらも巻末**シート（10）**にチェックリスト化してあるので、活用していただきたい。

第6章　ブランドの進化

Ｂ２Ｂ企業がブランド力をもてば経営が進化する

企業にとって「ブランド力」とは、自社の製品やサービスを価格の安さでなく、顧客に「価値」で選んでもらう力になり、**企業の収益力を高める付加価値の源**だ。

食品や飲料に代表される消費財などの企業（Ｂ２Ｃ企業）は一般生活者を顧客にし、セルフ販売の店舗で販売する製品が多い。店頭で生活者に購入してもらうには、他社にない価値を生み出し、その価値を店頭に訪れる前に理解しておいてもらう必要がある。

そこで各社は、企業と製品の価値を高める取り組みを行ない、顧客に購入されるように自社のブランド力を高める。さらに、その価値を多くの生活者に理解してもらうため、広告や広報などのコミュニケーション活動を積極的に行なう。

一方、生産財メーカーに代表される法人間取引を行なう企業（Ｂ２Ｂ企業）は、技術開発には熱心に取り組むが、取引先に自社の存在が知られていればよいので、企業として社会に広く知られる意識が薄く、コミュニケーション活動にも積極的ではない傾向にある。

その結果、優れた技術力や作業実績があっても、世の中に知られることはほとんどなく、企業のブランド力を高める力にならずにきた。

しかし、ブランド力のない企業が法人間取引を行なうと、どの企業にも発注できる仕事になりやすい。言い換えれば、競合他社と価格の安さだけで比較され、無理な注文や利益が出ない仕事につながりやすいということだ。

技術力が高くても自社で営業力のない場合は、既存取引先への依存度が高くなり、下請け的存在になってしまう企業も多い。

そこで、B2B企業が下請け的な企業にならないためには、依頼された仕事をこなすだけでなく、他社にない独自の強みを発揮して取引先企業から指名されることが不可欠だ。B2B企業がもつ資源が広く知られるようになれば、企業のブランド力として昇華していくからだ。

B2B企業にブランド資源が生まれると、自社の活動を世の中に知ってもらう必要性が増す。より多くの企業から指名されるためだ。

独自の技術力や実績といったブランド資源をアピールするコミュニケーション活動に取り組むと、競合他社との違いが明確になり、「価値」で選ばれ、指名される企業になる。

また、企業がブランド資源をアピールして社会に広く知られるのは、有能な人材を集める上でも必要だ。学生に知られず黒子的存在のままでは、有能な人材が集まってこない。中途採用も含めて有能な人材を確保するには、企業のブランド力を向上させ、自社の価値を広く知らせることだ。

こうした意味で、Ｂ２Ｂ企業も自社のブランド価値を高めて社会に自社の存在を知らしめ、評価を獲得することが欠かせない。

そこで本章では、Ｂ２Ｂ企業がブランド力を高めることを起点に経営を進化させて飛躍するプロセスと要点を、成功事例を挙げながら述べていく。

なお、Ｂ２Ｃ企業のブランド力を向上させる具体的な方法は、拙著『中小企業が強いブランド力を持つ経営』(日本経営合理化協会刊)、また、ブランドの歴史的変遷と理論、並びに事例は『全史×成功事例で読む「マーケティング」大全』(かんき出版)に詳しく紹介しているので、本章ではＢ２Ｂ企業のブランドづくりにマトを絞って解説する。

Ｂ２Ｂ製造業の「ブランドの進化」経営

ニッチな市場で育てた強力なブランド力を武器に、まったくの異業種への事業領域拡張に成功した企業「三鷹光器」の取り組みに、まずは注目していただきたい。

ＮＡＳＡも認める技術力を応用して医療と産業用検査機器の分野に事業領域を拡張

三鷹光器株式会社（中村勝重代表）は１９６６年に設立され、天文・宇宙関連の観測と計測の機器を手掛ける精密機器メーカーだ。

売上高は約２５億円、社員数４８名（未公表のため２０１０年時点）で、売上構成比（２０１０年時点）は、医療機器が６０％、産業用検査機器が２０％、天体望遠鏡が２０％となっている。

現在、主力となっている医療事業では、脳神経外科医が手術に使用する顕微鏡システムを手掛けている。

さらに天文・宇宙分野で培った光学技術を活かし、半導体や金型、歯車などの形状・輪郭・表面の状態を、接触せずに計測できる検査機器や、太陽「熱」をエネルギーに変える集光装置の開発にも取り組んでいる。

同社は２００８年、経済産業省の特許庁が実施している「知財功労賞」で産業財産権制度活用優良企業（特許活用）として経済産業大臣表彰を受け、２０１３年に開催された第５回ものづくり日本大賞では経済産業大臣賞を受賞している優良企業だ。

もともとは特殊な天体望遠鏡を手掛け、南極のオーロラ観察用望遠鏡、日食観察専用の望遠鏡、小さなビルほどの巨大気球に載せる望遠鏡、ハレーすい星のように別軌道で回る天体を追跡する望遠鏡などを開発していた。

オゾンホールやブラックホールを発見したX線望遠鏡も同社の開発だ。宇宙航空研究開発機構（JAXA）が打ち上げた「かぐや」にも、同社の観測機器が搭載されている。

ちなみに、「かぐや」は、月の起源と進化を探る科学データを集め、月周回軌道への投入と軌道姿勢を制御する技術を実証するために、JAXAが2007年に打ち上げた月探査用の月周回衛星である。

三鷹光器の技術はNASAにも認められ、スペースシャトル・コロンビアには同社の高感度カメラが搭載された。

これら天文・宇宙分野で培った強いブランド力を武器に、現在の売上の6割を占める医療分野へ進出したのだが、その取り組みは実に戦略的だ。

日本は、高い技術力があってもブランド力や企業規模を重視する傾向があり、いかに卓越した技術力があっても、すぐには認めない風土がある。そこで同社は、良い結果を出せば企業の実力を評価する医療分野に着目した。

精度の高い医療機器を開発すれば、医師は論文の中で紹介してくれる。さらに、医療関係者向け展示会に出展すれば、医師と直接面談して、自社製品の利点を説明できるという判断もあった。

顕微鏡システムの開発には、太陽が核融合を行なっている画像を撮影する際に、特殊な光だけを取り出すフィルターを通して撮影できる自社独自の観測技術を応用した。この技術により、腫瘍《しゅよう》や癌《がん》だけを光らせ、腫瘍《しゅよう》を残さず摘出できるシステムが誕生した。

この顕微鏡システムは、装置の本体が医師の背後に来るように設計され、頭上からアームに取り付けられた顕微鏡をのぞきこめるため、手術の邪魔にならないという特徴がある。

また、装置が動いたり振動で揺れたりしても、顕微鏡の焦点がずれないため、手術が容易になり、医師から高く評価された。

こうした取り組みの結果、北米市場でおよそ６０％のシェアを占めるまでに成功を果たした。

販売については、ドイツの光学機器メーカー「ライカ」のライカマイクロシステムズと提携し、販売網を得ている。

三鷹光器がもつ特許技術を活かせば、ライカマイクロシステムズは医療用機器を販売できるメリットがあるため、提携の条件交渉は非常にうまくいった。

支払い条件は「円建て」、年間に一定数量を発注する「台数保証」、「製品の保証とメンテナンスはライカマイクロシステムズ」が行なうという条件を提示して、受け入れられた。

また、両社の情報共有を目的としたトレーニングを実施するという取り決めも交わし、この経費はライカマイクロシステムズが負担することとなった。

このトレーニングは、過去１年間に同製品を最も販売した販売担当者２〜３名を日本に招き、三鷹光器の社員と共に３日間、世界の医師と医療関係者の声を聞いて市場動向に関する情報を共有するというものだ。

さらに、アメリカで春と秋に開催される脳神経外科の学会に出展するライカマイクロシステムズのブースに、三鷹光器の社員は自由に出入りでき、外科医の声を直接聞けるようにするという条件も提携に加えられた。

自社のブランド力で経営を進化させる

医療分野以外にも、三鷹光器は天文・宇宙分野での光学技術を活かして、産業用の検査機器（非接触３次元測定器）と、太陽「熱」集光装置という２つの事業を推進している。

現在、売上の２割を占める「産業用検査機器」の分野へ進出するきっかけは、ある半導体メーカーから、半導体の適格品と不良品を簡易に検査する方法がないかと相談を受けたことによる。半導体は、ナノ（10億分の1）メートルレベルの微細な回路のため、半導体メーカーは従来手法では解決策を見出せずにいたのだ。

そこで三鷹光器は、新星を発見するために用いる同社の技術を応用してはどうかと考え、開発に着手する。

新星を発見する天文技術は、昔の写真と最新の写真を1秒間に25コマで1つのスクリーンに交互に映し出して比較して行なうものだ。この技術を使って、適格品の回路パターンと、製造された回路パターンを比較して、断線やショートしている部分があれば赤色に点滅して欠陥場所を知らせる「超LSIの集積回路の欠陥を探し出す測定装置」の開発に成功したのだ。

また、太陽「熱」集光装置の事業についても、圧倒的な自社の強みを発揮した製品を開発した。太陽「熱」発電は、水を蒸気に変えてタービンを回して発電するため、太陽光をミラーで反射させ、熱を一点に集約する集光装置が必要だ。

発電効率を上げるには、太陽の位置を正確に把握し、ミラーを常に太陽に向けておく必要がある。他社製品はコンピュータ制御によってミラーの向きを調整するが、どうしても誤差が生じる。

そこで三鷹光器は、望遠鏡に使用する赤道儀の自動追尾技術を活かし、ミラーの向きを自律的に調整する新たな技術を生み出した。

その仕組みは、太陽の年周・日周運動を計算し、その日のミラーの動きを決める。次に太陽光が一点に集まっているかどうかを光電センサーで確認し、位置がずれているとミラーの向きを小型モーターで修正するというものだ。

さらに、太陽光を無駄なく反射するには、ミラー表面のくぼみを最小限に抑える必要があった。そこで同社はミラーの製造にもこだわり、太陽光の反射率９５％以上を実現した。

その結果、長野県・富士見町で試験中の装置では、反射した先の焦点では８００度という高温を記録した。

Ｂ２Ｂ製造業がブランド力を武器に経営を進化させる４つのポイント

三鷹光器の事例から、Ｂ２Ｂ製造業がブランド力を武器に経営を進化させるポイントを４つ挙げておく。

①特殊な事業分野を手掛けている企業の技術は、他分野の企業が抱える課題を解決する手段に転用できる

非常に限られた市場で培われた高度な技術は、他の専門領域でも必要とされる可能性が高く、異業種企業との関係づくりは欠かせない。

企業が課題を解決する方法をネット検索して見つけやすくするために、自社の実績をホームページ上に詳細に記載し、定期的に更新を行なう。また海外からの問い合わせを想定して外国語に対応したサイトをつくり、ビジネスチャンスを広げる。

B2B企業はブランド力を高めながら事業領域を拡張するために、自社の情報発信基盤を整備する。

②ブランド力・知名度・認知度を高める広報活動に取り組む

B2B企業が輝かしい実績をもち、国から表彰を受けているといった事実があれば、メディアで報道されるように働きかける。ここで必要なのは、自社の情報を報道資料(ニュースレター)にまとめ、報道機関に送付する広報活動だ。

中小企業の場合は、地元自治体の広報部門が協力してくれることが多い。自治体の記者ク

ラブを経由して、報道機関に自社の報道資料を配布してもらえないか相談するとよい。

自治体によっては、地元中小企業の活動を紹介するサイトを立ち上げ、展示会などに出展することもある。こうしたサイトには積極的に掲載を依頼し、展示会にも参加する。

また、地方自治体は様々な広報活動を行なっているので、担当する職員とは普段から交流して情報交換しておく。

こうした取り組みを継続的に行なえば、自社のブランド価値を高め、ブランド価値の劣化も防止できる。

③知的所有権には「技術」だけでなく「ブランド名」も加える

三鷹光器は特許を取得して自社の技術を保護しているが、その際に忘れてはならないのが企業名・商品名などのブランド名を商標登録することだ。

Ｂ２Ｂ企業は人の記憶に残るブランド名にする発想が希薄なため、商標登録しても、その名が覚えにくく、世の中に知られないことが多い。

海外市場への進出も視野に入れ、魅力的で人々の記憶に残るブランド名を考え、商標として国内外に登録しておく。

④営業力のない企業は、ブランド力のある企業との提携を視野に入れる

自社に営業力や販路がない中小企業の場合、市場を大きくして売上を拡大する方法として、ブランド力のある企業との提携を視野に入れる。

提携を成功させるには、相手企業に依存するのでなく、互いが50%ずつ役割を明確にして分担する。相手に営業力を期待するなら、自社は特許で守られた技術と製品を提供するという住み分けになる。

B2B製造業がブランド力を高めて経営を進化させるプロセス

それでは、前述した4つのポイントをアタマに入れながら、B2B製造業がブランド力を高めて経営を進化させるプロセスをまとめる。

プロセス(1) 自社のブランド力を高める

自社のブランド価値を高めるために、付加価値づくりと、その価値を世の中に知ってもらい、評価を受けなければならない。

そこで、巻末の**シート⑾**に、自社のブランド力を高める４つのプロセス、

①付加価値向上の資源を特定

②付加価値向上の取り組み継続

③付加価値の世の中への発信

④ブランド価値低下の防止

を挙げているので、このプロセスに沿って自社のブランド力向上の策を練る。

それでは、以下要点を述べていく。

【自社のブランド力を高める】①　自社の付加価値を高める資源を特定する

Ｂ２Ｃ企業と同様に、Ｂ２Ｂ企業も日頃の企業活動を続けながら、自社のブランド価値を高めるために、最適な資源を特定することから始める。

Ｂ２Ｂ企業のブランド価値を向上させるには、次のように数多くの資源が存在するので、このリストを参考にブランド資源を見つけていただきたい。

●技術力　●製品力　●製品や社屋などのデザイン力　●自社の歴史　●社員（職人）の力量
●人材力　●アフターサービス　●研究開発力　●接客力　●サポーター（既存取引先）の存在
●自社製品が採用された実績　●顧客（取引先）の質　●営業力　●参画したビッグプロジェクト
●経営者の個性　●海外ネットワーク　●社会的評価（表彰された実績）　●メディアでの掲載実績

事業を続けていけば、こうした資源は確実に蓄積されるから、定期的に振り返って自社の実績をまとめておく。

【自社のブランド力を高める】② 付加価値を高める取り組みを継続的に行なう

自社の実績をブランド資源のカテゴリー別にまとめたら、誰でも見られるように自社のホームページに掲載し、実績が増える毎に更新していく。

そして、日常の企業活動を通じて、自社の魅力や強みをアピールできる納入先の採用実績や成功事例が増えたら、ホームページ上に情報を更新していく。

特に、新規分野に事業が拡張している際には、時系列にその経緯を記載しておく。こうすればホームページを通じて、仕事の実績や評価が事業の拡張に結びついていることが理解される。

ブランド資源をアピールするホームページのポイント

ここで、ブランド資源を効果的にアピールするホームページづくりのポイントを述べておく。

専門的な技術や専門用語が多いＢ２Ｂ企業の場合には、生活者に事業内容や製品が難解にならないようにできるだけ平易に解説し、異業種の人が閲覧してもすぐに理解できるように配慮する。ホームページの閲覧者を増やし、異業種からの相談案件が舞い込むようにするためだ。

文字だけでは理解されにくい技術や製品力があれば、映像や動画、イラストなどを用いて説明する。完成品でなく部品やパーツを扱っている企業なら、完成品のどの部分を担っているかがわかるようにイラストや画像を使って表示する。

自社の情報が検索されやすく、自社の強みが理解されるためには、ホームページのトップページ(ページタイトル・ヘッダー下の紹介文)に最適なキーワードを設定して盛り込んでおく。

また、ホームページの各ページには、ブランド資源のテーマに合わせてそれぞれ最適なキーワードを決めて入れておくことも必要だ。

ホームページ上にあるブランド資源のコンテンツは、Facebookやブログにも掲載し、SNSからも情報発信を行なうようにするとよい。

【自社のブランド力を高める】③ 自社に生まれた付加価値を世の中に発信する

付加価値を世の中に発信するポイントは、次の4つある。

1、企業の情報はニュースレターを作成してメディアに送る

自社のホームページにブランド資源の情報が数多く掲載できるようになったら、その中から特に社会から評価を受けられそうな実績や成功事例を、マスメディア（テレビ・ラジオ・新聞・雑誌）とネットメディア（ネットニュースやSNSなど）それぞれに情報を提供し、報道されるように取り組む。

発信する情報はどのメディアにふさわしいのか、自社の顧客がよく接触するメディアは何かについては普段から研究し、報道して欲しい番組の制作者や記事を担当する記者宛てにニュースレター（プレスリリースともいう）を送る。

テレビ番組の制作者名は番組の最後に流れるエンドロールに記載されており、新聞や雑誌なら記名記事から記者名を特定する。過去に取材を受けたメディアがあれば、その担当者宛てに情報を送る。

２、メディアのリストがなければ、地元自治体に協力を仰ぐ

マスメディアにパイプがなく送付するリストがない場合には、地元自治体の広報部門の担当者に相談し、自治体の記者クラブ経由でニュースレターを配布してもらえないか交渉するとよい。

３、ニューレターはひと目で内容がわかるように制作し、図表や映像・動画なども添付する

ニュースレターを制作する際は、新聞や雑誌の記事と同様に、「見出し」や「リード文」（広告のキャッチコピー的役割）を冒頭につけ、冒頭部分に目を通せばどんな内容の情報なのかがすぐに読み手にわかるように配慮する。

ニュースレターは文字だけでなく、文字情報を補完する画像や図表、テレビやネットの場合には動画も用意し、記者や番組制作者の手間をかけずに記事や番組がつくれるように準備しておく。

たとえば、調査データなら見やすいようにグラフや図表に加工し、「製品が生まれた研究所やオフィス」「開発現場でのやり取り」「実際に製品が使用されている場面」「工場での生産体制」などの場面を事前に画像や動画で用意しておく。こうすればメディア側に撮影する時間がなくても良い報道に仕上がる。

4、取材を受ける社内の体制づくりと広報担当者の設置

継続的にニュースレターを送付するようになると、メディアから取材依頼が入るようになり、取材に対応できる社内体制が必要になる。取材の頻度が増えてくれば、広報担当者を設置する。社内でFacebookやブログなどSNSでも情報発信を行なう際には、広報担当者に運営させる。

【自社のブランド力を高める】④ ブランド価値が低下しないよう、絶えず磨き上げる

企業のブランド資源が古くならないよう、新たなブランド資源づくりを継続して行なって

いく。また、自社のブランドが社会からどう評価されているかを適宜《てきぎ》調査し、改善点が見つかればすぐに対応する。さらに、ネット上にある自社の書き込みなども定期的にモニターし、風評被害などを防止する。

プロセス⑵　自社の強みを発揮できる領域を特定する

プロセス⑴において自社のブランド力を高めたら、それを起点に経営を進化させていく。まず、自社のブランド力が発揮できる領域を特定する。とくに中小企業が狙うべきは、特殊市場やニッチな市場などである。

非常に特殊な市場やニッチな市場で優位性のある技術や実績をもっている企業なら、その市場で独自のブランド力を発揮することが可能だ。

特殊な市場でトップになれば、企業として評価を受け、異業種企業にもその存在を知られ、注目される。これが企業のブランド資源にもなっていく。

プロセス(3)　国内市場が限られているなら、世界の市場規模を調べて、参入する可能性を探る

特殊な市場やニッチな分野では、国内に手堅い需要はあっても市場規模が小さいことが多い。こうした時は海外の市場ニーズを分析し、需要があれば参入する。

中小企業の場合、海外市場では知名度と認知度が低く、ブランドも評価されていないことが多いので、国内でシェアを高め、納入先の実績や表彰実績などをブランド資源として有効に活用する。

プロセス(4)　自社の技術が模倣されないように法的に保護し、その技術が活かせる他の分野を探す

他社が目をつけていない特殊な技術や専門技術があれば特許申請し、自社の知的資産とし

て保護しておく。特許があれば自社の強みとブランドが守れる。

その上で、他の市場で自社の技術が活用できる分野がないかを探す。また自社の弱みを補完し、売上を大きくしてくれるような企業がないかを探し、協働できないか検討する。

プロセス(5)　ブランド価値を高め、知名度を向上する企業ブランド名と製品名を使用する

B2B企業は自社の資源を情報化する姿勢に乏しく、企業名や製品名をブランドとして活用する視点が少ない。企業や製品、そして技術をブランド化させる第一歩は、ブランドとして通用する命名力にある。

魅力的なブランド名が設定されると、他社と差別化でき、人々の記憶に残る。海外市場での展開を視野に入れるなら、海外で誤解されず、好感がもたれる言葉(ネーミング)になっているかどうかもチェックしておく。

以上5つのプロセスを踏まえて、自社のブランド力を高め、経営をいかに進化させればよいかを具体的に考えていただきたい。

ニッチ市場で世界ブランドになる法

ブランド力を高めるプロセス(2)において、非常に限定された市場にこそ、企業の付加価値を高め、市場を拡大するチャンスが潜んでいると申し上げた。

これはブランドの進化経営を成功させるために最も重要なポイントの一つであると同時に、最も難しいポイントと言える。

そこで、屈折計というニッチな市場で世界ブランドになった㈱アタゴの成功事例を挙げながら、中小企業が世界ブランドとなり、経営を進化させるポイントとプロセスをさらに詳述したい。

世界ブランドとなった屈折計メーカーの進化経営

㈱アタゴ(雨宮秀行《あまみやひでゆき》代表、1940年設立)は、食べ物や飲み物に含まれる糖・塩・酸・タンパク質などの濃度を測定する屈折計の開発・製造・卸販売・輸出業を行ない、国内シェア

９０％、海外シェア３０％を占め、売上高２４億８，０００万円、社員数２２４人（２０１４年度現在）の企業だ。

同社は１９５３年に世界初の手持屈折計を開発し、１９５０年代後半にはすでに輸出を開始している。１９７６年に世界初のデジタル屈折計を開発、１９８６年には世界最小のデジタル糖度計を発表するなど、小型化とデジタル化で市場をリードしてきた実績を誇る。

屈折計とは、液体に溶けている糖や塩分などの濃度を光の屈折で測定する機器のことで、糖度計・塩分計・濃度計などの種類がある。

同社の主力製品である「ポケット糖度・濃度計」を例に取ると、ハチミツの水分から干物の塩分を計測するものまで１００種類を超えている。食品や飲料のアイテムの数だけ、多様な種類があるのだ。

屈折計は、食品や飲料会社、あるいは企業の研究室を始め、メガネレンズの色収差の数値化、ガラスやプラスチックの屈折率検査、自動車の不凍液・切削や研削加工時に使用する油・金属部品を洗浄する溶液などの濃度計測といった、幅広い分野で利用されている。

このほか、飲食店の品質管理用やスポーツ界でのドーピング検査、工業の品質管理用などでも利用されており、ニッチながら様々な用途がある。

屈折計「MASTER-53α」

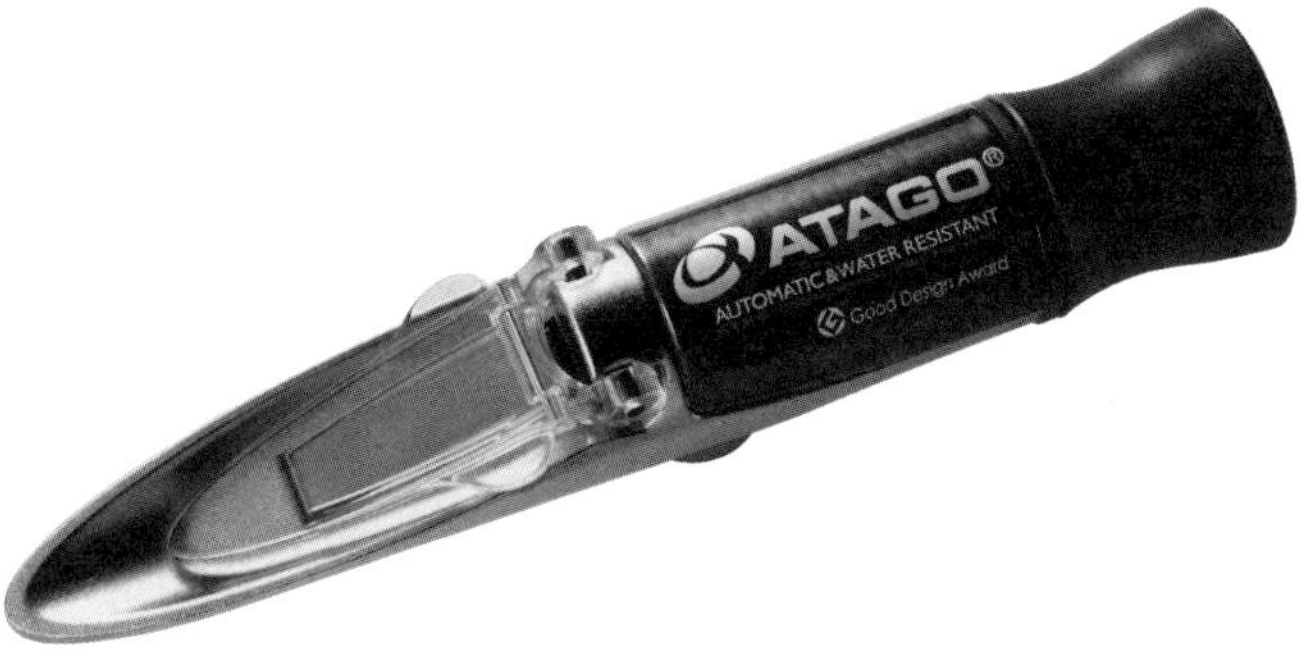

同社は2006年に日本グッドデザイン賞「特別賞」、2007年に「元気なモノ作り中小企業300」、発明大賞「本賞」、2009年「文部科学大臣賞」、「関東経済産業局長賞」、「東京技術・発明展　発明協会会長奨励賞」、2011年「グッドデザイン賞」（深谷工場）など数々の賞を受賞している。

アタゴの営業展開はアメリカ、インド、タイ、ブラジル、イタリア、中国、ロシアに支社・販社をもち、世界154カ国以上に輸出。取引する海外代理店の数は1，200社に及ぶ。

海外の売上高比率は60％以上あり、商社を使わず自社で世界規模の販売網を構築している。

1，200社ある代理店をアタゴの本社ですべて管理するには限界があるため、現地で信頼できる人材を拠点長にして、支社・販社を運営してきた。アメリカ支社（雨宮社長の弟がトップを務める）を除き、代理店はすべて現地の人材を起用している。

また、代理店との取引の8割は円建て決済になっている。

メイド・イン・ジャパンにこだわる理由

アタゴは、製品企画と製造を可能な限り内製化しており、自社で生産計画を立て、急な変更にもすぐに対応できる体制をとっている。

同社の製品に必要な光学レンズや金属部品の加工から、レンズ・部品に電子回路を組み込み、その後に検査するまでの流れを、自社の国内工場で一貫して行なっているのだ。

たとえばプラスチック部品の成形では、協力会社に依存している部分があるが、可能な限り自社による国内製造を行ない、日本製にこだわっている。

電子回路も、自社で設計と製造ができるようになるために、景気後退によって早期退職を余儀なくされた電気系の技術者を大量に雇用するといった取り組みも行なっている。

内製化している理由は、同社の製品群は少量多品種が主流で、まとまった数を外注するとコストがかさみ余剰品の保管が必要になるからだ。

新製品を開発した際には、特許の出願と共に意匠の申請も行なう。同社の製品は性能や機能性はもとより、デザインの美しさにもこだわりを発揮する。これは、模倣を防止するためでもある。

他社からの模倣防止に様々な手立てを行なっているアタゴだが、これは過去に手痛い経験があるからだ。

同社では自社製品の認知度を高めるために、積極的に展示会に参加しているのだが、1976年に、世界で最初にCCDを組み込んだデジタル屈折計を開発し、アメリカの展示会に出品した際、来場した大手企業が同社の製品を模倣し、特許まで取得してしまうという事件が起こったのだ。

海外で裁判を起こすと多大な費用が必要になるため、当時はやむなく和解金で解決する方法を選んだが、これを教訓として、会社を守るために知的財産権を重要視する体制に変わった。ちなみに、同社の看板商品である手持屈折計の「MASTER（マスター）」シリーズでも、もちろん意匠登録はなされている。

アタゴの製品は世界共通の既製品ではなく、各国の利用者のニーズや嗜好、使用環境や方法によって最適化するため、カスタマイズ化が施されているのが特徴だ。

たとえば、用途が特定せず、どんなものを測るかわからない国や地域では、酸やアルカリの両方に対応でき、高温になっても問題が起きないボディや塗装を採用している。

また、アメリカではボールペンの先でシートパネルのボタンを押す傾向があるため、ボタンを保護するシートを強化するといったカスタマイズ化を行なっている。

自社ブランドを「見える化」した深谷新工場

２０１１年に完成した深谷新工場は、工場の壁までガラス張りになった斬新なデザインで、このデザインの着想は雨宮社長がイタリアのフェラーリの工場を視察した際に感銘を受けことがきっかけだ。

竣工《しゅんこう》した２０１１年に工場のデザインが評価され、グッドデザイン賞を受賞。工場のデザインは、自社製品のデザインにこだわるアタゴの企業姿勢も表現している。

中小企業が世界ブランドとなり、経営を進化させる５つのポイント

アタゴの成功事例をもとに、中小企業がニッチな市場でグローバルに経営を進化させる５つのポイントをまとめておきたい。

①これまでブランドが存在していなかった市場・ジャンルを狙って自社製品をブランド化させると、企業と製品の付加価値が向上する

Ｂ２Ｂの業界で製品ジャンルが絞り込まれた分野では、技術競争は盛んでもブランド力で優位性を発揮する発想が希薄なことが多い。

こうした業界では、製品の技術開発力に加えて、製品や工場をデザイン化し、「自社ブランドを見える化」すると、独自の魅力が生まれて高付加価値化する資源になる。

また、競合企業が少ない市場でトップメーカーとしての地位を獲得すると、海外でも企業と製品のブランド価値は最大化する。

②知的財産権を重視した特許と意匠の登録

アタゴは特許の取得をせずにいたため、アメリカで模倣される苦い経験をしている。これを教訓に、製品開発と併せ、自社でも新技術は特許を取得して模倣の防止に取り組んでいただきたい。

製品のデザインにもこだわりと工夫を行なっている企業なら、意匠（デザイン）登録も併せて行ない、他社がデザイン面でも模倣できないように先手を打つ。

③使い手のニーズや使用方法を踏まえて製品をカスタマイズし、既製品にできない価値をアピールする

製造業が優位性を発揮するには、他社が容易に模倣できない製品に仕立てることだ。アタゴのように少量多品種の製品で、しかも業界や用途によってカスタマイズ化していれば、競合他社は容易に参入できない。

大量生産方式による既製品には真似のできない取り組みが、今後日本企業には必須になる。

④日本国内で製造する意味と価値を見つけ、メイド・イン・ジャパンを売りモノにする

アタゴは自社製品の開発と製造を可能な限り内製化し、カスタマイズ化も含めて、少量多品種の生産を柔軟に行なえる体制をつくり出した。

この取り組みは、日本企業が国内で製造する新たな意味と価値を生み出し、２１世紀の新しい日本製の魅力を創出した。メイド・イン・ジャパンを売りモノにするなら、日本でつくる意味と価値を見出す必要がある。

⑤自社の存在をより一層社会にアピールする

世界で活躍するアタゴは、日本を代表するグローバル企業といえる。多くの受賞歴もあり、ブランド資源も豊富にある。

こうした企業では広報活動を一層強化し、国内外に自社の情報を発信することだ。自社の情報が広く拡散すれば、さらに飛躍するチャンスが舞い込む。

B2B中小企業が世界ブランドとなる経営の進化プロセス

それでは前述したポイントをアタマに入れながら、中小企業が世界ブランドとなる経営の進化プロセスをまとめておこう。

プロセス（1）　日本の製造業は画一的な量産品でない「価値」を生み出す

すべて機械によって生産される量産品は効率よく安価に提供できるが、同じ生産設備を競合他社がもてば、似た製品をつくられてしまう。

今後日本の製造業は「必需品や消耗品を効率よく製造し、安く販売する大量生産発想」では新興国メーカーと競えなくなる。

そこで必要になるのは、使い手のニーズや用途によって製品に違いを出し、画一的な量産品にはできない機能を付与する発想だ。量よりも質で勝負することになるので、販売価格にも付加価値が乗せられるブランド力が必要になる。

プロセス(2)　中小企業ほど他社に模倣されない手立てを打つ

中小企業で優れた技術力をもっているなら、競合他社に模倣されないように手を打っておく。具体的には、製品やデザイン、ブランド名など、どこが模倣される可能性があるのか、それはどうすれば法的に守られるのかを考え、事前に対応策を講じておく必要がある。

プロセス（3）　自社のブランド力を向上する方法を考え、できることから始める

実力や実績があるのに、それを自社のブランド力に転化する発想に立てずにいる中小企業がある。こういう企業に必要なのは、自社のブランド資源を特定して情報としてまとめ、それを発信する取り組みだ。

ネット検索した際に、自社の情報はどれだけヒットするか。また過去にどれだけメディアに報道されたことがあるかを調べれば、自社に必要な対策が見つかる。

プロセス（4）　海外市場に出る手立てを用意する

海外からの侵攻に手を焼くだけでなく、自社の製品力や独自性を求める国や企業を見つけ、海外での販売や提携について可能性を探る。

中小企業で海外に進出している企業の情報を集め、営業方法・販路づくり・決済方法・現

地代理店などの取り組み方法を学び、自社の戦略を策定する。

プロセス（5）海外企業に負けない日本製の価値を創造する

国内生産にこだわる企業なら、日本で生産している価値はどこにあるのかを見つけ、その価値を磨き上げる。単に日本でつくっているというだけでは、優位性を発揮できないからだ。日本でつくる価値が高ければ、販売価格にも反映でき、競合他社と比較されることもなくなる。価格でなく、価値で選ばれる製品になる条件を探す。

以上が、中小B2Bメーカーがブランド力を高め、経営を進化させるポイントとプロセスである。なお、こちらも巻末の**シート⑫**にチェックリスト化してあるので、活用していただきたい。

第7章　サービスの進化

サービスを軸に商売の方法を進化させる

１９９０年代以降、新興国の工業化が進み、多くの国々で工業製品が製造できるようになった。さらにＩＴの進化により、世界中で情報をやり取りでき、海外から調達した部品を組み立てれば、どの国でもそれなりの完成品が生産できる生産方法が生まれた。

結果、工業製品の価値は日増しに低下している。日本企業が得意にしていた最先端技術を売り物にする製品ジャンルでも、コモディティ化が加速して価格競争が激しくなった。そして今、製造業は利益が出なくなる状況が起きている。

つまり、「品質の高い製品を、安価に製造して、提供する」という、これまで日本の製造業が錦の御旗にしてきた考え方では、優位性を発揮できなくなったわけだ。

その一方、製造業が弱体化するという問題に、いち早く取り組んでいる企業も存在する。先駆的な企業は、**優れた製品を製造する（モノの価値づくり）だけでなく、その製品が顧客にもたらす革新性や効率の向上（モノによって生まれるサービス価値）に取り組んで成果を上げている。**

なぜなら顧客が求めているのは、モノを購入した後に手に入れることができる、「問題解決（ビジネスソリューション）」や「ビジネスの革新」にあるからだ。

製造業のサービス化が進展している背景には、**サービスを加えることでモノの収益率を高めたり、モノに加えてサービスを販売することで収益をあげる場所を増やせる**というメリットが存在していることが指摘できる。

「モノをサービス化」するメリットは、モノにサービスを付与し一体化させることで、収益性が高まることだ。

「製造業のサービス化」とは、モノの製造を止めてサービス業になるわけでも、無料でサービスを提供することでもない。製造業が本来の力を発揮するために必要な、モノを進化させるプロセスが「モノのサービス化」なのだ。

とはいえ、この「サービス化」の重要性は理解しているものの、それを収益に結びつけられずにいる企業を多く見受ける。

たとえば、中小企業向けにパソコンやサーバー、コピー機などの事務機器を販売しているY社は、モノの販売だけでは利益が薄くなっている現状において、保守点検サービスを付与して、月額の利用料金として徴収している。

しかし、保守点検サービスは定期巡回しているだけでは付加価値が上がらず、取引先からの評価にはなかなかつながらない。その一方で、トラブルが発生した際には速やかに駆けつけて問題を解決しないとクレームになり、度々トラブルが起きると他社に乗り換えるきっかけにもなってしまう。

Y社長の目下《もっか》の悩みは、「お金を支払ってくれるサービスはことのほか少なく、また収益性も高くない」ことで、サービス化のテーマである「ビジネスソリューション」という概念もイマイチつかめていない。

そこで本章では、このような悩みをもつ多くの企業に向けて、モノとサービスを組み合わせて事業価値を飛躍的に高める収益モデルづくりのプロセスと要点を、大規模、小規模のメーカー2社の成功例を挙げながら述べていく。

製造業の「サービスの進化」経営

医療用の材料メーカーから、手術室の効率的運用と病院経営の効率化に貢献する企業へと進化したホギメディカルの取り組みを、「サービス化」の成功事例として最初にご紹介する。

医療資材メーカーから病院経営効率化のサービス提供へと進化

㈱ホギメディカル（保木潤一《ほぎじゅんいち》代表、1961年設立）は、医療施設の経営合理化と医療スタッフの安全に寄与する製品の開発と供給を行ない、売上高352億3，300万円（2015年3月期）社員数800名の企業だ。

同社は創業以来、経営の柱となる主力商品をタイムリーに交代させることによって成長を確保してきた。

医療用記録紙の販売会社として事業を始め、医療現場で殺菌・消毒という概念が残っていた1964年に、院内感染を予防する滅菌用包装袋「メッキンバッグ」を発売。滅菌用保管パッケージの先駆的製品となる。

1970年代までの病院では、手術の際に着用する手術着などは洗濯して再利用していたため、洗濯する手間に加えて、手術中などに院内感染する可能性があった。

同社はこの点に着目し、1972年に使い捨てできる医療用不織布製品（不織布とは繊維を織らず絡み合わせたシート状のもの）として、手術用ガウンやキャップ（手術時にかぶる帽子）などを開発して販売する。

1994年には、手術の際に使用する使い捨ての医療材料をセットにしたキット製品を発売する。この製品が登場するまで、手術で使用するものは看護師がリストを見ながら必要となる材料を倉庫に行って揃えており、時間と手間がかかっていた。

このキット製品には同社製品だけでなく他社の注射器やメスなども入れられ、医療現場での利便性を重視した内容になっている。

このキット製品は電子線滅菌と呼ばれる滅菌技術が用いられ、短時間に滅菌でき、しかも残留毒性や環境汚染がない利点がある。この技術導入のために同社は非常に高額な設備投資を行なったが、あえて導入したことで競合他社に対して優位性を発揮できた。

そして、同社のビジネスモデルを飛躍的に進化させたのが、２００４年に登場した「オペラマスター」というサービス商材だ。

「オペラマスター」とは、製品・物流・情報管理の総合システムで、医療機関の経営改善に欠かせない業務の効率化・在庫削減・原価管理などを解決するソリューションサービスである。

大部分の病院は赤字といわれるが、なぜ赤字なのかがつかめない状況にあった。病院の倉庫には多様な医療材料が保管されているため、在庫が過剰になる傾向が強い。また、手術が決まると看護師が倉庫に行き、必要な材料を手間と時間をかけて集めるなど、患者１人当たりの原価を算出することが難しい状況にあったからだ。

さらに、手術中に足りない材料があると看護師が倉庫に取りに行く無駄が生じ、こうしたロスが手術室の稼働率を下げることにもつながっていた。

この問題を解決するために登場したのが「オペラマスター」だ。「オペラマスター」の仕組みは、以下のようになっている。

契約した医療機関には、同社のコンピュータと接続している専用パソコンと常駐スタッフが派遣され、通常使用されている医療材料がデータとして登録される。

手術の予定が入ると担当医師や患者名、症例、使用する手術室などの情報と共に、手術で使用する医療材料が端末に入力され発注される。

データは筑波にある工場に送られ、手術ごとに必要な手術用材料をそれぞれパッケージ化し、発注から最短4日で手術する前日に病院に届く。

工場では1キットからの受注が可能な体制になっており、手術の際にはキットの梱包を解けば準備は完了し、終了後は納品された袋に入れて廃棄できるようになっている。

手術後には、終了した手術の情報を端末に入力していく。蓄積されたデータを基に毎月月次報告会が病院で開催され、手術室の稼働状況・手術時間・件数・原価などが分析され、ホギメディカルの社員から病院の経営を効率化する提案まで行なわれるという流れだ。

医療機関の業務の効率化、在庫削減、原価管理などに対応したソリューションサービスと、製品の受発注・手術予定管理・人員管理・原価管理の仕組みを一体化した独自商品「オペラマスター」によって、ホギメディカルは事業価値を飛躍的に高めたのである。

サービス化による収益向上を実現する3つの経営視点

ホギメディカルの事例から、サービス化による経営の進化に必要な3つの視点を挙げる。

①価格だけでは比較できない事業領域を生み出す

モノは類似品が存在するため、価格比較が行なわれ、品質に差がなければ安価なモノが選ばれることが多い。だが、モノにサービスを付与すると、比較する基準は変わる。

本体価格が下落し収益が出なくなっている業界(例えばスマートフォンやプリンター)では、本体価格を安価にする代わりに、通信回線の利用料や消耗品(インクのカートリッジ)で収益を上げる仕組みに変更している。

また、高額製品の場合には販売せず、取引先の金銭的な痛みを軽減する月額の利用料にして、リースやレンタル方式で収益を上げる「サービス財化」する方法もある。

②継続的にビジネスを続けられるサービス方法と必要とされる理由を考える

製造業がサービス化するメリットとして、取引先との関係を維持できる点が挙げられる。

一般に製造業はモノをつくり、それを購入してもらうと、顧客との関係はそこで終わることが多い。そのため顧客と企業との関係性は希薄になり、いつも「価格」だけで選ばれる原因にもなる。

コピー機などの事務機器製品でアフターサービスやメンテナンスサービスを提供しても、「故障しない」「故障させない」というメリットだけでは顧客の評価は高まらない。

こうした場合には企業の規模や職種に最適なオフィス機器と通信ネットワークが提案でき、利便性と経済性を高める取り組みとサービス商材の提供が必要だ。

さらに、取引先の売上向上や新規顧客の開拓に結びつくように、自社のサイトを活用して取引先企業をＰＲしたり、リクルート活動に貢献する取り組みまで視野に入れる必要も出てくる。

③自社製品が購入された後に、顧客は製品を通じて何を実現したいのか、また、どう活用しているかを調べる

・「取引先は自社の製品を使って何を実現しようとしているのか」
・「取引先はどのような経営課題や営業上の問題に直面しているのか」
・「取引先が目指しているゴールは何なのか」
・「何を実現するためなら、喜んで経費を負担してくれるのか」

こうした点を徹底的に分析し、自社の製品に必要な視点とそこで求められるサービス財を考えてみる。この視点で参考になるのが、江崎グリコの取り組みだ。

江崎グリコは、「仕事中や残業時に菓子で小腹を満たす」ニーズがあると判断し、オフィスで菓子を食べることをリフレッシュメントと位置付け、「リフレッシュボックス」という名の収納ケースに菓子を入れる「置き菓子（この呼称は同社の商標登録）」方式を考えて事業化した。

「オフィスグリコ」は１０万事業所に１２万台の菓子ボックス、１万７，０００台の冷蔵庫・冷凍庫が設置され、２０１３年度の売上高は４５億円。２０１６年度は５８億円の売上を目指している。

東日本大震災をきっかけに東京都が2013年4月から東京都帰宅困難者対策条例を施行し、3日分の飲料水と食料の備蓄が努力義務になったことを受け、災害時には無料で利用できる非常食になる点をアピールし、大企業への導入も始まっている。

オフィスにおける置き菓子の意味と役割を考え出し、サービス財化に成功した好例だ。

製造業がサービスを軸に経営を進化させるプロセス

以上3つの経営視点をアタマに入れ、製造業がサービスとの組み合わせで事業価値を飛躍的に高めるプロセスをホギメディカルの事例をもとにまとめる。

プロセス(1) モノと連動させて「サービス」を取り入れる

製造業が、モノと連動させて「サービス」を取り入れる具体的な視点と方法を、巻末の**シート(13)**にまとめた。

この5つのうち自社に取り入れられる方法があれば、モノと連動させて「サービス」を取り入れる策を練る。なお、Ｂ２ＢでもＢ２Ｃでも、どちらのビジネスの場合にも項目は共通なので、記入の欄を分けてはいない。

それでは、以下要点を述べていく。

モノとサービスの連動①

製品に必要な付帯サービスを提供する

自社製品を製造し顧客に購入してもらうだけで終わらず、製品の購入に伴って発生する顧客の業務や手間を改善するためのサービス提供が該当する。

付帯サービスは、次の４つの種類がある。

【保守点検・アフターサービス】

エレベーターやエスカレーターに代表されるように、製品を販売した後に、保守点検をセットで受注し、安全な運用を提供するサービス化だ。

償却年数が長い工作機械の場合、使用するのは中小企業が多く、保全を担当する部署をもたない法人が多い。そこで、工作機械メーカーでは、機械と共に故障を防ぐメンテナンスサービスや問題が生じた際に対応するサポートサービスを提供している。

コンピュータの業界もハードウエアを販売するだけでは差別化できないため、機器の導入からシステムの管理まで、サービス対応が主流になっている。

【トータルパッケージでの受注と運用】

海外に輸出する鉄道や発電所、上下水道、プラント（生産設備や大型機械）などの領域では、モノの提供だけでなく、システムを運用する人材の育成や運用の受託、保守やメンテナンスまで一括して請け負うことが、受注の条件になるケースが増えている。

【機械や製品の使用状況の把握と最適な体制の管理】

ゼネラル・エレクトリック（GE）社は、航空機エンジンの販売・パーツ交換・保守に留《とど》まらず、機体の部品やシステムに設置されたセンサー経由で、航空機のメンテナンスや運行管理、飛行業務の最適化まで行なう。

また、建設機械メーカーのコマツは、建機の中に情報収集と送信システムを組み込み、世界中で使用されている建機の稼動状況、燃費、使用方法などを日本で把握し、保守点検などの顧客コストの削減、メンテナンスや修理時間の短縮、盗難防止などに活用している。
この2社のように、機械や製品の使用状況の把握と最適な体制の管理を請け負うことで、サービス化に成功しているメーカーもある。

【本体だけでなく、消耗品を提供するサービスを提供する】

製品を販売するだけでなく、そこで必要になる消耗品を提供し、顧客との関係を継続させながら収益を得ていく仕組みだ。コピー機の用紙、バーコードプリンターのラベルなどが代表例だ。

モノとサービスの連動②

アウトソーシング・サービスとして販売する

すべてを自前で行なうのでなく、他社に自社の資源を提供し活用してもらう対応だ。
物流機能の提供、OEM生産の受注、工場をもたないファブレス企業の製造受託から、研究開発・販売ルート・会計経理システム・コールセンターなど企業がもつ機能を他社に販売する方法だ。

モノとサービスの連動③

モノの販売でなく、サービス財として使用権を提供する

自社の製品を販売するのでなく、サービス財として提供し、高額な機器をレンタルやリースで提供する方法だ。自動車から通信ネットワーク機器、コピー機、オフィス家具や玄関マットまで使用権を提供する業界は幅広く存在する。

マットやモップなどの掃除用品を、販売ではなくレンタルにして継続的に売上を確保し、さらにハウスクリーニングや家事代行などのサービスを販売するダスキンがサービス化企業の好例だ。

モノとサービスの連動④

ビジネスソリューションを提供する

自社製品の販売をゴールにするのでなく、顧客が求めている高次元の問題解決やビジネスの革新、新たなシステムによる効率的な運用などを提供する方法だ。

モノでなく、ビジネスソリューションを提供して甦《よみがえ》ったＩＢＭがその代表例だ。

モノとサービスの連動⑤

自社で量産せず知的所有権の使用料を徴収する

自社で量産体制をもたない企業では、特許をもつ製品の製造を他社に許諾し、特許使用料を徴収する方法だ。

プロセス（2）　顧客が抱える課題を特定し、自社の製品を通じてその課題を解決する方法を考え出す

プロセス（1）において自社のモノと連動させて「サービス」を取り入れる方法を決めたら、それを起点に経営を進化させていく。

ホギメディカルの製品・サービスが開発された流れを見ると、メッキンバッグ（モノの価値）から始まり、次にセット製品（モノ＋看護師の手間を削減するサービス価値）、そしてオペラマスター（モノ＋手術室の無駄のない運用と病院経営を効率化するサービスシステム価値）へと、自社製品の価値を進化させていることがわかる。

顧客に自社製品を使ってもらえばもらうほど、取引先企業の経費が減る。さらに取引先の課題を解決する方法が提示されるサービスは、取引先にメリットをもたらし、継続して取引する必要性が生まれる。

取引先に提供するビジネスソリューションとは、自社の製品やサービスを通じて、取引先の売上・利益・顧客づくり・価値・評判などを最大化する取り組みだ。

自社製品の売上や取引を増やすことを考える前に、どうすれば取引先の収益向上や業務効率化につながるかを自社製品を通じて考えれば、ビジネスソリューションの糸口は見つかる。

プロセス(3)　相手にする顧客を、現場から意思決定者に上げていく

製造業が自社製品をサービス財化する際に留意したいのは、ビジネスの対象者(顧客層)を現場から管理職、さらに経営者へと向上させるにつれ、取引規模や金額が大きくなり、継続期間が長くなる点だ。

現場作業の手間を単に省くだけでは、現場には歓迎されても、管理職や経営層には評価さ

れない場合もある。だが、経営課題の解決や収益性の向上という経営者や管理職層の関心事になれば、採用される可能性が高くなり、成約後の継続性も期待できる。

自社製品のサービス財化を検討する際は、経営層が関心を示す経営課題を洗い出してみることだ。

プロセス(4)　自社製品だけで独占せず、競争相手を増やさない

ホギメディカルと江崎グリコのオフィスグリコに共通するのは、提供する製品を自社に限定せず、顧客が必要とする他社製品も組み込んで提供している点だ。

自社ですべてを独占せず、他社製品を加えれば顧客が満足する上に、他社との軋轢《あつれき》を回避でき、競争相手を減らすことにもなる。

そこで、販売力が弱い企業の場合なら、他社と提携して事業を進める方法も視野に入れる。

プロセス(5) 効果測定を組み込み、検証作業を「見える化」する

自社製品を購入してもらった後に、取引先にどれだけ貢献しているかを追跡し、効果測定を行なう企業はほとんどない。この点を逆手に取り、自社製品とサービス財の効果測定を定期的に行ない、費用対効果の検証を取引先に報告すれば、さらに評価を獲得でき、継続取引につながる。

以上5つのプロセスを踏まえて、サービス化により経営をいかに進化させればよいかを具体的に考えていただきたい。なお、巻末**シート(14)**にプロセスとポイントのチェック項目を一覧してあるので、これを活用していただきたい。

次に、特に小規模企業が「サービスの進化」を策定するプロセスとポイントを述べる。サービス化は収益が安定するまで時間がかかることが多く、資金力やノウハウに乏しい小規模企業は「できるわけがない」「儲かるわけがない」と消極的になりがちだ。

そこで、小さな解体業者から、中古自動車リサイクル業界のパイオニアとして世界80カ

国へ販路を広げた会宝《かいほう》産業の成功事例を挙げて、サービスの進化のプロセスと押さえるべきポイントをさらに詳述する。

金沢の自動車解体業から海外80カ国と取引するグローバル企業へ飛躍した「会宝《かいほう》産業」

石川県金沢市に本社を置く会宝《かいほう》産業株式会社（代表取締役社長 近藤高行／従業員数84名2016年2月現在）は、中古自動車の引き取り・解体・破砕《はさい》前処理などの自動車リサイクルと、中古車およびエンジン、部品の輸出販売を事業としている。

創業者で現在の会長・近藤典彦氏が、自社の使命を「中古自動車のエンジンや部品をあますところなく活かしきるリサイクルシステムを世に広め、循環社会に貢献する」と言うとおり、同社の事業は解体や販売にとどまらない。

現在の事業の柱は、

・自動車リサイクル事業（国内、海外）
・中古車、使用済自動車の査定・買い取り
・中古自動車部品、中古車の販売、輸出
・自動車リサイクル技術者の教育・研修

であり、さらに新しい取り組みとして、2008年から農業に、2010年から電気自動車の製造にも参入したユニークな企業だ。

ちなみに電気自動車の製造は、新車をつくるのではなく、毎月1，200台もの使用済み自動車の中から車体の状態の良いものを有効利用するために、電気自動車へ改造するという試みだ。

農業についても、温室栽培の熱源に自動車リサイクル工程で排出される廃油を使うなど、事業のすべてに「循環型社会づくり」というテーマが一貫している。

同社が、リサイクル業へと移行していったのは、2000年頃からである。1969年に現会長の近藤典彦氏が有限会社近藤自動車商会を設立。設立当初は主に自動車の解体及び鉄くず、アルミニウム、銅の販売を行なっていた。

その後、ある時期から、解体ではなく再生こそが自らの使命と知覚し、1992年に会宝産業株式会社に社名を変更。2005年の自動車リサイクル法を見据え、2000年頃から業界に先駆けて様々な布石を打ち、単なる車の解体業から諸外国で再生利用される中古部品を販売するリサイクル事業へと移行していった。

現在は、タイ、マレーシア、バングラデシュ、モンゴル、ロシア、ヨルダン、アラブ首長国連邦、ケニア、ボリビア、ペルー、アメリカ、イギリスなど世界80カ国に中古のエンジン・部品をコンテナで輸出している。海外取引先は100社を越え、売上に占める輸出の割合は約60％、売上高は30億4,000万円（2014年実績）だ。

中古部品輸出の契機は、1991年にクウェートの顧客が20トンもの中古エンジンやサスペンションパーツを買い付けに来たことだった。

代金は鉄くずと同重量にも関わらず3倍の値段で売れ、現会長の近藤氏は、「途上国へ部品を輸出すれば利益の高いビジネスになる」とピンときた。日本では走行距離が10万キロを越え、売りものにならないエンジンでも、クウェートでは30万キロ以上走り続けるという常識を知り、品質の良い日本製の中古エンジンや部品は、クウェートのように自動車を使い切る国に需要があると確信したのだ。

飛躍を支える3つの強み

中古自動車のリサイクル事業で世界的マーケットを創造した同社は、業界に先駆けて様々な独創的取り組みを行なってきたが、その中でも特に注目すべき点が「他社の追随を許さない徹底したＩＤ管理システム」「中古部品の業界標準設定」「同業者との連帯組織の結成」である。

1つ目の「徹底したＩＤ管理システム」は、２００４年に経済産業省「ＩＴ活用型経営革新モデル事業」に応募し、助成金を活用して開発した「中古自動車部品の製造・販売基幹業務統合管理システム（ＫＲＡシステム）」というものだ。

このＫＲＡシステムには、車両の仕入れからエンジンや備品の取り出し、在庫、販売に至る履歴が一元管理されており、ユーザーは、インターネットを使って在庫状況や価格を中心とした商品情報を閲覧し、海外のどこからでも、商品を購入することができる。

さらにこのシステムを使って、中古エンジンや部品すべてをバーコード管理している。これにより、データを見れば車の年式や走行距離、さらには、どのような処理を施したのか、同じ種類の在庫はどれくらいあるか、販売済みの部品はどの顧客の手に渡ったのかなど、詳細な情報が瞬時に検索できる。

それまでの中古部品市場というのは、お客様が何件も解体工場を回って、解体工場の片隅に積み上げられた部品の山からお目当ての部品を探すような状態だった。これは、そもそも中古エンジンや部品をリサイクル商品として売る発想が、日本では少なかったからであり、中古部品の需要が確固とした市場を形成するに至っていなかったからと言える。

しかしKRAシステムの開発によって、新しい市場が一気に成長し、顧客の利便性が飛躍的に高まった結果、同社の販路はどんどん拡大していく。

また、KRAシステムは販路の拡大だけでなく、個人も含めた部品の調達ルートを格段に広げることにも役立っている。このシステムでは、その時々の中古車オークション相場などに基づく適正な買取価格も表示しており、国内同業者だけでなく、国境を越えて売り手とのホットラインとしても機能している。

続いて2つ目の独自の取り組みは、2010年に、輸出用中古部品に独自の品質表示規格「JRS（ジャパン・リユース・スタンダード）」を設置したことだ。

自動車リサイクルの業容を拡大させていく上で、同社がもっとも意を注いだのは品質管理である。「中古品だから当たり外れがある」といったマイナスのイメージを払拭し、顧客の信頼を得ることが必須と考えたからだ。

このJRSでは、エンジンの場合、ピストンの圧縮、走行距離、始動状態、内部のオイル汚れ、ラジエターホースの状態、外見といった6つの項目を5段階評価で厳しくチェックし、その結果をひと目でわかるようにタグに表示する仕組みになっており、これまで品質にばらつきのあった中古エンジンの性能を可視化し、ラベルに表示することで、明確に品質がわかるようになった。

これにより、コンテナ単位で中古部品を輸入する途上国では劣悪な中古部品が後を絶たないため、粗悪品と同社の製品とを明確に区別している。

さらに、このJRSを公的な規格化とするために、国際規格（ISO）に向けた世界初の中古エンジン性能評価規格「PAS777」を発行した。

近藤氏はPAS申請のため英国へ行き、BIS（英国規格協会）に対しプレゼンテーションを行ない承認を受けた。そして2013年、JRSは「PAS777」として日本発、世界初の中古エンジン規格となった。この取り組みにより、中古部品市場にも規格に沿った商品が流通することになったのだ。

そして3つ目の取り組みは、2003年、環境保全を旗印に、全国の同業者を「RUM（リユース・モータリゼーション）アライアンス」という連帯組織にまとめたことだ。

中古部品というのは、母体が中古車や廃車なので計画生産ができないため、1社だけが懸命に中古車や廃車を集めても安定供給にはほど遠い。しかも入手できる車種はバラつきがあり、一定ではない。そこでアライアンス（提携）を行ない、複数の業者が手を組むことで課題を克服しようというものだ。

「ＲＵＭアライアンス」は、同社の現会長近藤氏が理事長を務めるＮＰＯ法人で、加盟社は全国で約３０社を数え（２０１5年5月現在）、素材部門に強い会社、国内販売に強い会社、海外販売に強い企業など、それぞれ得意分野が違う企業が集まって、海外からの幅広いニーズに応えている。

たとえば、各社がバラバラにアルミ素材を扱うより、アルミ素材に強い仲間企業に回すほうがスケールメリットが生まれ、より効率的に商品を供給できる。成果として、加盟社は約２億円売上を伸ばしている。なお、加盟各社は営業エリアが離れていて競合しないため、胸襟を開いて情報交換が行なえる。

さらに、ＫＲＡシステムを利用する同業者に対しては、海外取引にかかる外国語での交渉、物流、資金回収などの煩雑な手続きやリスクを同社が代わりに請け負い、部品提供だけに専念してもらうサポートもしている。

同社は、信頼関係が構築された海外の取引先とは、インターネット、ＦＡＸ、電話でやり取りしており、英語、ロシア語、中国語、アラビア語、ラテン語などを話す１３名ほどのスタッフが、それぞれ担当する国の取引先からの注文に基づき、コンテナで商品を発送する手配を行なう。これらの国際業務の代行サービスも請け負っているのだ。

以上、様々な取り組みによって商社に頼らない独自の販売ルートを開拓した結果、同社は世界８０カ国と取引実績をもつまでに成長している。

小規模企業が「サービスの進化」を軸に事業を飛躍させる6つのポイント

会宝《かいほう》産業の成功事例をもとに、小規模企業が「サービスの進化」を軸に事業を飛躍させる６つのポイントをまとめる。

①本業の事業構造を転換する

会宝《かいほう》産業は、自動車の解体と鉄くずなどの既存販売事業を見直し、海外で需要が膨らむ自動車用中古部品を販売するリサイクル事業に構造転換し、企業を進化させている。

また、中古部品の供給（モノ）に留まらず、買い手であるバイヤーに使い勝手の良いシステムを提供し、事業のサービス化を図っている。

この成功事例のように、本業の事業構造を転換し、経営のサービス化を図りながら進化させる方法を考えてみる。

②海外から顧客を集められる仕組みを提供する

会宝《かいほう》産業は、経済産業省の助成金を活用し、「中古自動車部品の製造・販売基幹業務統合管理システム（ＫＲＡシステム）」を考案し、インターネット経由で世界中から部品の履歴・在庫・価格を閲覧しながら購入できる仕組みを開発した。このシステムにより、世界中から顧客を集めることが可能になった。

同時に、中古部品の買取価格を表示したことで、世界の売り手と同社がネットワーク化することにもつながった。

③独自の品質表示規格を設ける

販売する中古部品に独自の品質管理を行ない、部品性能を顧客が容易に把握できる品質表示ＪＲＳ（ジャパン・リユース・スタンダード）を行ない、さらに信頼度を高めるために、ＢＩＳ（英国規格協会）から承認を受け、世界で初めての中古エンジン規格にした。

この取り組みにより、粗悪な中古部品に対して、圧倒的な優位性を発揮することが可能になった。

④同業他社と連携して、安定供給体制を生み出す

会宝《かいほう》産業は、海外市場の規模と需要に柔軟に対応できるようＮＰＯ法人の「ＲＵＭアライアンス」を設立し、同業他社と競うのでなく互いに連携する体制をつくり出した。

⑤自社の事業領域を拡張する

会宝《かいほう》産業は、中古自動車のリサイクルと中古部品の販売に留まらず、中古車の査定・買い取り・販売・輸出・リサイクル技術者の養成へと事業を拡張させ、着実に進化経営を進めている。

⑥リアルとバーチャルを融合させ、市場での先行優位性を発揮する仕組みをつくる

会宝《かいほう》産業は、２０１４年１２月にＵＡＥ（アラブ首長国連邦）のシャルジャに世界初の自動車中古部品のオークション会場を設立。インターネットによる入札システムを開発して、ＰＡＳ７７７（同社の中古エンジン規格）の評価を掲示し、会場はもとより世界中から入札できる体制を整備した。

小規模企業が「サービスの進化」経営を推進するプロセス

それでは前述したポイントをアタマに入れながら、小規模企業の「サービスの進化経営」プロセスをまとめておこう。

プロセス（1）　日本では「スクラップ」や「廃棄」されている資源を、「部品」などに再利用する方法がないかを考える

日本では廃棄処分されている資源の海外での需要を探り、「部品」などにして供給するリサイクル事業に拡張できないか検討する。

自動車の市場を例に取ると、地球上には11億台の自動車が走っているが、その35％（約3億8，500万台）が日本車だとされる。日本国内での保有台数は約7，400万台に過ぎず、3億台を越える日本車が海外で走っていることになる。

新車に限らず品質のよい日本の中古車を長年使用する国は数多く存在し、中古車のメンテナンスに必要な部品の安定的な供給は大きな潜在的需要がある。

こうした海外での潜在需要は、自動車では中古車から中古部品へと裾野が拡大しているが、農機具やオフィス機器、飲食店用の什器や厨房用品、日本では買い換えサイクルの短いスマートフォンや携帯電話などの市場でもチャンスが潜んでおり、同様の取り組みによって事業を拡張させることが可能だ。

プロセス（2） 透明性に欠け、品質にバラつきがある製品市場に、国際基準の品質表示規格を設け、選択基準を提供する

定価の概念がなく、使用条件が全て異なるため、品質にバラつきがある中古部品の市場では、価格設定の透明性と世界共通の品質規格を用意すれば、買い手は安心して購入できる。

売り手の都合でなく、買い手の立場に立つことが、事業をサービス化させる上で最良の視点になる。

プロセス（３）　世界中のバイヤーが探している「必要な部品」を「安心」して調達できる仕組みを開発して利便性を提供する

従来、中古の部品を調達するには地元の解体工場などにある部品から使えそうなモノを探すといった旧態依然とした方法が主流で、買い手には非常に手間隙が掛かっていた。また調達する中古部品の品質に不安があり価格も曖昧《あいまい》で、ビジネスとしての透明性に乏しい面が存在した。

買い手が求める条件を満たし、安心して信頼できる部品を簡易に調達できる仕組みを提供すれば、世界からバイヤーを集めることが可能になる。

顧客が求めるモノを提供できるシステムとサポート体制をつくって提供すれば、事業のサービス化は収益を生み出す。

プロセス（４）安定的に部品を調達できるように、同業他社と連携し相互にメリットのある仕組みを構築する

使用されたモノを再利用する中古品ビジネスは計画生産ができないため、安定的に品物を調達する仕組みが不可欠になる。そのためには同業他社と相互にメリットのある方法と仕組みを考えて連携を取り、世界を市場にビジネスを拡張させる視点が必要になる。

会宝《かいほう》産業では海外取引の交渉・物流・資金回収など煩雑《はんざつ》な手続きは同社が請け負い、提携先は部品供給に専念できるように配慮している。提携先の強みを生かし、弱みを補う補完体制をつくれば、パートナー企業を増やすことが可能だ。

プロセス（５）ネットを活用して世界から集客できる受け皿を設け、リアルとバーチャルを融合させた仕組みにする

海外市場を相手にビジネスを行なう場合には、国内に居ながら世界中から集客できる仕組

みをネット上に用意する。またリアルとバーチャルを融合させ、市場での先行優位性を発揮する仕組みを確立する。

以上が、小規模企業が「サービスの進化経営」を成功させるポイントとプロセスである。なお、ここまでをまとめたチェックリストを巻末シート(14)に一覧してあるので、活用していただきたい。

第8章　課金方法の進化

１７通りの「課金方法」を組み合わせて独自の儲け方を確立する

企業が収益を上げるのは「モノを販売して代金をもらう」視点だけではない。その一つが「課金方法」であり、現在存在するだけでも１７通りの課金方法がある。

そこで本章では、新たな課金方法を考案し、あるいは既にある方法を組み合わせ、強固な経営基盤と仕組みをつくるポイントとプロセスを、小売２社の成功事例とともに述べる。

この取り組みに成功すれば、どこにもない新たなビジネスの仕組みが生まれる。自社の課金方法を進化させ、新たな収益を上げる方法と場所を考え出し、他社で模倣できない仕組みにまで昇華すれば、「ビジネスモデル」と呼ばれる新しいビジネスの仕組みになる。

まずは、チケット類とブランド品を中心に「質と買い取り」のビジネスを始め、業界で初めてフランチャイズシステムを取り入れて飛躍を遂げた㈱大黒屋の取り組みを、「課金方法の進化」の成功事例としてご紹介する。

小売業の「課金方法の進化」経営

質と買い取りという業態で業界初のフランチャイズ化を行なう「大黒屋」

㈱大黒屋（松藤俊司《まつふじしゅんじ》代表）は、業界に先駆けてチケットとブランドの買い取りと販売を手がけ、全国に直営店を52店舗、フランチャイズ店舗は143店舗（2014年9月末現在）、社員数450名（2013年5月末現在）、売上高は実に523億円（2013年3月現在）を誇る企業だ。

質とチケット類、ブランド品以外に、格安国内航空券・電化製品・携帯電話・ブランド古着・各種ホビーまで取り扱い商材を広げ、ネット販売（インターネットによる格安航空券の通信販売と各種買い取りサイトの運用と宅配買い取り）に加えて、香港から海外展開も開始している。

大黒屋は1970年に福岡で整骨院としてスタートし、1981年に福岡市で金券ショップを開業した。この事業が軌道に乗り、1990年に東京に進出。2000年よりブランド品の買い取りを始め、5年後にはフランチャイズ展開を開始した。さらに2011年、海外展開として香港にも出店を果たした。

大黒屋の代表を務める松藤俊司氏は、大学卒業後、証券会社を経て1994年に父親が経営する大黒屋に入社。2001年に開始したブランド品の質と買い取りビジネスが成長し、2004年に同社社長に就任、2005年に質と買い取りのフランチャイズ化を実現した。

大黒屋の事業形態は特殊だ。不用になった商品をもつ顧客から商品を買い取り、その商品が欲しい顧客に定価よりも安価に販売するビジネスを行ない、買い取りと販売の差額で利益を上げている。

自社の定義を「販売業」でなく、「買い取り業」と自称するほど、収益構造のバランスを、販売よりも買い取りに重きを置き、買い取った時に利益が出る構造に工夫したのが同社の特徴だ。

主要商品群は「チケット類」と「ブランド品」によって構成されている。

チケット類とは航空券・交通券・商品券・イベント券・株主優待券などだ。航空券や交通券は絶えず需要があり、安定した収益が見込める。

その一方、コンサートや観劇などのイベント券は有効期限があり、期限を過ぎると価値がなくなるため、買い取りと販売のそれぞれに慎重な値づけが必要になる。

チケット類はブランド品と比較すると利幅が小さく、接客量（時間と回数）が多くなるため、効率よく的確に接客することが重要だ。

もう一つの主要商品群であるブランド品は、ルイ・ヴィトン、エルメス、シャネル、グッチなど海外一流ブランドのバッグ、時計、ジュエリー（宝飾品）、小物などが対象で、商品ひとつ当たりの金額が大きく、取引回数は少なくても1回当たりの取引で大きな利益が出るのが特徴だ。

買い取る際には、商品の真贋《しんがん》や保存状態などを見定める必要があり、同社のリピーターになってもらうために、きめ細かい接客が必要になる。

さらに、前述した商品領域以外にも家電製品・カメラとレンズ・携帯電話やスマートフォン・電動工具・楽器・ブランド食器・メガネやサングラス・釣具やリール・ホビー・フィギュア・ヘッドフォン・セット教材（英会話、資格教材、幼児教材、自己啓発教材など）・骨董品・美術品・記念金貨や銀貨・洋酒など、同社では取り扱う商品領域を拡大させている。

また、直営のリサイクルショップをオープンし、携帯電話・家具・家電・中古衣料などを取り扱っている。

同社の「質」の仕組みは、次のとおりだ。

土日や祝日であっても質店舗の営業時間内であれば、同社の質はいつでも利用できる。顧客が持参した品物をスタッフがその場で査定し、査定金額を提示。

その金額の範囲内なら、顧客が必要とする金額をその場で用意し融資する。身分証の提示と契約書類に必要事項を記入すれば、質の契約は完了する。

期限内(預った日から3カ月以内)に、融資された金額(元金)と利息(質料)を支払えば、顧客に品物が返される(出質という)。

その際には、質入れした品物の預り証「質札」を持参する必要がある。本人が来店して現金で支払うことが条件で、本人以外が質から品物を出す(出資という)ことはできない。

そして返済の期限が過ぎると、品物の所有権は顧客から質屋へ移る。品物が担保になるので、質屋から顧客に対して取り立てや催促などの請求はない。また品物の所有権が質屋になるため、顧客はその後の返済の義務も生じない。

この「質と買い取り」という業態で、大黒屋は業界初のフランチャイズ展開を始めた。

大黒屋のフランチャイズビジネスの特徴は、同社のビジネスと同様に「買い取る」ことに重きを置き、顧客から不要になったものを買い取って販売し、その差額が利益になる仕組みにある。

フランチャイズシステムは、
・貴金属やブランド品の買い取り
・チケットの買い取り・販売
・各種商材の買い取り
の3つを収益源とし、買い取った商品は本部へ売却すれば、最短4営業日で現金化できる。また、「オークション・事業者への販売」と「店頭での販売」を加えた3つの販売方法を使い分け、販売と在庫のリスクを回避できるようになっている。

契約プランの内容は、契約期間5年で加盟金はなく、全国に出店できるベーシックプランは1，200万円から、全国県庁所在地人口20万人商圏になるライトプランが800万円からになっている。

ベーシックプランとライトプランの大きな違いは、ベーシックプランが内外装費約400万円と不動産取得費が実費負担になるのに対し、ライトプランはそのどちらもリース契約になるところだ。

フランチャイジーになるには説明会に参加して相談の上で申し込みを行なう。同社担当役員の審査が通ると、立地のよい物件を探し、出店立地が決まると加盟契約を結ぶ。

出店プランが確定すると、内外装の設計施工の助言を受け、並行して約１カ月半の開業前研修として、
・古物商営業の法令の理解
・大黒屋販売管理システムの使用方法
・商品知識と理論
・真贋《しんがん》の判断方法の学習と実践
・商品のグレード判断と査定方法
などを学ぶ。

店舗がオープンする前後５日間はスーパーバイザーが店舗に常駐し、接客から事務作業までをサポートする。

オープン後もスーパーバイザーが定期的に巡回し、本部からは新商品情報・価格情報・偽物情報などがオンラインで提供される。

新たな課金方法の構築により経営を進化させる５つのポイント

大黒屋の事例から、新たな課金方法によって経営を進化させる５つのポイントを挙げる。

①歴史のある業態に、新たな発想で旧来からある仕組みを取り入れる

「質と買い取り」という古くから存在する業態にあって、ビジネスの仕組みを高度化させ、さらに事業規模を拡張するために、他業界ではよくあるが自業界では採用されていないフランチャイズ方式を大黒屋は取り入れた。

柔軟な発想をすれば、既にあるビジネスの仕組みや課金方法を取り入れて飛躍できることがわかる。

②定価の概念がなく、需要が底堅いビジネスに注力する

新品と違い、不用になったチケット類やブランド品には定価の概念がなく、売り手と買い手の妥協点がノウハウになる。

しかもそれぞれ持ち込まれる条件が異なるため、一律に価格が決められないところも中古ビジネスの特徴だ。定価表や料金表がないビジネスは、手間は掛かるが収益性が高くなる。

また、景気の波を受けにくく需要が底堅いビジネスを行なっていることも、企業が成長する上で踏まえたいポイントだ。

③顧客を２種類に増やす

大黒屋のようなＢ２Ｃのビジネスでは、顧客は生活者になる。しかし、同社のビジネスを展開したい企業にフランチャイズ方式でノウハウを提供し、新規顧客として法人を加えれば、課金する相手を２つに増やすことができる。

課金する相手と方法が増えれば、事業規模と収益性は当然高まることになる。

④フランチャイズ方式の採用で短期間に成長する

フランチャイズ方式は、資本力のない企業でも多額の資金や人材を必要とせず、他社がもつ経営資源を活用し、短期間に多店舗を広域に展開できるメリットがある。

大黒屋はこのメリットを活かして、業界で初めてフランチャイズ方式を導入し、同社の飛躍につなげた。

⑤異なる特徴をもつ２つの収益源で事業基盤を形成する

大黒屋は、「安定した需要はあるが、利益の幅が限られる事業」と「売れるまでに時間は掛かるが利益が大きい事業」という２つの収益源を見つけ、この２本柱で強固な事業基盤を構築している。

小売業が課金方法の進化経営を実現するプロセス

以上5つの経営視点をアタマに入れ、小売業が課金方法の進化経営を実現するプロセスをまとめる。

プロセス(1) 既存の17通りの課金方法を理解し、自社の課金方法を見直す

自社の新たな課金方法を考案し、あるいは既存の方法を組み合わせ、強固な経営基盤と仕組みをつくりあげるために、まずは現在存在する「課金方法」にはどのようなものがあるかを踏まえ、自社の既存の課金方法を分析する。

そこで、17の課金方法をこれよりひとつずつ紹介するので、巻末の**シート(15)**を活用し、自社の課金方法がこのうちのどれか、また、今後自社に取り入れられる方法があるかなどを書き込んでいただきたい。なお、B2BでもB2Cでも、どちらのビジネスの場合にも項目

は共通なので、記入の欄を分けてはいない。

それでは、以下要点を述べていく。

課金方法① 製造業型課金方法

モノをつくり、それを必要とする顧客に販売し、その対価として代金をもらう仕組みで、一般的な方法だ。

課金方法② 所有でなく利用に応じた課金方法

自動車やコピー機のように高額で減価償却の対象になるカテゴリーでは、販売するのではなく、利用料を徴収する方法だ。レンタル料やリース料として課金し、顧客は固定資産にならず全額経費計上ができるメリットがある。

課金方法③ 小売業型課金方法

自社でモノはつくらず、メーカーから製品を仕入れて、顧客に販売し、その対価として代金をもらう方法だ。

デパート・量販店・スーパーマーケット・コンビニエンスストアなどの組織小売業、ネット通販企業、テレビ通販企業などの小売業が該当する。

組織小売業のPB（プライベート・ブランド）商品も、商品企画はしても製造はメーカーに任せ、販売は自社で行なっているので小売業型課金方法になる。

大手メーカーが広告によって知名度と認知度を高めた商品を、セルフ販売の小売業はどこでも仕入れる。その結果、価格競争に陥る弊害が生まれる。そこで大手組織小売業は、他社にないPBを開発して品揃えの違いを出し、収益を高める取り組みを実践している。

課金方法④ 広告料徴収型課金方法

自社の製品を無料にしたり、あるいは販売価格を安価にしたりし、その代わりに広告を掲載して広告料を徴収する方法だ。

放映料が無料の民放テレビ、フリーペーパー、有料で販売しているが広告収入の比率が高い新聞・雑誌、ヤフーやグーグルのようなインターネットのポータルサイトもここに入る。

広告収入を経営の柱に位置づける民放テレビやポータルサイトの形態もあれば、収益の柱は存在するが、副収入として広告料を徴収している企業も多い。雑誌社や新聞社もかつてはそうだったが、購読者数が落ち込んでいるため広告依存が高くなっている。

課金方法⑤ 目玉商品によるクロスセリング型課金方法

非常に安価な製品を提示して値ごろ感を打ち出し、関連購入やついで買いを促進する方法だ。よくある例が、量販店やスーパーマーケットで、卵やヨーグルトを安価な目玉商品にして来店を促す取り組みだ。

テレビ通販やネット通販が行なう今回限りの特別提供価格（ワンタイムオファーと呼ぶ）や、「３つ買うと１つが無料になる」方法、「３，０００円以上購入のお客様限定で、通常価格５００円の品を１００円で提供」といった手法もここに入る。

課金方法⑥ 再販型課金方法

一度販売するだけでなく、仕組みや形状を変えて何度も販売して代金を徴収する方法だ。映画なら劇場で「新作」として封切りした後、有料のケーブルテレビ局で放映し、その後ＤＶＤとして販売。さらに地上波テレビに販売して放映し、ＤＶＤをレンタル用として貸し出すという流れが該当する。

雑誌社では週刊誌や月刊誌で人気のあった連載記事を、ムック本や単行本として再度販売することはよく行なわれる。音楽なら過去発売された複数のＣＤから選曲してベストアルバムを販売する。また、漫画週刊誌の連載を単行本にすることもよく行なわれる。

課金方法⑦　使用料許諾型課金方法

自社で既にコンテンツをもつ人や法人が、他社にコンテンツを使用する許諾を与え、オリジナルとは異なる製品形状にして販売したり利用料を徴収したりする方法だ。

たとえば、出版社がもつ辞書のコンテンツを、電子辞書を発売するメーカーやスマートフォンのアプリ制作会社に使用を許諾し、対価としてコンテンツの使用料を徴収する形態がある。すべてを製作するには手間とコストが発生するため、使用料を払ってでも早く手軽に製品化したい企業が取引相手になる。

課金方法⑧　固定制課金方法

レストランや飲食店が行なう「食べ放題」「飲み放題」、携帯電話の「通話し放題」がこの方法だ。

課金方法⑨　従量制課金方法

使った分だけ料金を支払う、従量制の課金方法だ。「富山の置き薬」や「オフィスグリコ」がこの方法を採用している。固定費が必要なく、使った分だけ支払えばよく、顧客の心理的ハードルが低いのが特徴だ。

課金方法⑩　フランチャイズ型課金方法

自社が行なっているビジネスを、希望する他社にも同じビジネスを行なう権利を与えるのがフランチャイズ方式だ。コンビニエンスストアやマクドナルドに代表されるファストフード業界では一般的である。

公文式で知られる日本公文教育研究会は、世界でフランチャイズビジネスを展開して成功している日本企業の代表例だ。

ビジネスの権利を与える側を「フランチャイジー」、与えられる側を「フランチャイザー」と呼ぶ。フランチャイズで与えられるものには「ブランド名（店名）」「経営や運営のノウハウ」「本部から商品を仕入れて販売する」「指導や教育」などがあり、権利を得るには加盟金や商標の利用料を支払う。

加盟金や商標利用料は、売上や利益に一定割合を課金したり定額制であったりと、フランチャイジーによってその条件は異なる。

課金方法⑪ 消耗品・メンテナンス型課金方法

本体価格は手頃にし、消耗品やメンテナンスで収益を上げる方法だ。髭剃りのジレットが本体と一体型でなく、消耗して買い換える替え刃を別売りにしたところから始まった方式だ。コピー機のトナー・インクや用紙、電動歯ブラシの替えブラシ、使い捨てのコンタクトレンズ、ダスキンなどが行なう玄関マット・空気清浄機・浄水器（フィルター）・モップなどの交換もこの方式だ。

この方法は売り切りと違い、消耗品を交換することで取引が長期に渡り、売上が継続するメリットがある。

課金方法⑫ 継続利用型課金方法

単発購入でなく、継続購入してもらうことで収益を上げていく方法だ。生命保険の掛け金、スマートフォンの利用料、ケーブルテレビの月額利用料、クレジットカードの年会費、新聞や雑誌の定期購読などが該当する。

この課金方法は長期間に渡って利用してもらう商品やサービスに最適だ。また通信料などで見かける毎月固定金額で使い放題の仕組みもこの方法に入る。

課金方法⑬　仲介型課金方法

製品やサービスを供給する人や法人に、それを求める人や法人を仲介してビジネスを成約させ、成約料を徴収する方法だ。

一休のように質の高いホテルやレストランを顧客に紹介し、成約した場合には手数料を徴収する仕組みが該当する。従来から存在する不動産仲介や人材募集のサイトもこの方法に入る。また「ヤフオク」に代表されるオークションも仲介という点でこの方法になる。

課金方法⑭　分冊百科・コレクションシリーズ型課金方法

特定のテーマやジャンルについて手軽な雑誌風の体裁にし、定期的に販売していき、最後にはボリュームのある百科事典になるような方式だ。

模型のパーツやＤＶＤが付録として毎月添付され、その都度購入して揃えていくと模型が完成したりDVD全集になったりするコレクションシリーズもこの方法に入る。

最初から価格の高い完成品を販売するのでなく、手軽な価格にして定期購入してもらい、最後には立派な書籍や模型、コレクションが完成する仕組みだ。

１９５９年にイタリアの出版社 デアゴスティーニ社が、百科事典を分冊に再編集したものを安価にして定期刊行物にしたのが始まりだ。

現在同社の日本法人では分冊百科として「日本の名車（創刊号２９８円税込み、２号以降５６２円税別）」、コレクションシリーズとしては模型が完成する「週刊蒸気機関車Ｃ５７を作る（創刊号９９９円税込み、通常価格１，９９８円税込み）」などがある。なお、分冊百科は、パートワークやファイルマガジンと呼ぶ。

課金方法⑮ 無料（フリーミアム）型課金方法

最初は無料で製品（ソフトウエアのようなサービス財が多い）を提供し、その後、使い勝手がよくバージョンアップされた有料版を希望する人に購入してもらう方法だ。

インターネットを使いオンラインで購入できるソフトウエアやアプリ（ゲームやカーナビ、地図ナビなど）が登場し、一般化した方法だ。

『フリー（無料）からお金を生みだす新戦略』（日本放送出版協会刊）がこの概念を紹介し、市場にある既存製品が無料にされる衝撃が走った。全世界でアプリの８３％は無料で提供されており、広告収入で運営されていることが多い。

課金方法⑯　場（プラットフォーム）の提供型課金方法

人が集まる場所（リアルとバーチャルの両方がある）をつくり、そこでビジネスをしたい企業や個人から出店料や売買手数料などを徴収する方法だ。

楽天市場に代表されるネット上のショッピングモール、アップルの iTunes Store のほか、広告収入で運営する Facebook やクックパッドなどネット上で「場」を提供する企業が多い。リアルではイオンモールに代表されるショッピングセンターも、「場」の提供としてこの方法に入る。

課金方法⑰　必要最低限に絞り込んだ（ノンフリル）課金方法

製品やサービスで価格が高くなっている要素をそぎ落とし、核となる価値だけに絞り込んで課金する方法だ。ただし、製品やサービスの品質は下げないため、安売りとは異なる。

航空業界のＬＣＣ（ローコストキャリア）や、眠る機能を充実させ朝食を無料にする一方、機械による前払い制でチェックアウトをなくし部屋のキーはなく暗証番号にしているスーパーホテル、髪をカットするだけに特化したＱＢハウスなどが代表例だ。

素材を見直して生産工程の手間を省き、包装を簡略にして時代の美意識に合致させ、シンプルで美しい商品に仕上げた無印良品もこの方法に入る。

以上、既存の課金方法を１７通り紹介したが、企業が収益を高める課金方法はひとつとは限らないことがおわかりいただけたと思う。

ここに紹介した課金方法は単独で行なうだけでなく、いくつかを組み合わせて独自の方法に昇華させている企業もある。自社に最適な方法をひとつだけでなく組み合わせも含めて検討して欲しい。

プロセス⑵　事業の仕組みを他社に模倣されないように高度化する

プロセス⑴において17通りの課金方法を理解したら、それを起点に経営を進化させていく。

質の高い製品やサービスを開発して販売するだけで終わらず、ビジネスの仕組みや課金方法で他社に真似されない仕組みを考えるのだ。

企業が収益を得るのは製品やサービスだけに限定されず、社内の既存資源や店舗の運営ノウハウ、営業ルートや自社がもつ独自の販路、人材育成の教育システムなども収益につながる可能性がある。

社内に蓄えられた強みを仕組みにし、課金できるように高度化できれば「新たな売りモノ」が生まれる。

プロセス(3)　顧客の概念を広げて考える

Ｂ２Ｃ企業にとって顧客とは生活者だが、Ｂ２Ｂ企業では顧客は企業・法人になるように、自社の仕組みや製品・サービスを求めるのは生活者だけとは限らない。

顧客とは製品やサービスの購入者だけでなく、ビジネスの仕組みを使って自社と同じビジネスを営みたいと考える他企業や他法人が顧客になる場合がある。顧客の概念を広げて、自社の顧客を抽出してみるとよい。

プロセス(4)　中小企業がビジネスの仕組みや課金方法によって飛躍している事例を集め、彼らの取り組みを応用する

もともとは中小企業だが、その後大きく成長している企業を調べ、彼らが採用しているビジネスの仕組みや収益の上げ方、独自の課金方法について研究し、自社に応用できないか検討する。

プロセス(5)　異業種が取り入れている仕組みや課金方法を自社でも採用できないか柔軟に検討してみる

自社の業界や競合他社だけでなく、異業種他社の取り組みや課金方法からヒントを探り、自社に当てはめることができないか検討してみる。

他業界では既に一般化している方法や取り組みであっても、自業界で手をつけている企業が存在していなければ、チャレンジする価値は高い。

以上５つのプロセスを踏まえて、課金方法の革新により経営をいかに進化させればよいかを具体的に考えていただきたい。なお、巻末**シート(16)**にプロセスとポイントのチェック項目を一覧にしてあるので、これを活用していただきたい。

次に、小売業型課金方法を採用している企業が、現在の経営環境において収益が出るビジネスモデルを構築するプロセスとポイントを述べる。

これまで繰り返し述べているが、現在の小売業の最大の課題は、競合他社と品揃えで違いが出せないことである。大手組織小売業は他社にない商品としてPBを位置づけ、廉価で質のよいモノづくりを大メーカーと組んで行なっているが、中小規模では、そうしたPB開発に取り組むのは難しい。

そこで、中小規模の小売業がPB以外に他では取り扱っていない商材を見つけ、最適な課金方法を採用する方法を述べておきたい。

まずは、22万アイテムの圧倒的な品揃えで、熱烈なファンを獲得している中堅ホームセンター「ハンズマン」の取り組みを紹介する。売れ筋だけを揃える効率経営とは真逆の戦略だが、課金方法の進化によって飛躍している好例だ。

22万アイテムの圧倒的な品揃えで顧客を魅了する「ハンズマン」の課金戦略

㈱ハンズマン(大薗誠司《おおそのせいじ》代表)は宮崎県都城市に本社を置き、九州を中心にホームセンターを展開する企業だ。

店舗数は宮崎県に4店、鹿児島県に2店、熊本県に2店、大分県に1店、福岡県に2店の計11店舗、社員数は1,198名(2014年6月末)、売上高290億円(2015年6

月期）のローカル型中堅ホームセンターだ。

現在の代表者である大薗誠司氏は１９６９年に宮崎県で生まれ、慶應義塾大学理工学部を卒業後、三和銀行に入行。９５年家業のハンズマンに入社。２００６年に代表取締役社長に就任している。

同社の前身は１９１４年に都城市上町に中村屋電器硝子商会として創業し、１９６４年都城市中町に㈱大薗硝子建材商会を資本金５００万円で設立。

１９７２年に商号を大薗硝子建材㈱に改称、１９８４年に日本ＤＩＹ商品共同流通グループ（ＤＭＣグループ）に加盟、１９８５年に商号をオーゾノ㈱に改称。

１９８６年にホームセンター事業部を新設し、ＤＩＹホームセンターハンズマン吉尾店（宮崎県都城市）を１号店としてオープン。１９９５年に商号を㈱ハンズマンに改称し、現在に至っている。

ハンズマンには、他社にはない６つの強みがある。

第一に、１店舗あたり２２万アイテムという膨大な品揃えだ。顧客が望む商品はすべて品揃えするのが同社のポリシーで、１年間に数個しか売れない商品が大半を占めるが構わない。

回転率の低い商品が存在するのは、工務店や中小工場に勤務する人たちなど地元のプロフェッショナルから要望された結果だ。同社では商品に占める業務用需要の比率が高く、売り場づくりにもその傾向が現れている。

ホームセンターは顧客が必要とするモノを揃えることが存在意義だと同社は考えており、顧客から問合せや要望があった場合には、「要望商品メモ」にまとめて本部に提出する仕組みになっている。

この要望商品メモを提出した数が多い社員ほど、評価が上がるように人事制度が連動しており、要望商品メモは年間に1万通以上が集まる。

業界の在庫回転率は年間に平均して6～7回転するといわれるが、同社では販売数が年間にヒト桁しかない商品が全体の60％程度を占めて効率が悪い。この問題を解決するため、後述する1坪当たりの売上高を高める取り組みを実践している。

2つ目の独自の強みは、品揃えが膨大なため、顧客に商品説明する社員数が多いことだ。1店舗に22万アイテムという品揃えを行なうと、「どこにあるのか」「何に使うのか」「どのように使うのか」という顧客からの質問に答える接客が欠かせない。

そこで同社では、1店舗当たりの社員数を同業他社の3倍近い約100人配置している。同社の社員は顧客に「ありません」と言わない接客に徹しており、売り場にないものは取り寄せる。これが前述した「要望商品メモ」の業務につながっている。また、顧客に商品説明ができるように、毎週社員向けに研修会を行なっている。

３つ目の強みは、商品を見つけやすくする店頭ディスプレイに注力していることだ。取り扱う商品アイテム数が増えれば、売り場面積は当然広くなり、どこに何が陳列されているか顧客にはわからなくなる。

この問題を解決するために、同社は改善課という部門を設け、効率的で魅力のある店頭陳列方法を考案し、売り場を改善する業務を担っている。

例えば、店頭で注目率を高めるために、陳列する際には色の順番が決められている。入り口から順に、「赤」から「黄」、次に「緑」から「青」、そして「紫」へと、光の波長の長いものから並べるといった独特の工夫だ。

また、店頭ディスプレイのために店舗の天井は高く、売り場にある商品の実物を見やすく展示して、どこに何が品揃えされているかが容易に見つけられるように工夫されている。

商品を見れば何かがわかるものだけでなく、陳列してあるだけでは用途がわからないものはさらに工夫して見せる。例えば、目地や隙間を埋めるシール剤のシリコーンシーラント売り場では、素材の色が判別できるようにチューブから中味を搾り出した状態で展示している。

４つ目は、坪当たり売上高を高める独自の取り組みにある。

近年の小売業は利益を増やすために売り場のスタッフを減らしているが、その反動で売上が減少している。しかし売上が下がると経費率が上がるため、さらに効率化が必要になる。

そこで売り場を効率化するため人員削減に加え、品揃えも売れ筋に絞り込んでアイテム数を減らすため、売り場の魅力がさらに失われる悪循環に陥っている。

ハンズマンは２２万アイテムという品揃えのため、在庫回転率が悪い商品が６０％を占め、さらに接客のために多くの社員を抱えている。

この状態で利益を出すには、売り場１坪あたりの売上高を増やして店舗全体の売上高を高め、経費を負担しても利益が出る体質にする必要がある。

経費をかけても、それを補えるだけの売上高を確保するのが、同社の基本戦略だ。この戦略はチェーンストア理論とは真逆に位置づけられる。

この戦略を実現するために同社が具体的に取り組んでいるのは、商圏の拡大とリピーターづくりだ。

２２万アイテムの品揃えは「ハンズマンに行けば探しているものは必ず見つかる」という評価を獲得し、丁寧な接客によって遠方からでも顧客が訪れる流れを生み出している。その結果、同社店舗の商圏は１５～２０キロと広く来店客数も多いため、売上高が伸張している。

５つ目の独自の強みは、同社独自の品揃えと商品販売方法だ。

同社のバイヤーは２～３カ月に１度の頻度で海外へ出かけ、世界１５カ国１５０社から直輸入している商品は４,０００アイテムを越える。

家電量販店が販売する家電製品は取り扱わず、家電量販店には品揃えされていない白物家電用のアース線、洗濯機の排水ホース、エアコンの配管やフィルター、テレビのアンテナ部材、家電部品に必要な配線コード、配線端子、ヒューズなど顧客が求める部品を取り揃える。

同社の販売方法は独特で、鉄工用電気ドリルのドリルビットやアイテム数が３００種類を越える電力ヒューズは１本ずつバラ売りされる。

酪農家用の牛の鼻輪、トラクターの点火プラグ、左右をバラバラに販売する作業用手袋、散水用のホースノズルや入浴剤もバラ売りし、ボールペンのインクやシャープペンシルの消しゴムまで単品売りが行なわれている。

最後の６つ目は、ＰＯＳを使わない独自の発注方法だ。

ハンズマンが取り扱う商品の中には小さすぎて、バーコードを貼れないものが多い。そのためＰＯＳを使わず独自に開発した携帯端末に、店内在庫の実数を入れ、金額や数量をレジで打ち込む方法を採用している。

商品ごとに発注する「発注点」と「発注量」が事前に決められており、在庫がその数を下回ると携帯端末を使って発注する仕組みだ。店内在庫の確認は週2回、従業員が持ち場を回って確かめている。

この方法は週に2回棚卸しをしていることと同じ価値があり、社員は商品の場所を覚え、汚れや劣化、売れ行きの変化などに気づくメリットがあるという。

小売業型課金方法で進化経営を成功させる4つのポイント

ハンズマンの成功事例をもとに、小売業型課金方法で進化経営を成功させる4つのポイントをまとめておきたい。

①他店にない品揃えで、安価にせずに販売する

消費頻度が高いアイテムに加え、購入頻度が低くても需要があるものは品揃えを行ない、「探しているモノが、きっとその店ある」という存在になり、ハンズマンは商圏を拡大した。

さらに業務用として利用するプロフェッショナル（職人さん）が必要とし、他店では入手で

きないアイテムを品揃えして、安価でなくても売れる方法を考え出した。

②どこでも販売している完成品でなく、「部品売り」と「バラ売り」で他社の盲点をつく

ネットも含めて、どの小売業でも販売している商品では価格比較が行なわれ、同じメーカーなら価格だけで選ばれ、小売店の存在価値は発揮できない。

どこにも売られておらず、自社の強みが発揮できる商品領域として、ハンズマンは完成品でなく「部品」と「バラ売り」を見出した。どちらも競合他社には手間がかかるカテゴリーのため、ハンズマンの独壇場にできた。

部品やバラ売りは価格競争にならず、単品なら割高な価格になっても文句は出ないため、課金は柔軟に行なえる。

部品やバラ売り以外に、業務用商材（飲食店向け食材や什器・食器、職人向け工具や材料など）に特化し、商品価格を比較されないようにする方法もあるだろう。

③小売業の原点は、見せ方と接客、専門性を高めた品揃え

商圏を拡大するために２２万アイテムという品揃えになった結果、売り場面積が広がり、

「どこで売っているのか」がわかりにくくなる問題を、ハンズマンは専門部隊（改善課）を設けて、ディスプレイなど見せ方を工夫している。

また、「どう使えばいいのかわからない」「相談したい」顧客に対しては、丁寧に接客できる人材を配置して顧客満足度を高め、自社の存在価値を強固にした。さらに、専門性を高めた品揃えにより、価格の安さだけでなく利用してもらえる魅力につながる。

見せ方と接客、そして専門性を高めた品揃えは、小売業の原点ともいえる取り組みだ。

④独自の課金方法を実現するために、仕入れ方法と発注方法を考案する

「小さすぎてバーコードを貼れない商品」を販売するため、ハンズマンは独自の仕入れと発注の方法を考案し、柔軟な価格設定と課金方法を実現している。

チェーンストア理論やＰＯＳといった、どの小売業でも導入している仕組みを疑い、自社に最適な方法をハンズマンは導き出している。

日本は知らぬ間に他社の方式を取り入れ、結果として同質化する傾向がある。他社が採用していない方法に、自社の価値を高める方法がないかを考え、取り組んでみる価値がある。

小売業型課金方法で進化経営を成功させるプロセス

それでは前述したポイントをアタマに入れながら、小売業型課金方法で進化経営を成功させるプロセスをまとめておこう。

プロセス（1）　組織小売業が直面している経営課題を特定し、効率主義を疑ってみる

スーパーマーケットや量販店に代表される小売業は、高度成長期に誕生したチェーンストア理論に基づき、効率的に店舗を運用して収益を上げることに注力してきた。

現在その弊害として、店頭の社員が減少して接客力が低下し、ＰＯＳによって売れる商品だけが店頭に並んだことで、どこも同じ品揃えで魅力のない店舗ばかりになってしまった。

効率だけを追求すると、企業も人も味気がなくなる。非効率な方法の中に、新たな魅力づくりや価値づくりがないか検討してみる。

プロセス（2） 既存の組織小売業が取り扱っていない商品ジャンルとアイテムを探す

小売業が強みを発揮するには、競合他社が販売していない商品を見つけて販売することに尽きる。効率を追求する組織小売業が手をつけていない商品領域やアイテム、そして販売方法を検討する。

プロセス（3） 地域の特性を分析して、地元で必要とされる小売業の要素を特定する

地域密着型企業の強みは、地域特性と地元の顧客ニーズを理解している点にある。どこも同じ店づくりになる組織小売業と違い、地元でしかできない小売業の姿を模索する。

プロセス（４）　顧客の幅を広げる方法を考える

小売業の顧客は一般生活者だけに限らず、ビジネスで必要とする法人やプロフェッショナルの存在もある。個人需要とビジネス需要の両面で、顧客に支持される店舗と業態、そして品揃えができないか考える。

以上が、中小企業が小売業型課金方法で進化経営を成功させるポイントとプロセスである。

なお、巻末**シート（16）**にこれらをチェックリスト化してあるので活用していただきたい。

第9章　販路の進化

事業価値を高める新たな販路と取引先を狙う

企業の新たな販路と新規取引先の選定は、その戦略のいかんによっては、企業の価値と利益率を決定する大きな要因になる。

売上高と販売数量を増やすために販路の数を闇雲《やみくも》に増やせば、価格の安さだけで選ばれるコモディティ化が進んでしまう。新規取引先も同様で、安売りする企業との取引が増えてしまえば、利益が出ない上に、企業としての付加価値やブランド力は高まらず、むしろ低下してしまう。

日本の中小企業がブランド力と付加価値、そして収益性を高めながら成長するには、「質」の高い販路と取引先から選ばれる企業になることだ。

そこで本章では、自社の販路と取引先をどのように進化させていけばよいか、小規模ながらブランド力を発揮して、海外にまで販路と取引先を拡大しているメーカー２社の成功事例とともに解説する。

Ｂ２Ｂ生産財メーカーの「販路の進化」経営

海外の巨大企業に採用されたことで、一気に販路を拡大させた㈱竹中製作所の取り組みを、Ｂ２Ｂメーカーの「販路の進化」の成功事例として最初にご紹介する。

世界シェアの半分をにぎる超精密加工ボルトメーカー「竹中製作所」

大阪府東大阪市にある㈱竹中製作所（行俊明紀代表、１９４８年創業）は、社員数１５５名、売上高２６億円（２０１４年度実績）の企業だ。

事業の柱は３つあり、ボルト（ネジ）事業（特殊鋼精密ネジ、原子力発電所用ネジ、樹脂コーティングネジの製造販売と輸出業務）、電子機器事業（マイコンによるモーター制御機器、画像処理装置、電磁誘導加熱装置の設計と製造、ソフトの開発）、表面処理事業（樹脂コーティング等の金属表面処理加工、カーボンナノチューブを利用した特殊被膜の開発）だ。

このうち同社の主力製品は、超高圧の海底トンネルや砂漠地帯の石油プラント、橋梁《きょうりょう》や太陽光エネルギー・風力等の発電施設といった過酷な環境で使用される特殊コーティングボルトとナット、高度な品質保証が要求される原子力プラント向けのネジだ。

同社の超精密加工ボルトは、国内の地下鉄や原子力発電設備、各種プラント設備で採用されており、世界シェアの50%、国内シェア80%を握っているトップメーカーだ。

いまや世界的トップメーカーとして君臨する竹中製作所だが、その販路を拓いたのが、この独自の防錆防食《ぼうせいぼうしょく》技術である。

(「防錆防食《ぼうせいぼうしょく》」とは、金属製品の錆《さび》を防ぐという意味。鉄や鉄合金には「防錆」、鉄以外の金属に対しては「防食」という言葉が用いられる)

国内の産業用ネジ業界は、1980年代に入ると生産コストが安価な中国や韓国、インドなどの国々の製品が台頭し、どのメーカーも市場を奪われ苦境に陥っていた。

竹中製作所も同様で、1980年代初頭には40億円を超える売上高があったが、1987年には17億円弱にまで縮小してしまう。この窮状を打開するには、価格でなく価値で選ばれる製品づくりを行なうほかなかった。

開発のヒントは、同社の竹中弘忠氏(現社長の父親)が営業部長だった1983年に、アメリカで開催された海洋構造物展覧会を見学した際に得た。

オイルリグ(海底油田の掘削のために海上につくる大型の設備)の鉄骨や、石油を運ぶパイプラインのどちらにも、錆《さび》を防ぐためにフッ素樹脂コーティングが施してあるのに、そこで使用されているネジは、ステンレスか亜鉛メッキしかないことに気づいたのだ。

そこで同社は、ネジにフッ素樹脂のコーティングを施せば、防錆防食《ぼうせいぼうしょく》のネジができると判断し、その開発に着手する。

しかし、大きいものだと数百トンという力でボルトとナットを締めつけるため、通常の方法ではフッ素樹脂のコーティングははがれてしまう。一方、はがれないように塗装膜用のすき間をつくると、今度は良質なネジにならないという問題が浮上した。

当時社内には化学に長けた技術者が存在せず、この課題を解決するために、専門家を探すことになった。伝のあった東京の弁理士事務所から、京都大学化学研究所の稲垣博教授(当時)を紹介してもらい、宇治にある研究所に何度も足を運ぶが、多忙を理由に会ってはもらえずにいた。

そこで稲垣教授の自宅を訪問して懇願し、事情を説明したところ、難しいテーマに取り組んでいることを理解してもらい、1987年に協力を仰ぐことに成功する。

同社は、

・中間皮膜を入れても30ミクロン程度の膜厚で均一に薄膜すること

・密着性に優れていること
・ネジの表面とフッ素の間に中間皮膜をつくること
という3つの技術的な課題を抱えており、塗料の改良から着手する必要があった。

そこで稲垣教授は、教え子と共に多様な塗料を開発して実験を行ない、ついに開発は成功する。着想から5年が経過していた。

この技術はフッ素樹脂被膜と特殊下地被膜を組み合わせた二層構造に加え、新たに開発された金属材料の腐食を抑制する表面処理技術による薄膜被膜で、「タケコート®1000（フッ素樹脂薄膜被膜）」と命名された。

販路は、これまでにない技術を付与した製品のために、新たな取引先を開拓することになった。そこで、大規模な生産財や資本材を生産する重工業、プラントや海底開発などを手掛ける企業を中心に営業活動を行なうが、採用には至らない。画期的な技術力のある製品にもかかわらず、採用実績がないことや中小企業の製品に対する不安などを理由に、どの企業も二の足を踏んだからだ。

採用してくれる日本企業が決まらないまま4年の月日が流れ、同社は最後の手段として海外の大手企業に直接商談を行なった。その相手は、石油メジャーのエクソンだ。

ヒューストンに直接足を運び、技術部門のマネージャーに掛け合い、半年の時間を要したものの製品は評価された。結果、エクソン社のマスターベンダーリスト（世界中にある文社に対してこの製品はこの場所に使用してよいと製品名と企業が記載されたリスト）に、掲載された。

このリストへの掲載をきっかけに、国内外の企業から引き合いが舞い込むようになった。営業活動も功を奏し、結果として「タケコート®1000」は、国内では東京湾アクアラインや明石海峡大橋、原子力発電所、海外では石油プラントなど、使用環境が厳しく、かつ高い耐久性と高精度な品質を要求される数多くの場所で採用されるようになった。

「タケコート®」の製品ラインナップには、塩水を6，000時間噴霧《ふんむ》しても腐食しない防錆防食性能を誇る「タケコート®・1000（フッ素樹脂薄膜被膜）」、防錆防食性能に加え450℃までの耐熱性をもち、摩擦性と潤滑性に優れた「タケコート®・セラミック1（セラミック薄膜被膜）」、「タケコート®・SCビス（小径部品へのフッ素樹脂塗装）」、「タケコート®・やきつきノン」（ステンレスの焼きつき防止）などがある。

さらに、「タケコート®」の開発後、経済産業省の第1回戦略的基盤技術高度化支援事業を活用し、京都大学化学研究所の稲垣博教授（当時）と同研究所の福田猛氏（当時名誉教授）らと共同で、カーボンナノチューブ入り塗料（超高性能表面処理材料）を開発した。

そして㈱ＧＳＩクレオス社と共同出願して特許を取得し、同製品を「ナノテクト®」と名づけた。

「ナノテクト®」は「傷つかず、錆びず、焼きつかない」ことで、製品を守る高性能樹脂塗膜として、航空機部品、大型建築物・架橋、地下鉄、海洋構造物、原子力発電設備、化学プラントなどを中心に普及を目指している。

同社は２００６年から京都大学、大阪産業大学、近畿大学、関西大学の研究者と協働して技術力を向上させ、新規分野の開拓も進めている。

Ｂ２Ｂ中小メーカーが「販路の進化」経営を推進する５つのポイント

竹中製作所の事例から、売上規模は小さくてもブランド力を構築して販路を開拓するメーカーの「販路の進化」５つの視点を挙げる。

①自社に必要な技術開発と新製品のテーマを発見する

竹中製作所は、新興国の台頭による売上高の減少に危機感をもち、問題意識をもって海外の展覧会を視察した。

そこで、自社に必要な技術開発と新製品のテーマとして、「フッ素樹脂のコーティングを施した防錆防食《ぼうせいぼうしょく》ネジの需要」が存在することを発見した。

展示会や展覧会の視察をビジネスに生かすには、視察する側の問題意識がきっかけになる。どのような視点で展示物を見て、他社の事例からどのようなヒントを得るか、事前に視察ポイントを洗い出しておく。

②自社に不足するノウハウは、大学の研究者など外部専門家の力を借りて目的を達成する

竹中製作所は化学の知見が決定的に不足しており、新技術の開発には日本の英知と呼べる専門家の力を借りることが欠かせないと判断。そこで京都大学化学研究所に当初は断られるが、諦めずに何度も足を運んで協力を取りつけ、同社の成功につなげた。

学識経験者を説得し協力を得る道筋をつけるのは、信念をもった経営者にしかできない仕事だ。

③価格の安さでなく、製品の価値で競う道を選ぶ

価格の安さを競う量産品でなく、自社にしか生み出せない技術を付与して価値で選ばれる企業になる道を、竹中製作所は自ら選択し、その道を邁進《まいしん》している。経営者の中長期的視野に立った経営判断があったから、成し得た取り組みだ。

④販路の開拓では海外の巨大企業に売り込み、実績をつくる

中小企業で採用実績がない場合、日本の大企業に営業活動を行なっても成約につながる道のりは遠い。こうした場合、自社が開発した新技術を最も必要としている企業にマトを絞り込んで、地道に交渉することが欠かせない。

場合によっては竹中製作所のように海外の巨大企業に働きかけ、その実績をテコに国内の大手企業に営業することも選択肢に入れる。

巨大企業に直接営業する方法は、万引き防止や安全確認用の平面鏡などの気配りミラーを製造販売するコミー㈱（埼玉県川口市　小宮山栄代表）も採用して成功を収めている。

コミーは、旅客機の収納棚確認用鏡の需要を開拓するためアメリカのボーイング社に直接出向いて商談し、成約につなげた。その後、日本航空にも採用され、現在旅客機の収納棚確

認用鏡ではほぼ100%のシェアを握っている。

⑤海外のメジャー企業の評価を活用し、国内の販路開拓の道筋をつける

新技術による新製品の評価を磐石《ばんじゃく》にするには、耐久試験や実証データと共に、現場で実際に使用されることに尽きる。

竹中製作所は業界における世界のメジャー企業に採用され、企業と技術、そして製品の評価を不動のものにした。生産財メーカーは、こうしたプル型営業方法を習得すれば、効率よく新規取引先や新規販路を開拓できる。

竹中製作所は行なっていないが、メジャー企業に採用された実績をニュースレターにしてメディアに知らせる広報活動を行なえば、プル型営業の効果はさらに高まる。

B2Bビジネス（生産財メーカー）が販路の進化を成功させるプロセス

以上5つの経営視点をアタマに入れ、おもにB2Bビジネスの中小製造業が、販路の進化によって事業価値を飛躍的に高めるプロセスをまとめる。

プロセス（1）既存販路や既存取引先について、自社の強みと弱みを把握する

「販路の進化」戦略を検討する際には、まず既存販路と既存取引先について、自社の強みと弱みを把握することから始める。

販路の数が多く自社製品がどこでも販売されている強みはあっても、逆に販路が多いために安売りされる要因になっているかもしれない。また、売上高は高くても利益が出ない原因がそこにあるかもしれない。

既存取引先も同様で、質よりも量を追求する企業との取引が多ければ、納入量は多くても、自社の利益や付加価値の向上にはつながっていないかもしれない。

そこで、製品づくりと連動して、今後自分たちにはどのような販路や取引先を開拓する必要があるのか、巻末の**シート（17）**の「既存販路と既存取引先」の欄に、強みと弱みを書き出して、検証してみる。

なお、Ｂ２ＢでもＢ２Ｃでも、どちらのビジネスの場合にも項目は共通なので、記入の欄を分けてはいない。

プロセス(2) 新たな販路と新規取引先を開拓する方法を踏まえる

プロセス(1)にて、既存販路と取引先の検証作業を終えた後に、自社の利益や付加価値を向上するために、今後必要となる新たな販路や新規取引先の開拓を、どのように進めるかについて戦略を練る。

そこで、新たな販路と新規取引先を開拓する6つの方法を挙げて説明するので、巻末の**シート(17)**を使って、自社で取り組めるものはないかを検討していただきたい。

それでは、以下6つの方法を述べていく。

①バイヤーを通じて交渉する

B2C企業なら、販路として相応しい流通チャネルや小売店舗をもつ企業を探し、その企業の商談窓口になるバイヤーと交渉する。

デパートなどの小売業や専門店チェーンのバイヤーに直接交渉できる企業もあれば、引き合いが多いためネット経由でエントリーする企業もある。

Ｂ２Ｃ企業向けにネット経由でエントリーできる企業は、次のとおりだ。

B2C企業向け【スタイリングライフ・ホールディングス　プラザスタイル カンパニー】

ＰＬＡＺＡ（プラザ）８０店舗やＭＩＮＩＰＬＡ（ミニプラ）直営店１３店舗・提携店３５店舗などを展開する同社は、食品・飲料、文房具、家庭雑貨、化粧品・化粧雑貨、衣料品・衣料雑貨、おもちゃ・ゲーム、キャラクター商品、その他の分野で電話と問い合わせフォームから提案を受け付けている。

http://www.plazastyle.jp/procurement/index.html

B2C企業向け【オークローンマーケティング】

テレビを始め通信販売を手掛けるオークローンマーケティングもホームページ上にエントリーフォームを用意し、新商品の提案を常時受け付けている。

https://www.oaklawn.co.jp/entry/

B2C企業向け【東急ハンズ】

ホームページの中にある新規取引先向けの専用ページからエントリーし、採用の可能性があれば2週間程度の内に連絡が入る。

https://www.tokyu-hands.co.jp/company/sinsyohin-01.html

B2C企業向け【ロフト】

ホームページの中にある法人向け商品提案(オープンバイイングと呼んでいる)の専用ページから申し込み、2回に渡る審査を通過するとメールで結果が通知される。

http://www.loft.co.jp/suggestion/

B2C企業向け【ジャパネットたかた】

家電に限らず、玩具・雑貨・食品・サービスまで通信販売が可能な商品提案をサイト上の応募フォームから受け付けている。同社は電話・メール・郵送での受け付けは行なっていない。

https://www.japanet.co.jp/shopping/company/propose.html

続いて、Ｂ２Ｂ企業向けにネット経由でエントリーできる企業は、次のとおりだ。

Ｂ２Ｂ企業向け【ＮＴＴドコモ】

競争力のある優れた製品など、新たに参入を希望する国内外のサプライヤーからの提案をホームページ上の専用サイトから幅広く受け付けている。

「新提案・新製品 提案申込書」に記入して、提案申込フォームを使って送信する。検討結果の回答には１カ月程度かかる。

http://procure.docomo-de.net/corporate/procure/jp/stepReception.action

こうしたサイトを検索する際には、検索窓に「新製品提案」「新製品受付」「新製品提案受付」といったキーワードを打ち込めば、エントリー可能な企業のサイト窓口が見つかる。

Ｂ２Ｂ企業の場合には、資材調達や購買窓口の担当者を探して面談し、商談を進める。生産財企業では、新規取引先の開拓時は相手企業の部署名と担当者名を事前に把握できないことが多いため、次の②の方法で担当者の名刺を入手して営業活動を行なうことが多い。

②展示会や商談会でバイヤーと面識をつくる

国内外で行なわれる業界別の展示会や見本市、全国の自治体や経済団体（商工会議所やJETROなど）が開催している商談会に参加して、バイヤーと面識をつくる。

海外の展示会や見本市、商談会に参加すれば、現地のバイヤーや現地に強い商社が見つかることも多い。

《B2C市場で代表的な国内の展示・商談会》

・FOODEX JAPAN（国際食品・飲料展）
・TOKYO INTERNATIONAL Gift Show（ギフトショー）
・東京都　産業労働局商工部経営支援課が行なっているベトナムなどアジアで開催される商談会展示会への参加支援
・大阪商工会議所が行なっている販路創造都市・大阪プロジェクトセミナー&商談会ザ・ベストバイヤーズ

《Ｂ２Ｃ市場で代表的な海外の展示・商談会》

・メゾン・エ・オブジェ（フランス・パリで開催されるインテリアとデザイン関連の見本市）
・ニューヨーク・インターナショナル・ギフトフェア（アメリカ最大の日用品ギフト分野の専門見本市）

《Ｂ２Ｂ市場で代表的な国内の展示・商談会》

・JIMTOF（日本国際工作機械見本市）
・スマートエネルギー week（スマートエネルギー展）
・東京モーターショー

《Ｂ２Ｂ市場で代表的な海外の展示・商談会》

・フランクフルトモーターショー
・デトロイト・オートショー
・プルミエール・ヴィジョン（フランス・パリで開催される国際的なテキスタイルの見本市）
・広州交易会（世界各国の各種製品などの総合的な展示・商談会）

・イノトランス（世界最大の鉄道技術関係の見本市、偶数の年にドイツ・ベルリンで開催）

・ハノーバー・メッセ（世界最大の産業技術見本市）

③商社や卸、テナントと商談する

デパートや専門店で直接取り扱ってもらうことが難しい場合には、デパートにテナントとして出店している店舗で販売してもらえないか交渉する。

また、商社や卸、問屋経由で商品を仕入れている専門店や小売店なら、仕入先を把握して商談する。

④自社で海外チャネルの開拓を行なう

決済には商社を活用しながら自らも現地法人を設立し、自社で販路を開拓する酒造メーカー（南部美人や宮坂酒造）がある。また、直営店を現地に開設して生活者向けに直接販売と、レストランやホテルに卸を行なう老舗海苔店の日本茶事業（丸山海苔店）もある。

さらに、現地法人を設立して営業活動を行ないながら、アメリカの老舗やフランスの企業の買収を行ない、ハイエンドから普及品まで品揃えするお香とフレグランスのメーカー（日本香道）など、独力で海外チャネルの開拓に取り組んでいる企業もある。

⑤ブランド力のある企業やグローバル企業と商談する

独自性や優位性のある技術や製品力があれば、ブランド力のある企業や、業界で力をもつグローバル企業に対して商談をもちかける方法もある。

日本では中小企業に対して門戸が固いことが多いが、海外企業の場合には検証データが用意されていると、商談に応じる企業も存在する。

⑥ＰＲ効果によってクチコミとネットの力で、国内外のファンを創造する

長年下請けメーカーだったが、六本木ヒルズの「トラヤカフェ」のインテリアに採用されたことがきかっけでプロから注目を集め、海外の有名デパートで販売されるようになったインテリア用品・照明器具のブナコ漆器製造のように、話題性のあるニュースがネット上で拡散し、国内外から注目されてファンが生まれるケースもある。

また、サミットで国賓の贈答品として選ばれて知名度が向上したソメスサドルやセブンセブンのＳＵＳギャラリー、江戸切子の熊倉硝子工芸などもある。なお、熊倉硝子工芸は第

11章「コミュニケーションの進化」の成功事例としても詳しく取り上げている。

これらネット上で紹介され拡散していく場合は、自社でネット直販を行なっていれば売上に直結する。

プロセス(3) 社内に不足するノウハウは、公的機関を通じて外部専門家の協力を得る

国や地方自治体では中小企業の経営基盤を強化するため、技術開発に関する促進事業や研究開発事業、補助金の提供、産学官の連携による研究、そして中小企業総合事業団による技術研修など各種支援策を実施している。

社内で不足する専門知識を補完するには、外部専門家の協力を得ることが早道だ。

公的機関が実施している中小企業向け支援策の内容を調べ、有益なものには参加する。その際には自社の製品や事業分野で「他社が取り組んでいない技術・製品の開発テーマ」を設定した上で、大学や公的研究機関の専門家に協力を依頼するとよい。

大学や公的研究機関の協力を得て協働作業を行なえば、論文発表による告知と評価が獲得でき、さらには特許を共同で出願するといった取り組みも可能になる。

生産財メーカーの中小企業は、研究開発費を有効に活用し、大学や公的研究機関などの外部専門家とのチームづくりを検討したい。

プロセス(4)　日本の大企業には誰もが納得する採用実績をつくり、海外企業には製品力を判断できる調査データを用意して商談に臨む

前述したとおり、日本の大企業は新規に取引を開始する際には、「過去の納入実績や納入先の企業規模」「取引する企業の実績と企業規模」などを判断基準にすることが非常に多い。

そのため、「画期的な技術を備えた製品であっても、どこにも納入した実績がない」「納入した企業の規模が小さい」といった状況だと、リスクを恐れて取引をしない事がある。

その一方、海外の企業では製品力そのものを判断する資料やデータが揃っていれば、どの企業も分け隔てなく比較対象の土俵に上げることが多い。

日本企業が企業規模や取引先を重視するのに対して、アメリカに代表される海外企業は、製品力に加えて担当者や経営者が信頼できる人物かどうかも考慮に入れる。

新製品によって新たな販路を開拓する際には、

・日本企業に対しては、誰もが納得する採用実績をつくる
・海外企業に対しては、製品テストや耐久試験を中心とした製品力を判断できる調査データを用意して商談に臨む

という前提条件を踏まえ、新たな販路や新規取引先を開拓する方針を事前に策定し、必要な条件を満たしてから営業活動に取り組むと成約率が上がる。

プロセス⑤　効率のよい新規取引先の開拓戦略を立案してから、営業活動に臨む

技術開発や製造に強くても、営業活動やコミュニケーション活動に注力していない企業が多い。既存販路を用いたルート営業と違い、新規販路や新規取引先の開拓は容易ではない。

そこで、新規販路や新規取引先を開拓する営業活動は場当たり的に行なわず、どうすれば効率よく営業が行なえるかを社内で検討した上で取り組む。

新規販路や新規取引先を開拓する際には、**採用実績として語るに相応しい取引先企業をどこに設定し、その企業に対してどのようにアプローチするか**をまず策定する。この場合、ビジネスの規模（売上金額）を追求するより、採用実績をつくることを優先する。

次に、**誇れる採用実績があれば、どの業界の、どんな企業との取引が見込めるか**を検討して訪問先企業を選定し、採用実績ができた段階で営業活動を開始する。ここでは可能な限りビジネスの規模を拡大できるように取り組む。

プロセス（６）　取引先から問い合わせが入るプル型営業方法を活用する

営業活動というと、こちらから営業に出向くプッシュ型営業を想起しやすいが、顧客側が関心をもち取引先から問い合わせをしてくれるプル型営業が存在する。

プル型営業は、

・ビジネスマンが注目する採用実績をつくる
・高度な技術をデータはもとより素人でも理解できるように動画などで「見える化」する
・メディアがニュースにしたくなる企業の取り組み(成功話や苦労話)
・ネット上に拡散したくなるエピソード

をつくりだし、自社のホームページに記載する。

さらにマスメディアにニュースレターを送り、ネットのブロガーへの情報提供、FacebookやYouTubeに代表されるSNSからの情報発信といった広報活動も併せて実践する。

以上6つのプロセスを踏まえて、新しい販路と取引先を具体的に考えていただきたい。なお、巻末**シート(18)**にプロセスとポイントのチェック項目を一覧にしてあるので、これを活用していただきたい。

消費財メーカーの「販路の進化」経営

　次に、海外でも高い評価を得て、新たな顧客を創造し続けている小さなワインメーカーの事例あげて、販路の進化のプロセスをさらに掘り下げる。
　歴史と確かな技術力をもちながら、マーケティングが不得手なばかりに、廉価な中国製品と同じ市場で不利な戦いを強いられている中小メーカーは多い。だが、クールジャパンの流れの中で、海外では和食はもとより日本文化や日本製品が注目されている今、中小企業でも世界ブランドをつくることができる。

甲州ワインを高付加価値ブランドに育て、海外１９カ国に販路を広げた「中央葡萄酒」

「グレイスワイン」のブランドで知られる中央葡萄酒株式会社（三澤《みさわ》茂計《しげかず》代表）は、日本のブドウとワイン発祥の地、山梨県勝沼町に１９２３年に創業した老舗のワインメーカーだ。
　１９５９年に三代目三澤一雄氏が中央葡萄酒株式会社を設立し、「グレイス」というブランドを誕生させ、現在は四代目の三澤茂計氏の采配の元、売上高５億円、従業員数２５名

（2016年度実績）で、国内はもとより世界19カ国に販路を広げている。

海外への販路拡大の成功は、日本固有の「甲州種」ワインを、世界的ブランドとして確立すべく取り組んだことにある。

甲州ワインとは、文字通り、山梨県甲州市を中心に栽培されている甲州ブドウを使って醸造された白ワインを指す。日本の国産ワインとしては最も名の知られているブランドの一つだが、甲州種のぶどうを使ったワインは、「世界的には評価が低い」と言われてきた。

理由は、甲州種のアルコール分の低さにある。ワインを醸造する際、アルコール度数の高さはブドウの糖度の高さに比例する。甲州種はワイン用のブドウとしては糖度が上がりにくく、潜在アルコール度数が10％に満たないものがほとんどだった。

アルコール度数が低いということは、風味や香りが控えめなワインになってしまう。ゆえに、従来の甲州種を使ったワインは、良く言えば「爽やかで飲みやすい」、悪く言えば「ペラペラで水っぽい」と評され、海外で評価されるレベルではなかった。

それゆえ、海外へと輸出する日本の国産ワインはほとんどない状態だった。現在、同社は生産量全体の7％を輸出しているが、日本で5％以上海外に出荷している生産者はおそらく他にないだろう。

一方の国内においても、長らくワインは「海外のお酒」というイメージが強かった。現在でも国産ワインのシェアは３分の１程度であり、しかもそれらは海外から輸入した濃縮ブドウジュースを加工したり、輸入ワインとブレンドしてつくられたものがほとんどで、国内で収穫されたブドウを使ったものは全体の１割に満たないという。

こうした状況のなか、社長の三澤氏は日本のワイン産業の生きる道を冷静に見通し、世界に通用する甲州ワインづくりに取り組む。

三澤氏があくまで甲州種にこだわったのは、海外の顧客の多くは、シャルドネなどの標準的なブドウを使ったワインを、日本のワイナリーからわざわざ買う必要がないと、当時は判断したからだ。

一方の国内市場は輸入ワインやほかの酒とも競合するため、市場拡大の余地は少ない。ならば日本のワイン産業の生きる道は、海外市場の開拓しかないと考えた。

そして、甲州ワインを「地域特産のワイン」から「世界市場で流通するワイン」へと変えるべく、様々な課題を一つ一つクリアしていく。

「世界で通用する甲州ワイン」への取り組みで大きな課題となったのは、相手国側の品質に関する規制をクリアすることだ。特に最大のマーケットであるＥＵの規制は厳しく、たとえば商行為としての輸出には、アルコール濃度などの規制がある。

また、補糖はこれ以上してはいけないだとか、補糖した場合はアルコール度数はこれくらい高くなければいけないなど、非関税障壁ではないかと思うくらいに様々な規制がある。

これらをクリアするには醸造方法はもとより、ブドウの栽培方法から見直していく必要があり、ワインの国際的権威である資格所有者のリーン・シェリフMW（マスター・オブ・ワイン）女史をはじめ、各国の権威に指導を仰ぎながら、EUワイン法に基づく甲州種によるワインづくりに取り組んだ。

その取り組みの一例を挙げると、ブドウの栽培方法の変更がある。前述したように、甲州種の最大の課題である糖度の低さを克服し、質の高い風味を出すために必要な「糖度20度以上」を実現するために、それまでの棚栽培（地面から高いところに棚をつくってぶどうを仕立てる）を、ヨーロッパでは一般的な垣根栽培（地面から近いところに梢を1～3本ほど取る方式）で育てようと試みた。

実は、同社は1992年から垣根栽培を始めていたが、ノウハウもゼロの状態で思うように管理ができず途中で断念していた。しかしその後、オーストラリアのブドウ栽培学の世界的権威リチャード・スマート博士や南アフリカのコブス・ハンター博士の応援を受け、試行錯誤の末に、見事、本格栽培にこぎ着けた。

このほか「白ワインの魔術師」と呼ばれるフランスのボルドー大学教授、ドゥニ・デュブルデュー氏の指導を受けて醸造方法にも様々な策を試み、現在の甲州ワインの特徴である、繊細で凛とした、突き抜けるような味わいがより際立つようになった。

さらに、輸出にあたって、商品がＥＵ基準を満たしていることを認証できる機関の設置を、日本ワイナリー協会などとともに働きかけた。そういった機関がないことが、日本産のワインのＥＵへの輸出を妨げていたからだ。

この取り組みの結果、２００７年１１月に「独立行政法人　酒類総合研究所」が品質検査認証機関としてＥＵから認められ、同機関の認証を得れば日本産ワインをＥＵへ輸出できることになった。

そしてついに２００８年、同社醸造の甲州ワイン「Ｓｈｉｚｅｎキュベ・ドゥニ・デュブルデュー２００６」４０ケースをイギリスに初出荷することができた。

他社と協力して輸出に取り組む

ＥＵの市場開拓のために、同社は志を同じくする甲州ワインの生産者、甲州市商工会、甲府市商工会議所、山梨県ワイン酒造協同組合と共に、２００９年７月に甲州オブジャパン（ＫＯＪ）を設立する。

ワインに付加価値を与える最大の資源は産地であり、世界へ日本産ワインを発信していくためには、組織としてまとまったほうが産地として認知してもらえるからだ。

このプロジェクトは国を動かし、中小企業庁は世界に通用する地域産品のブランドを高める「ＪＡＰＡＮブランド育成支援事業」の対象に「『甲州ワイン』のＥＵ輸出プロジェクト」を認定した。

海外進出の拠点は、ロンドンに定めた。ロンドンは、世界中のワインに関する情報が集まる、言わばワイン情報の発信地だ。英国内にはフランスのボルドーやスペインのラ・リオハに匹敵するワインの名産地がない分、各地から情報を取り寄せるノウハウは高度に発達している。

そこで、２０１０年には欧州連合加盟国に輸出する上で重要となるフランス・パリの国際ブドウ・ワイン機構への甲州ブドウの品種登録を済ませ、ロンドン市場で本格的にプロモーション活動に力を入れた。

ＫＯＪとしての初のプロモーションは、日本大使館においてジャパンソサエティ（英国日本協会）を対象に行なった試飲会で、予定人数をはるかに上回る参加者が詰めかけた。さらに、ワインジャーナリストを対象にした日本料理店での甲州ワインに合う食事会や、英国ワイン業界関係者に向けたテイスティング会を開催したり、世界的に有名なワインのコンサルタントを日本へ招待したりするうちに、見識者たちが英各紙のワイン批評欄や専門誌で甲州ワインを取り上げるようになった。

ロンドンでのプロモーションを皮切りに、オランダや北欧各国でもＰＲを開始し、２０１１年度から本格的な輸出を開始。３年後には年１万本を輸出し、ＥＵ域内の有名レストランにも甲州ワインを置いてもらうようになった。

海外での流通チャネルは、レストランやワインショップとの直接取引が中心で、そこから一般消費者に販売されている。卸値の決定権は同社にあるが、取引先が市場を見て判断し、交渉となる。売値については、先方で設定する。

価格は、甲州ワインで２，０００円前後だ。海外ではデイリーワインは１，０００円なので、高価格帯ではあるが、品質が良ければ「お買い得」と受け入れられる。

こうしたプロモーションが功を奏し、また、日本食ブームの高まりと相まって、甲州ワインの人気が高まりつつあるなか、２０１４年、同社が醸造した白ワイン「キュヴェ三澤　明野

世界的に高評価を受けた甲州ワイン「キュヴェ三澤」

甲州２０１３」が、世界で最も金賞を取ることが難しいコンクールのひとつ「デキャンタ・ワールド・ワイン・アワード」で、日本のワインとして初めて金賞を受賞した。同時に、アジア地域の最高賞「リージョナルトロフィー」も獲得した。

　このコンクールは、世界約９０カ国で発売されているイギリスのワイン雑誌「デキャンタ」が主催する、世界最大級のワインコンクールだ。エントリーする銘柄は、じつに1万5，０００本。２００人以上の審査員によって厳格な審査が行なわれ、信頼度の高さでも知られている。

　この快挙によって、国内外からは注文の電話が殺到。受賞ワインはあっという間に完売し、ほかのワインも飛ぶように売れた。

この追い風はやむことなく、今では中央葡萄酒の海外取引先は１９カ国に広がっている。

消費財メーカーが「販路の進化」経営を推進する５つのポイント

中央葡萄酒の事例をもとに、高品質なモノづくりを通じてブランド価値を高めるＢ２Ｃ製造業が、「販路の進化」経営を推進する５つのポイントをまとめてみる。

①目利きが多い国に目を向け、市場と販路を拡大する

世界に通用する高品質な製品を手間隙《てまひま》掛けてつくっている製造業なら、量でなく「質」を売りモノにする経営となる。量が限られ質に見合う販売価格を実現するには、国内だけでは売上規模が限られるため、目利きが多い海外とエリアに進出する必要性が生まれる。

②日本固有で、しかも地元に優位性のある品種を、世界にアピールする資源にする

中央葡萄酒は、ワインを生産する国ならどこでも栽培するシャルドネやメルローといった標準的なワイン用葡萄品種でなく、日本固有の「甲州種」に注力し、世界と競える資源にして世界にアピールする取り組みを図った。

名だたるワインの生産者が存在する中で、世界で通用する日本固有の「甲州種」の資源を生かし、日本独自のワインづくりに取り組んだことで、国や自治体を始め多くのサポーターを生み出すことにつながっている。

③ブランド価値を高め波及効果が見込める国と場所を特定する

ワインを生産する国とエリアは、自国ブランドのアピールと販売促進は熱心に行なうが、他国の製品を熱心にアピールするわけではない。自国のワインに限定せず、海外製品であろうと優れた製品であれば客観的に評価してくれる国とエリアを探し、そこを拠点に海外での活動を始めることが重要だ。

中央葡萄酒は著名ワインの生産地がない代わりに、ワインの情報を世界中から収集して発信しているロンドンを選んでいる。

④品質を向上させるため専門家から学ぶ

2008年から同社の製造責任者を務める三澤彩奈《あやな》氏は大学を卒業後、実家で1年間勤務後、ボルドー大学の醸造学部に1年半留学。

さらに栽培と醸造を学ぶブルゴーニュの専門学校に移り、フランス栽培醸造上級技術者の資格試験にわずか１年で合格。その後、南アフリカのステレンボッシュ大学院で１カ月を過ごすなど、ワインづくりの知見を世界中から学んだ。

さらに南アフリカから帰国した彩奈氏は、翌年のニュージーランドを皮切りに、毎春、オーストラリア、チリ、アルゼンチン、南アフリカのワイナリーを訪ねて、現地で３カ月間働くなど、その知見を深め現在に至っている

⑤権威あるコンクールで最高の評価を獲得

イギリスを代表するワイン雑誌「デキャンタ」が主催し、信頼性の高さで定評のある「デキャンタ・ワールド・ワイン・アワード」で日本初の金賞を受賞し、さらにアジア地域最高賞の「リージョナルトロフィー」を獲得。

この受賞により同社のワインは一躍世界中のワイン愛好家に知られるところとなり、レストランなど業務店でもさらに購入されるようになっている。

消費財メーカーが「販路の進化」経営を推進するプロセス

それでは前述したポイントをアタマに入れながら、付加価値を重視するＢ２Ｃ中小企業が「販路の進化」経営を展開するプロセスをまとめておく。

プロセス（１）　後発企業が世界に認められるには、先発企業にない独自の製品資源を特定し、磨き上げる

先発企業が強みを発揮している事業領域で、後発企業が海外で強みを発揮しようとしても、それは容易でない。先行する製品の改良改善視点では、長期的な優位性を発揮することが難しく、歴史や伝統のある製品や企業と正面から競っても分が悪いことは明らかだ。

それよりも、日本や地元・地域だけにある固有の資源を生かして新たな価値を創造し、これまでにない商品基準を提供する取り組み方が有効だ。この場合、自社の製品力だけでなく、海外で広がる日本文化（例えば日本食の広がり）があれば、その動きに呼応して自社製品の需要を連動させながら拡大する視点も加味する。

プロセス（２）　海外市場の参入障壁を明らかにし、障壁を打破するために国や関係団体、専門家らと連携する

農作物の製造販売に力を入れているＥＵに日本製品の輸出を行ない、市場を開拓していくには、要求される品質の規制をクリアし、品質検査機関から認証を受けるなどの高度な対応が必要になる。

こうした参入障壁を自社だけでクリアするには荷が重い場合には、地元の同業者・商工会・商工会議所などと連携して、地元産地として組織をつくり、その上で国や自治体の協力を仰いで推進する。

国や地方自治体は民間企業１社のためにできることには制約があるが、地域全体の活性化や日本の産業構造を強化する取り組みにつながるなら、支援を受けられる可能性が高まる。

輸出先の商品品質基準を満たすためには、海外の専門家の協力を仰ぎ、品質検査の認証機関の設立など、輸出を容易にする基盤も並行して整備していく。

プロセス(3) 海外進出の拠点や情報発信基地をどこにすれば世界から注目され評価を受けられるかを特定し、行動を起こす

海外勢が既に歴史と伝統をもっている事業領域で、日本企業が評価を受けるには、どの国が最も信頼できる情報を世界に発信しているかをまず探り、その国で広報活動やプロモーション活動に着手する。

販路を開拓するには、自社製品の話題づくりと自社製品を試す(食なら試飲や試食など)機会を提供し、知名度と認知度を高めてから、営業活動を開始するのが効果的だ。

情報発信力の高い国で話題づくりに取り組んだら、そこで報道されたニュースを情報資源にして、他国にも広報活動を拡大。その後に営業活動を開始して、販路を拡大していく。

プロセス（４）　世界に評価をアピールできるゴールを設定し、そのために必要な取り組みを実践する

歴史や伝統が浅く、製品としても評価が獲得できていない場合、世界から認められるには、

・世界的に評価されているコンクールで出品して優勝する
・専門家（事例企業の場合は、ワイン評論家や専門誌のジャーナリストなど）からお墨付きを得る
・評価が高い店舗（海外にあるレストランや和食店）や専門店（ワイン専門小売店など）でのイベント（試飲会や食事会）を定期的に開催する

といった取り組みが必要になる。

こうした活動を通じて評価が獲得できたら、広報活動やプロモーション活動にその成果を生かし、話題性を拡散する。

プロセス(5) 自社のブランド価値を高めながら、海外市場で販路を開拓していく

一流ホテルや著名なレストランで採用され、富裕層をはじめ熱烈なファンが生まれると、製品のブランド価値は急速に向上する。販売する国や地域を拡大する際は、ホテルや料飲店での採用実績を最大限活用し、自社の高付加価値イメージをアピールし、ブランド価値を生かして販路拡大を図ることだ。

以上が、B2C(消費財メーカー)が「販路の進化」経営を推進するポイントとプロセスである。なお、こちらもポイントとプロセスを巻末**シート(18)**にチェックリスト化してあるので、ご活用いただきたい。

第10章　販売方法の進化

値決めの主導権をとる「販売方法の進化」とは

自社の販売方法を検討する際、多くの企業は「モノやサービスを売る販売時点」だけを考えやすい。

B2Cなら実際にモノが売れる売場を想定し、「お試し価格やお試し商品」「まとめ買いパック」などの販売促進策を検討する。B2Bなら相見積もりになると、他社に負けないように「見積もり金額からの値引き」が行なわれる。

だが、こうした施策によって一度でも価格を安くしてしまうと、その後も希望する価格で販売できなくなり、収益性が低下する。自社の収益性が低い原因を根本から解決せず、いくら販売方法を進化させようと考えても、もたらされる効果は小さい。

その一方、希望する小売価格や定価で販売できている企業を調べてみると、共通するポイントがある。それはモノを売る時だけでなく、**「モノを売る前の準備」と「モノを売った後の対応」をしっかり行なっている点**だ。

「モノを売る前の準備」とは、製品やサービスの魅力とその価値を、顧客に「見える化」するコンテンツづくりである。用意した情報をネットなどのメディアに拡散させ、潜在顧客を開拓するのだ。

また、顧客がネット検索している時に、企業のサイトやマスメディアの記事、あるいはシェアされた情報を通じて、企業や製品の価値が伝わるように取り組むことだ。

例えば、第3章の「意味の進化」でも取り上げたハードロック工業は、自社製品が高く評価される取り組みを情報コンテンツに活用し、製品への信頼性をアピールしている。

東海道新幹線「のぞみ（N700A車両）」の1編成に約2万本起用され、世界最長の吊り橋明石海峡大橋、東京スカイツリー、スペースシャトルの発射台などに使用されたりと、誰もが知る企業やビッグプロジェクトでの採用実績は、製品価値を何よりも雄弁に語る力がある。

こうしたコンテンツを見た顧客は価格でなく、企業を「価値」で選ぶ基準を提示される。つまり、価格の安さだけで選ぶ顧客とは、企業と製品について判断基準になる情報をもっていないわけだ。

もう一つの「モノを販売した後の対応」とは、自社製品を販売した後に顧客データベースをつくり、買い換え需要や継続購入を促す取り組みである。

顧客との関係を維持するために、アフターサービスやメンテナンスサービスを提供する企業もある。

例えば、高所作業車や穴掘建柱車など特殊作業車を販売する㈱アイチコーポレーションでは、昼夜を問わず24時間緊急連絡体制を提供し、車歴管理により定期点検を知らせるサービスを提供する。

こうした企業は、顧客との関係を継続する方法に知恵を使う。購入後の対応が顧客との信頼関係を強固にし、顧客維持率を高めることにつながることを知っているからだ。

そこで本章では、事前の情報準備と販売後の顧客対応を考え、既存顧客と新規顧客それぞれに対して、最適な販売方法を構築するプロセスと要点を、B2CとB2Bビジネスにおけるメーカー2社の成功例を挙げながら述べていく。

B2Cビジネスの「販売方法の進化」経営

世界のヘアドレッサーに愛されるヘアカット用鋏《はさみ》のトップメーカー東光舎の取り組みを、「販売方法の進化」の成功事例として最初にご紹介する。

「海外」の「プロ」を囲い込んで成功した鋏《はさみ》のトップメーカー「東光舎」

㈱東光舎（井上淳史代表）は１９１７年（大正６年）に創業し、医療用鋏《はさみ》の製造を開始。１９６３年に組織を株式会社に改め、現在は美容師や理容師が使用するヘアドレッサー用の鋏《はさみ》を中心に、ペット用鋏《はさみ》、医療用鋏《はさみ》などの開発・製造・販売を行なっている。

同社が製造したヘアドレッサー用の鋏《はさみ》は世界５０カ国で愛用されており、通算１００万丁の販売実績を誇る。売上高は７億１００万円（２０１１年８月期現在）、社員数４４名の中小企業だ。

同社には、戦前から使用している「ニハトリ印」の商標が存在していたが、輸出を開始する際に世界で使用できるブランド名が必要になった。

そこで、創業者の名前の井上の「上《じょう》」から「JOE」、井上の「井」から「WELL」（英語で井戸の意）を組み合わせたJOEWELL（ジョーウェル）をブランド名として採用。１９７５年からJOEWELLブランドを使用して、輸出事業を本格的に始動した。

JOEWELL（ジョーウェル）ブランドの鋏《はさみ》は、スプリーム（SCCオフセット・指穴調整リング付）が７６，０００円（税別）、クラフト（多面体ハンドル）が８８，０００円（税別）、ニューコバルトは４７，０００円（税別）～６３，０００円（税別）だ。

一方、国内販売のニハトリブランドの鋏《はさみ》は、コンベックスが69，000円（税別）、FCXフラット&コンベックスが62，000円（税別）、コンベックスSXが60，000円（税別）となっている。

前述のとおり、東光舎は当初、医療用刃物メーカーとして創業するが、当時の鋏《はさみ》は蒸気で消毒すると錆びる鉄製のため、同社はステンレス素材に着目した。

しかし、ステンレスには切れる刃をつけられないという課題があり、これを解決するため、特殊処理を施して表面を硬化させる技術を開発し、ステンレス鋏《はさみ》を完成させた。

このステンレス鋏《はさみ》は、1922年の平和祈念東京博覧会に出品して銀牌を受賞。受賞によって「ニハトリ印」の医療用鋏《はさみ》や理容用鋏《はさみ》は、国内で知られるようになる。

戦後は、良質な材料が入手できるようになる1950年になってから製造を再開。日本国内で同社の鋏《はさみ》は理容師から評価を得ていたが、1970年代当時、世界ではドイツのヘンケル社に代表されるゾーリンゲン（ドイツの地名）ブランド信仰が強く、世界から同社製品は評価を受けられずにいた。

この頃ロンドンでは、パーマやセットをせずに鋏《はさみ》でカットするだけで髪のスタイルが決まる技術をもった美容師のヴィダル・サスーン氏が注目されていた。同氏の技術を学ぶため、サスーンスクールには世界中から美容師たちが通うようになっていた。

サスーンスクールに通う日本人美容師が東光舎製の鋏《はさみ》を持参したところ、切れ味がよい上に長持ちし、腕や手、指への負担が少ないことがサスーンスクールの先生たちの目にとまり、購入されるようになった。

これがきっかけでヨーロッパの美容師の間でクチコミが広がり、この評判を耳にしたバイヤーが同社製品を買い付けに訪れるようになった。

そこで同社は、1977年にロンドンに代理店を開設。さらにニューヨーク・インターナショナル・ビューティ・ショーや、マイアミで開催された全米理美容器具商組合(B・B・S・I)の見本市に初出展するなど、同社製品を世界で販売する取り組みを開始。日本製のヘアドレッサー用高級鋏《はさみ》として現地で注目を集め、翌年1978年にはアメリカの代理店を買収して、ロサンゼルス支社を開設した。

1979年以降、ヨーロッパ、オセアニア、アジア各国へ代理店を設置し、HAIR WORLDやCOSMOPROFなど世界各地で開催される展示会に出展していく。同年、オーストラリアのメルボルンに、翌年にはスカンジナビア3カ国の販売拠点としてスウェーデンのストックホルムに、さらにカナダのバンクーバーに代理店を開設する。

JOEWELL ブランドの鋏「スプリーム」（上）、「ニューコバルト」（下）

1982年にはロンドンの代理店を分割してフランス、イタリア、スイス、デンマーク、ギリシャ、スペインに販売店を設置。ドイツにはヘンケル社の本拠地であるゾーリンゲンに代理店を開設。同社は輸出だけでなくゾーリンゲンからゾーリンゲン製品の輸入も行なった。

その後、アジア地区の販売網を整備し、アルゼンチン、チリ、ウルグアイ3カ国との取引も開始。1986年にはパリとミラノの販売店を代理店に昇格させ、ヨーロッパ市場での販売網を確立した以降も、世界的な理容と美容の催しには継続して出展を続けている。

輸出が拡大を始めた1970年代に、ドイツのゾーリンゲンにあるヘアカット用の鋏《はさみ》を製造する企業から提携の申し入れを受けたため、同社はその企業を訪問し生産現場を視察した。

しかし、品質面において東光舎の鋏《はさみ》が切れ味や使い勝手などの点ではるかに優れており、提携メリットはないと判断。また企業哲学が異なることから、この提携話は辞退した。

当時ドイツの企業は、全工程を機械化した大量生産方式を採用していたが、東光舎では機械化できる部分は機械化しても、切れ味や使い勝手にかかわる工程は手づくりしていた。

鋏《はさみ》はふたつの刃をネジで留めるため、刃とネジが微妙にねじれていることが良い鋏《はさみ》の条件になる。この微妙な調整は機械では難しく、長年培《つちか》われた職人の手作業だけがそれを可能にするからだ。

ちなみに、この職人技を発揮する同社岩手工場に勤務する久多良《くだら》弘氏は、その力量を評価され、「現代の名工」に選出されている。

同社のモノづくりへの「こだわり」は徹底されており、例えば2006年度のグッドデザイン賞を受賞した「ジョーウェル・スプリーム」では、ヘアデザイナーが重視する機能を実現するため、素材選びから加工方法までの実証試験に2年を費やし、機能性と操作性を備えたデザインを実現するモニターに1年をかけるなど、徹底した取り組みが行なわれている。

同社製品の原料となる鋼材は、すべて島根県安来市の日立金属安来工場に特別注文されている。

これらの「こだわり」が高い評価を得ているため、ドイツ製の7～8倍の価格設定でも受け入れられているのだ。

さらに製品を進化させるために、同社は外部へも積極的に働きかけ、産学官共同研究の取り組みも行なっている。

たとえば、岩手大学などと産学官共同研究を行ない、理容師や美容師の金属アレルギー対策のためのニッケルレスの理美容鋏《はさみ》や、オープンMRI（開口部が広く、威圧感を感じさせない磁気を使って身体の内部を画像化する装置）の磁気中でも使用できる非磁性医療用鋏《はさみ》などの開発に取り組んでいる。

さらに特筆すべきは、アフターサービスの仕組みだ。同社製品には無料の砥《と》ぎサービスがついており、サービスを受ける際には製品に同梱されている「無料修理サービスカード」に必要事項を記載し、同社宛てに送ると、工場に到着後4営業日以内に修理品を返送する対応を取る。

具体的な取り組みとしてジョーウェルのスプリームシリーズを例にすると、同製品群には2回分の無料修理サービス券がついており、返送用として顧客に届けられる梱包セットと送料は無料で、修理品を受け取り後に4営業日で返送している。

さらに同社では、他社製品も含め有料による修理サービスも行なっている。

B2C製造業が「販売方法の進化」経営を推進する5つのポイント

東光舎の事例から、製造業が「販売方法の進化経営」を推進する5つの視点を挙げる。

①国内需要が限られている製品は海外市場を視野に入れ、効率の良い販売活動を行なう

東光舎は美容師・理容師用の鋏《はさみ》に「顧客」と「用途」を絞り込み、自社の強みを発揮した。国

内だけでは需要が限られるため、海外市場にも布石を打ち、自社製品の引き合いが来る体制をつくって販売網を構築していった。

「顧客」と「用途」を絞り込んだ企業が売上と利益を継続的に増やしていくには、海外市場の開拓が必須条件になる。しかし、製品への評価が高くなければ、海外では売れてはいかない。効率のよい販売方法を実践するには、絞り込んだ「顧客」と「用途」から高い評価を獲得する方法を考え出す。

②誰が認めれば需要が拡大し、業界に製品評価が拡散するかを見極め、ピンポイントで狙う

業務用の製品で世界的に評価を獲得するには、誰が認め、誰が使い、誰がその評価を広げるかを、徹底的に調べ上げ、具体的なアプローチ方法を考えて実践する。

東光舎は当時人気を集めていたヴィダル・サスーン氏が経営する「サスーンスクール」の先生たちが認め、生徒を通じてその評価が広がっていった。

ユーザー個々人から製品評価をもらっていては時間が掛かる。だが業界人を育てる学校・組織・教授など、「人材を育成するヒトと組織」を狙えば、製品が評価された情報は短時間に拡散する。

業界毎に影響力を発揮する場所を特定してアプローチし、そこで製品評価を高めれば、販売を容易にする基盤が生まれる。

③買い換えや買い増し需要を取り込むために、顧客対応と顧客データの構築を行なう

買い換えと買い増し需要を取り込むために、東光舎では自社製品の無償の修理サービスを提供している。

顧客が電話かネットで修理を申し込むと、無料返送セット（返却専用バッグと着払い宅配便伝票）が届き、このキットを使って顧客は修理品を送るという行き届いた仕組みだ。

さらに、修理品と共に顧客から送られるユーザー登録カードに記載された情報は顧客データベースに入力され、同社はこのデータを使って、顧客に最適な製品の調整を行なっている。製品にアフターサービスを付与することで顧客との関係を維持し、将来見込める買い換えや買い増し需要を掘り起こしている。

安定した売上と収益を確保するには、こうしたリピーターづくりの取り組みが欠かせない。顧客データを使った既存顧客への購入促進は、コストが掛からない上に効果が高い、最良の販売方法だ。

④「顧客」と「用途」の絞り込みを横展開する

東光舎は理美容向け鋏《はさみ》で培《つちか》った製品力と、「顧客」と「用途」を絞り込む経営視点を応用し、ペット用鋏《はさみ》（ペット事業部）と医療用鋏《はさみ》（メディカル事業部）という事業を開始している。

これは企業の既存資源を有効に活用し、製品づくりをベースにした事業拡張だ。だが製品づくりでは自社の資源を活用できるが、販路や販売方法は既存資源を転用できないため、「製品評価の獲得」と「最適な販路」、そして「効率の良い販売方法」を考え出す必要がある。

東光舎を例にすると、「ペット業界の関係者」と「医療関係者」に最も大きな影響を与えるヒトや組織、教育機関とそこでの教授陣を特定し、製品への評価を獲得することだ。

次にその製品評価を基に、販売意欲の高いバイヤーや商社と協働し、最適な販路で販売するというプロセスを踏むことになる

⑤ホームページなど情報環境を整備した上で、展示会に出展する

海外進出や新規取引先の開拓に成功したB2B企業は、国内外で開催されている展示会・商談会に必ず参加している。そこで成果を上げるには、以下の事前準備が欠かせない。

・自社のホームページは日本語だけでなく、進出したい海外の人たちが読めるように、外

国語に翻訳して掲載する。

・海外からバイヤーが訪れた際に渡せるように、国内の展示会や商談会でも外国語で記載された自社資料を用意する

・Facebookに代表されるSNSでは、進出したい国のアドレスを取得し、現地語で情報を発信する。

・自社の歴史や製品が評価された実績、著名ユーザーの声、取得している特許や知的所有権などの内容を冊子にまとめ、外国語による説明文も併記し、ブランドブックを制作し配布できるようにする。

・海外からの問い合わせに対応できるよう、社内のメールやコールセンター(電話応対窓口)の体制を整備する。社内で対応できない場合は、翻訳や電話応対サービスを提供する外部企業を活用する。

B2C製造業が「販売方法の進化」経営を推進するプロセス

以上5つの経営視点をアタマに入れ、B2C製造業が販売方法を進化させ、事業価値を飛躍的に高めるプロセスをまとめる。

プロセス（1）販売する前の準備と販売した後の対応を、既存顧客と新規顧客それぞれに最適な販売方法を考案する

企業が安定した売上を確保するには「既存顧客」を維持し、売上を伸ばしていくには「新規顧客」の開拓が欠かせない。そこで、既存顧客と新規顧客のそれぞれに、企業として最適な対応を提供する販売方法を考案する。

作業の手順は、前述の「販売する前の情報準備」と「販売した後の顧客対応」を考え、販売方法として仕組み化する。そこで、既存顧客への販売方法で踏まえるポイントと、新規顧客への販売方法で踏まえるポイントをそれぞれ挙げておくので、巻末の**シート(19)**に記入する際の参考にしていただきたい。

なお、B2BでもB2Cでも、どちらのビジネスの場合にも項目は共通なので、記入の欄を分けてはいない。

それでは、既存顧客および新規顧客それぞれの販売方法で踏まえるポイントを述べていく。

【既存顧客への販売方法で踏まえるポイント】

既存顧客には、他社に流出させないことを念頭に置き、左記のポイントを踏まえて販売方法を検討する。

・継続購入・リピートオーダーを獲得できる対応
・過去の注文履歴を踏まえた対応
・顧客単価が高い場合と低い場合で販売方法を使い分ける
・顧客データベースの構築と更新によるプロモーション対応
・アフターサービスやアフターメンテナンスの提供による信頼関係づくり
・自社の存在をリマインド（想起）してもらうために定期的に情報提供を行なう

【新規顧客への販売方法で踏まえるポイント】

新規顧客の獲得は、効率よく発見することを第一に、次のポイントを念頭に置いて販売方法を検討する。

・顧客が自社を探しやすいように、ネット上でヒットするキーワードやコンテンツを開発するなど、ネット検索への対応を強化する

・自社を選んでもらえる作業実績や納入実績、製品への評価を獲得する
・潜在顧客が求めている製品関連の専門情報の提供
・ネットを使った新規顧客開拓方法の構築
・既存顧客から新規顧客の紹介を受ける仕組みや方法の導入
・広報活動による集客

プロセス（2）　最適な販売方法を見つけるために、「顧客」「用途」を絞り込む

万人を狙い、汎用的な用途を想定したモノづくりを行なうと、「販路の数を増やし」て「競合製品よりも価格を安く」して「生産量を増やし」、販売は「量を重視」するため「薄利多売」になる。

大量生産を前提とした機械化を行なえば、工場の稼働率と生産性を高めるために、量を売ることが前提になってしまう。

逆に自社製品を価格でなく「価値で選ばれ」、「価格が高くても」購入してもらうには、自社製品の対象となる「顧客」と「用途」を絞り込み、そこに相応しい販路と販売方法を見出すこと

になる。

だが、「顧客」と「用途」を絞り込むと需要が限定されるため、汎用品と比べると消費量は限られる。そこで売上と利益を大きくするには、販売価格を高くできるモノづくりが絶対条件になる。

一般生活者向け製品とプロが使用する業務用製品とでは要求される品質が違い、その要求レベルによって価格も変わってくる。

例えば、プロから評価を受けている鋳物《いもの》鍋（ストウブやル・クルーゼ）や洋包丁（新潟県のホンマ科学㈱が製造しているグレステン、大阪府堺市の堺孝行ブランドのグランドシェフ、名刀関の孫六で知られ８００年の伝統を誇るミソノなど）などの製品価格は高く設定されており、汎用品との価格差は大きい。需要が限定されるからこそ、高品質を追求し高価格で販売できることが経営戦略のかなめだ。

業務用やプロ用の製品として評価を獲得すると、こだわりをもつ生活者も手を伸ばすようになり、市販用として需要が拡大することも多い。

「顧客」と「用途」を絞り込んだモノづくりを行なうと、販路と販売方法も絞り込む必要が出てくる。

安売りする量販店やスーパーではなく、質を重視する専門店やデパートなどが主要販路となり、販売方法は販売員による対面販売を行なうか、製品評価を確立して認知度を高めながら付加価値の高い売場に陳列することになる。

製品説明が行なえないセルフ販売の場合には、事前に製品評価を獲得しブランド力を高めておかないと、顧客はその存在に気づかず、売場で手にしてはもらえない。リアルの売場で売れないモノが、ネット上で売れることはない。

プロセス（3）　販売する前に自社製品の評価を徹底的に高める

販売する前にどれだけの評価を得られるかによって、自社製品の売上は決まる。したがって、商社や代理店を相手に法人間取引を行なうB2Bビジネスを成功させるには、商談前に自社製品の評価を徹底的に高めることだ。

製品への評価が高まれば、最適な販路と販売方法を提供してくれるパートナーと出会う機会が増える。

中小企業では投資できる広告費に限りがある上に、広告では製品評価が高まらない場合もある。製品評価を高めるには、実際に製品を使うヘビーユーザーから支持を受けることだ。特定の業界やユーザーを対象にした製品なら、製品の評価に最も影響を与えるヒト・組織・業界・イベント・展示会などを探し出し、効果が期待できる突破口を特定する。そこで製品モニターを依頼したり、自社製品を無償貸与したりして、自社製品の評価を獲得し、販売量を増やすことにつなげる。

プロセス(4) 自ら販売するのでなく、「自社製品を販売したい人たち」をいかに集めるかを考える

中小企業のメーカーは営業担当者の数が限られるため、効率よく質の高い販路を開拓し、そこで最適な販売方法を実践することが欠かせない。そこで取り組みたいのが、「成功事例」を足掛かりにして、自社製品の販売を希望するバイヤーや商社、代理店、専門店を集める構造をつくることだ。

新製品や新ブランドを立ち上げる際、当初は売上よりも、先ずは自社製品を販売してくれるパートナー探しに注力する。

良質なパートナーを見つけるために必要な具体的な取り組みは、次の方法がある。

・業界で最も評価されているプロフェッナルにユーザーになってもらい、自社製品をSNSやホームページで推奨してもらう。例えば、料理なら料理人・シェフ、自動車なら自動車評論家やレーサー、メカニックなどにアプローチする。

・業界から注目され影響力のある小売店や販売店のバイヤーから評価を受ける。例えば、ファッションや化粧品の業界なら、伊勢丹本店のバイヤーに評価を受ければ全国のデパートが注目する。

・業界で影響力をもつ専門家にモニターになってもらい推奨を受ける。例えば、ワインなら世界的に知られるワイン評論家やソムリエが該当する。

こうした取り組みを通じて、販売するパートナーに自社製品の評価が届くようにすれば、相手から声が掛かるようになる。

以上4つのプロセスを踏まえて、B2Cビジネスの主に消費財メーカーが、販売方法を進化させる策を具体的に考えていただきたい。なお、巻末**シート(20)**にプロセスとポイントのチェック項目を一覧にしてあるので、これを活用していただきたい。

B2Bビジネスの「販売方法の進化」経営

次に、特に後発のB2B製造業が、「販売方法の進化」によって飛躍するポイントとプロセスを述べる。

そこで、既存顧客と新規顧客それぞれに、最善の対応策と販売方法を考え出し、「言い値販売」を実現した東海バネ工業㈱の成功事例をご紹介する。

バネを言い値で買ってもらえる企業「東海バネ工業」

東海バネ工業㈱（渡辺良機代表）は、オーダーメイドバネの製造企業だ。売上高は20億3，000万円、粗利益率約50％、営業利益率は10％を越える。顧客数は年間でおよそ1，000社、受注件数は約30，000件にのぼる。

創業は1934年で、1944年に法人設立され、大阪市福島区に立地する。社員数85名（2015年現在）である。

同社は熱間コイルバネ・冷間コイルバネ・皿バネ・板バネなど金属バネを、バネ職人の手による完全受注生産（平均注文数は5個、平均受注金額は6万円前後）により、高品質で高機能なバネを顧客に提供している。

東京スカイツリーの制振装置用のバネや、小惑星探査機「はやぶさ」と「はやぶさ2」に使用されているバネ、宇宙航空研究開発機構（JAXA）の「こうのとり」を打ち上げるH—ⅡBロケットの皿バネ、「しんかい6500（有人潜水調査船）」や明石海峡大橋などでも同社製品が使用されている。

2008年度には収益力の高さが評価され、一橋大学大学院から「ポーター賞」を贈られている。

バネメーカーが相手にする主要顧客層は自動車や家電、情報通信などの業界で、市場の約85％を占めている。こうした取引先をもつ大手バネメーカーは、大量生産体制をとる。残りの15％は、原子力発電所の安全弁バネや船舶機関部用バネに代表される特殊用途向けの市場だ。

同社が創業した1934年頃は、すでに多くのバネメーカーが存在し、東海バネ工業は後発メーカーだった。そのため大手先発メーカーと競合しないように、手間のかかるバネの少量オーダーメイド受注に特化した。

しかし、収益を高める仕組みをつくれずに、1970年代に標準品や中量受注を手がけるが失敗してしまう。そのためオーダーメイドに特化したバネメーカーとしての経営に再度軸足を置く。

大量生産できない特注品は、職人の手作業によって製作するためコストがかかり、販売価格は高くなる。しかし顧客からは値下げを要求され、それに応じていたことが、同社の収益性を低くしていた。

そんな折に同社渡辺社長がドイツに視察に行く機会に恵まれた。渡辺社長は現地のバネメーカーに、かねてより悩みのタネであった値引き要求にどう対処しているか尋ねたところ、

「価格が折り合わなければ注文を受けないだけ。手づくりのバネ屋が値引きして売っていたのではやっていけない」と言われる。

それを聞いて渡辺氏は目から鱗《うろこ》が落ちる思いだった。これまで注文が欲しいばかりに値引きに応じていたが、それではダメだ。これからは言い値で買ってもらう会社にならなければいけないということに気づかされた。

そこで、どうすれば顧客に「言い値」で購入してもらえるかを考え、他社が対応していない方法を模索しながら、「多品種微量オーダーメイド受注生産」体制を確立していく。

現在の東海バネ工業は、市場の15％にあたる特殊用途向け市場で「多品種微量オーダーメイド受注生産」を根幹にすえて、

・価格競争を行なわず、値引き販売を一切行なわない

・機械に依存せず、職人の技術で製作する

・微量の注文だけを受ける。100~200の数なら同社は設計だけを行ない、製造は提携した企業に委託し、それ以上に大量の注文は引き受けない

・納期が守れる注文だけを引き受ける

という経営スタンスを堅持している。

言い値で買ってもらえるようにするために、同社がまず取り組んだのは、注文に迅速に対応できるコンピュータシステムの構築だ。

１９７０年代に、同社は中小企業にもコンピュータが必要になるといち早く考え、すべてのコンピュータ会社に、「言い値」販売を実現するシステムづくりを相談した。

しかし、当時の日本は省力化と合理化の発想が主流で、しかもＳＥ（システムエンジニア）は経営がわからず頓挫《とんざ》した。そんな時、大手コンピュータ会社から独立してＩＴベンダーを立ち上げた経営者から、大阪にある酒屋のシステムを見せてもらう機会を得る。

このシステムは、顧客リストが縦列に配列され、横列には今日売る商品が書き込まれており、この表を基に営業マンが商品を車に積んで取引先を回る仕組みになっていた。

４０年前の当時に、こうしたシステムを運用していることに衝撃を受け、同社も「製造履歴管理システム」の構築に着手する。

当時、同社の取引先数は約５００社で、およそ２０名の営業員が分担していた。既存顧客から、過去に受注したことがある同じバネのオーダーが入ると、営業員は図面を探して生産現場とやり取りし、価格と納期がいつになるかを回答していたためタイムラグ（時間のずれ）が生じていた。

同社の顧客は、設備や機械の故障、製品の試作など、急いでバネを調達する必要に迫られているという特徴があった。そこで、顧客から問い合わせが入った段階で速やかに価格と納期が提示できれば、値引きよりも歓迎され、「言い値」で顧客は購入してくれると考えた。

そこで考え出した「製造履歴管理システム」は、既存顧客から電話による問い合わせが入ると、顧客情報と受注履歴がモニター画面に表示され、材料の在庫確認と工場の稼動状況を踏まえ、納期と価格が自動計算されて顧客に提示できるという仕組みだ。

このシステムはその後も継続的に改善を施し、受注生産の効率化を進めると共に、顧客への納期については完納率99・99％、クレーム発生率は0・1％を誇るまでに進化した。既存顧客への迅速な対応を実現し、さらに値引き販売を一切行なわない企業姿勢を貫いたことで「言い値」販売が実現したのだ。

2003年1月には、新規顧客獲得のためにホームページをリニューアルして、ネット受注に乗り出した。

同社は、長年にわたって特殊用途向けバネの市場を開拓してきた実績があり、その需要をほぼ網羅できたと考えていたが、ネット受注を始めてみるとアクセス数が急増。1年間で約100社の新規顧客の獲得につながった。同社を必要とする顧客が、潜在的にまだ多いことがこれで明らかになった。

取引先数は当初約500社だったが、受発注業務のシステム化をはかったことで900社、3万件に増大、逆に窓口業務の営業担当者を20名から10名に減らせた(2012年12月期現在)。

同社の顧客は1回当たりの注文個数が少なく、注文する頻度は低く、不定期という特徴がある。そうした顧客の数は多く、その受付窓口としてはホームページ上のネット受注システムが最もコストパフォーマンスがよい。

東海バネ工業の営業活動と販売(受注)方法は、新規顧客と既存顧客のそれぞれに最適の方法が考えられており、顧客維持率は非常に高い。受注の8割以上が既存顧客だ。

営業活動は2通りだ。ひとつはネットによる集客である。

門外不出だった設計技術者のためのバネの設計方法や応力(バネの力)の計算方法、バネ業界の製造ノウハウなど、バネの技術情報を積極的にホームページ上に掲載し、企業の研究開発部門や大学の研究室からのアクセスを増やして受注につなげている。

もうひとつは、商品別に専門性を備えたスタッフによって構成される「マーケティンググループ」が、原子力や宇宙開発関連の研究所や組織を訪れ、同社がもつバネ情報の提供を行なう人的営業活動だ。

販売(受注)方法は、電話とネットのふたつがある。

顧客からの技術や設計の相談、問い合わせと見積もり作業は「マザーステーショングループ」と呼ばれる専門スタッフが対応する。インターネット経由の受注は、２００６年時点で売上の５～６％の構成となった。

なお同社では、過去の取引や発注量などによって価格に差をつけることはなく、新規顧客も含めてすべての顧客が上顧客という方針で臨んでいる。

さらに、お客さまに言い値で買ってもらえるようにするために、職人の育成や処遇にも注力している。同社には独自に考えられた「社内技能検定制度」が用意され、この評価に基づいて職人の賃金が連動する仕組みになっている。

この制度は、「レベル１は簡単なバネなら１人でできる水準」、「レベル２は中級程度」、「レベル３は多種多様な注文に応じられる匠の技を身につけている」という３段階で評価される。レベル３の職人は、その卓越した技術を先輩から後輩へ受け継ぎ、技術を伝承する場所として設立された啓匠館という施設でバネを製造している。

後発のＢ２Ｂ製造業が「販売方法の進化」経営を推進する４つのポイント

東海バネ工業の成功事例をもとに、後発の生産財メーカーが「販売方法の進化」経営を推進する４つのポイントをまとめておきたい。

①自社の経営ポリシーを明確に定め、そのポリシーに沿った経営を実践する

東海バネ工業は、「価格競争と値引き販売を一切行なわない」「機械に依存せず、職人の技術で製作する」「微量の注文だけを受ける」「納期が守れる注文だけを引き受ける」という４つの方針を明確化し堅持している。

この４つの方針に沿って社内の仕組みをつくり上げているため、企業の魅力と強みが形成された。「何をするか」を考える前に、「何をしないか」を決めることが、強みの源泉になる。

②経営を磐石《ばんじゃく》にするため、既存顧客への対応を高度化させ、「言い値」販売を実現する

東海バネ工業は、顧客が何より望んでいるのは、価格よりも「スピード」にあると判断。顧客から問い合わせが入ると、見積もりと納期を即座に提示できるシステムをつくり上げ、しかもシステムを継続的に高度化させている。

価格の安さでなく「価値」を求める顧客は、「特注」「オーダーメイド」「故障による緊急性」「機会損失（チャンスロス）」「既製品では代替が利かない」「要求する品質が高い」「顧客の仕事の質が高い」といった傾向を備えている。こうした顧客に最適な仕組みと販売方法を用意した。

③顧客が必要に迫られ、ネット検索して探す場面に狙いを定め、ネット対応を行なう

価値を求める顧客が必要に迫られてネット検索する場面を洗い出し、そこに狙いを定めて自社の情報をネット上から発信すれば、潜在需要を顕在化できる。

東海バネ工業の場合、顧客が入力する検索キーワードは「特注のバネ」「バネをひとつから製造」「バネの破損」「バネの修理」「短期間で納品」「要求レベルの高いバネの納入先実績」などだ。

顧客がネット検索する際に、自社を探す検索キーワードは何かを特定し、ホームページのコンテンツに連動させる取り組みが必要だ。

④リアルとバーチャルを組み合わせた営業と販売を住み分ける

企業の営業・販売方法は既存顧客と新規顧客に分類し、顧客単価と購入頻度によって最適な営業方法と販売方法を検討する。

コストのかかる人的営業(訪問営業・巡回営業)と、人を使わない非人的営業(ネットや電話注文)の組み合わせにより、最適な仕組みを構築する。

新規顧客からの受注を増やすには、ホームページ上で、他社では入手できない専門的な情報を定期的に掲載してアクセス数を高める取り組みも必要になる。

後発のB2B製造業が「販売方法の進化」経営を推進するプロセス

それでは前述したポイントをアタマに入れながら、後発の生産財メーカーが「販売方法の進化」経営を推進するプロセスをまとめておこう。

プロセス(1) 自社の収益性が悪い原因を特定し、その改善策を検討する

「自社製品をいかに売るか」を考える前に、自社の収益性が低くなっている原因を特定し、その原因を解決するために何をすればよいかを考える。

せっかく製品力があっても、納入先が価格の安さを重視する企業なら値下げ圧力がかかる。また販売しているチャネルが安売り体質なら、利益が出なくなるのは当然だ。

自社の収益性が悪くなっている原因はどこにあるのか。それを製品力（既製品・特注品）・製造方法（機械化・手作業）・価格の設定方法（値引き販売・定価販売）・営業活動（訪問営業型・待ち受け型）・販路の選定（価格重視・質重視）・販売方法（全方位・特定の需要）・コミュニケーション方法（広告・広報・マスメディアとネット）・顧客データベース（リピート率・顧客維持率）などの要素別に分析し、収益性が悪くなっている根本的な原因を特定して、改善に取り組む。

プロセス（2）　大手企業や先発企業と競合せず、自社の強みを発揮する市場で経営を行なう

20世紀は「大量生産」「効率化」「合理化」「省力化」「機械化」などの概念で企業は経営を推進できた。しかしこの発想だけでは今後、アジアの新興国と互角には競えない状況だ。

大企業や先発企業と競合せず、自社の強みを発揮する市場は、「他社がしたくない仕事」「非

常に手間がかかる仕事」「機械化した量産方法では対応できない仕事」「効率が良くない仕事」といった中に潜んでいる可能性がある。

そこで、どこに自社の強みを発揮するか、そこでいかに高収益体質を実現するかを考え出す。

プロセス（３）顧客が本当に望んでいるコトを突き詰める

顧客は価格の安さを求めていると決めつけず、どのような状況に置かれた時に、価格以外の要素を重視するかを探り、その需要を特定する。

プロセス（４）安定した収益を確保できるように、既存顧客への対応と販売方法を高度化する

企業の経営は、既存顧客からの継続購入があってこそ安定する。既存顧客が望む企業対応

はどうあるべきかを検討し、最適な販売方法を考える。

プロセス(5)　効率よく新規顧客を開拓する仕組みと販売方法を考える

既存顧客の深耕《しんこう》に比べ、新規顧客の開拓は手間とコストがかかる。そこで、いかに効率よく新規顧客を開拓できるかを検討する。そこでポイントになるのは、

・自社のホームページ上に掲載してある情報の質
・情報検索社会で顧客が探しているテーマ・キーワードを踏まえた情報発信
・人的販売方法と非人的販売方法の住み分け

などがある。

プロセス(6)　顧客が探してくれるビジネスに特化する

自社の製品やサービスを顧客に売り込むのでなく、顧客が必要に迫られて自社を探してく

れるビジネスに転換できないか検討し、そこに自社のビジネスを特化させる方法を探る。

以上が、後発の生産財メーカーが「販売方法の進化」経営を推進するポイントとプロセスである。なお、こちらもポイントとプロセスを**巻末シート(20)**にチェックリスト化してあるので、ご活用いただきたい。

第11章　コミュニケーションの進化

顧客のニーズをつかみ優良顧客を育成するためにコミュニケーションを進化させよ

Ｉ社は、岡山県で日本の伝統工芸品として認められている備前焼の器を製作し販売する窯元だ。これまで汎用品を中心に製作してきたが、５年前に代替わりしたばかりの若き２代目は、付加価値の高い製品に軸足を置く方針に転換した。

しかし、高付加価値の備前焼を販売してくれる販路は、デパートや専門店など非常に限られているため、売上と利益が伸びず、経営がなかなか安定しない。

そこで独自性を発揮するための施策として、製法や銘柄によって最も美味しく飲んでもらえる日本酒のお猪口《ちょこ》とビールグラス（ビアマグ）の開発に取り組み、酒造メーカーと協働して備前焼で製作した。

この製品は非常に好評で、個人需要に加えてこだわりのある日本料理店から「飲み比べ用の器」として採用され始めている。また、地元の新聞に紹介されてから他のメディアからも注目されるようになり、男性雑誌でも紹介された。

そこで今後は、製品ラインのブランド力を強化し、既存販路と並行して直販専用製品をつくって自社のサイトで販売したいところだが、これまでは問屋経由で販売していたため、顧客との情報交換や共有によるニーズのすくい上げ、新規顧客の獲得、優良顧客の育成などのコミュニケーション施策の展開方法がわからない。

このI社のように、事業価値を高めるための戦略的なコミュニケーションをこれまで行なってこなかったために、社内にノウハウの蓄積や仕組みがないという中小企業は多いはずだ。

そこで本章では、企業と顧客との最適なコミュニケーションによって事業価値を飛躍的に高め、高い収益をあげるビジネスモデルづくりのプロセスと要点を、特に小規模のメーカー2社の成功例を挙げながら述べていく。

まず、年間1万本売れればヒットといわれる工具の世界で、累計250万本以上の大ヒットを実現した㈱エンジニアの取り組みを、「コミュニケーションの進化」の成功事例として最初にご紹介する。

製造業の「コミュニケーションの進化」経営

異例の大ヒット工具を開発した㈱エンジニア

㈱エンジニア(高崎充弘《みつひろ》代表、大阪市東成区)は、創業以来約70年に渡って電気・電子機器業界でプロフェッショナル向けに、ピンセット、ニッパー、ペンチ、ドライバー、はんだごて、はんだ付け周辺工具、特注ケースなど1，000点以上の特殊工具を製造し、国内外の商社を通じて産業機器ルートで販売している社員数30名の企業だ。

同社は、1948年4月に大阪府豊中市で「双葉工具製作所」として創業。自社の製品ブランドとして〝エンジニア印〟の商標を登録。1972年に営業形態を法人に改めて双葉工具株式会社とし、2002年に現在の㈱エンジニアに社名を変更した。

同社はペンチの先に角度をつけたタテ溝を設け、これを「コマネチ角度」と名づけて特許を取得。頭のつぶれたねじを回して外すことができるペンチ「小ネジプライヤー」と命名し、プロフェッショナル向けとして2002年に発売した。しかし発売初月は15丁（工具は丁と数える）しか売れず、頭を抱える。

その解決策として製品名を社内公募し、ネジの頭をつかむ強さを肉食恐竜に見立てた「ネジザウルス」という名に変更したところ、初月に4500丁が動き、その年は約7万丁を販売した。

その後も毎年5万丁近く売れていく。この勢いに乗って市場シェアと売上を伸ばすために、2005年に大きいねじ用の「ネジザウルスXP」を投入。2006年には小さいねじ用の「ネジザウルスｍ２」を発売した。

この３種類の製品ラインナップにより同社の売上は伸張。２００７年には累計３０万丁、２００８年には同４０万丁に達し、工具業界では「1万丁で大ヒット」と言われる中で、異例のヒット商品に育った。この３種類のネジザウルスは、いずれもプロフェッショナル向けに販売していた。

しかし、順調に売上を伸ばしていたなか、２００８年のリーマンショックによって同社の売上は急落。さらに製品をつくる原材料費も高騰したため、利益率が悪化した。結果、同社は創業以来最悪の赤字に転落する。

この窮状を打破するために、同社は既存のネジザウルスを「進化」させる道を選ぶ。発売から7年が経過し、ネジザウルスの市場もこれ以上拡大しないかと懸念が残る中で、決断を後押ししたのは、「顧客からのアンケート葉書に記された製品への要望」と「市場をプロ向けの業務用だけでなく、一般家庭用として販売する」という発想だった。

同社では既存3製品にアンケート葉書を同封し、１，０００通ほどが返送されていた。

ここに記載してある顧客から寄せられた声を分類すると、

①グリップを握りやすくして欲しい

②奥まったところに先端が入りにくい形状になっているので改善して欲しい
③ばねをつけて欲しい
④カッターを追加して欲しい
⑤トラスねじ(ねじの頭の部分が低くて薄く出っ張っていないネジ。外装用として使用される)を外せるようにして欲しい

という5つに集約された。

このアンケート結果をもとに、同社は自社の営業員に取引先の反応をヒヤリングさせたところ、アンケートでは少数意見(1,000件中7件の指摘)だった「トラスねじを外せる」機能が最も反響が大きいことがわかった。

そこで、誰もが指摘する顕在ニーズの改良改善だけでなく、多くの人たちが気づいていない潜在ニーズに着目した機能開発に取り組んだ。

社内で検討し試作した結果、コストを掛けずにトラスねじが外せる製品が完成。「トラスねじを外せる」機能が、4代目となる「ネジザウルスGT」の最大の売りモノになる。

「一家に一本、ネジザウルス」を社内での合い言葉に、一般家庭用を狙った4代目の「ネジザウルスGT」はこうして誕生し、リーマンショック後の2009年夏に販売を開始した。

2009年末までの半年間で既存の3機種とは比較にならないほど売上が伸び、2013年10月末時点で177万丁を達成。現在でも好調な売上で推移している。

この成功を受け、同社は大ヒット商品づくりの理論、「MPDP理論」を体系化する。MPDPとは、大ヒットに必要な4つの要素の頭文字であり、「M：マーケティング（リサーチ）、P：パテント（特許）、D：デザイン、P：プロモーション」の4つが最適に組み合わさると、大ヒットを生むというものだ。

知財を事業に生かす

高崎社長いわく、MPDPの要素のなかで、マーケティングは大企業も中小企業も同じであるが、パテントは中小企業のボトルネックになっている。特許を取ってもコピーされたり、権利が小さいために十分に保護できなかったりして、結果的に特許が会社に利益をもたらすものになっていないと指摘する。

同社は、「ネジザウルスGT」を大ヒットさせる重要な要因として、知財を事業に生かすために特許（パテント）取得に力を入れている。

かつては自社製品に特許など知財の権利を登録しておらず、ふたつの問題が起こっていた。

ひとつ目の問題は、他社がもつ権利を侵害していると相手から警告書が届き、製造できなくなること。もうひとつは自社が権利を取得していないと、ヒット製品を出した時に多くの模倣品が市場に溢れ、価格競争に陥ることだ。

しかし、中小企業が下請けに終わらず、自社の力で強い企業になるには、知財を事業に生かす体制が必要だ。そこで「ネジザウルス」に関しては、国内外で特許登録や意匠登録、商標登録などを含めて15件を登録。出願中のものも含めると20件になった（2013年時点）。

その後も同社では知的所有権に対する取り組みとして、30名の社員のうち13名の社員が国家資格である「知的財産管理技能士」を取得し、知的財産制度を積極的に活用している（2015年3月現在）。

製品の魅力を「見える化」する

4代目ネジザウルスのデザインは、担当を希望する社員に任せ、握りやすいグリップと共に独自性のあるデザインによって製品を仕上げた。

同社は初めてこの製品でグッドデザイン賞に応募し、受賞に輝いた。

また、将来は「ネジザウルス」をグローバル展開する計画があり、ドイツの「iF product

design award」（世界的に権威のあるデザイン賞のひとつで、ドイツ・ハノーヴァーにあるデザイン振興の国際的組織「インダストリー・フォーラム・デザイン・ハノーヴァー（iF）」が主催し、毎年世界の工業製品等の中から優れたデザインを選出している）にもチャレンジし、２０１１年にiF product design award ２０１１を受賞した。

４代目ネジザウルスは、恐竜の目に見えるように、ペンチの刃先にレーザーマーカーによって目のような加工が施されている。目のデザインも社内公募したもので、この加工のためにコストが２円アップするが、愛着をもってもらうためにあえて実行している。

遊び心満載のプロモーション活動

従来のように市場をプロ向けの業務用でなく、一般家庭用として販売するには、「生活者が利用する販路に製品が品揃え」され、「生活者に製品が知られる」ことが必須条件となる。そこで同社は、プロモーションにも工夫を凝らした。

まず、ホームセンターなどのバイヤーを対象に、幕張メッセで行なわれた「ＤＩＹショー」に出展。ネジザウルスにちなんで、動く恐竜を出展ブースに配置して注目度を向上させた。隣の会場では偶然恐竜博が開催されていた。

次に、ネジザウルスのキャラクターとして「ウルスくん」を制作。このキャラクターを活用し、月に1回の頻度で、家庭や職場で起きるねじのトラブルを題材に、「ウルスくん」が登場して解決するという4コマ漫画を漫画家と共に制作。これをフランス語、ドイツ語、英語、スペイン語に翻訳して YouTube にアップした。

こうした取り組みが注目され、テレビ東京の番組「ガイアの夜明け」で紹介され、注文が殺到する。さらに、タレントの所ジョージ氏の目にとまり、BSフジの番組「世田谷ベース」などでネジザウルスが何度も紹介され、同氏が企画したイベントにブースを出すという機会にも恵まれた。

「ネジザウルスGT」の成功を受け、「MPDP理論」を構築した同社は、これをベースに「鉄腕ハサミ」、ネジザウルスのアメリカ版「バンプライヤーズ」、ルーペの「ムッシュマグニ」など、次々とヒット商品を生み出した。

とくにアメリカ版のネジザウルスは、アメリカでは、「ネジザウルス」という名前の面白味が通じないと米パートナー企業から指摘されたため、バンパイア(吸血鬼)とプライヤーズを組み合わせ、「バンプライヤーズ」という名前でアメリカの商標庁に登録した。

この「バンプライヤーズ」も、独自のMPDP理論に則り、グリップの色は緑から赤に変え、

「ネジザウルスＧＴ」とキャラクターの「ウルスくん」

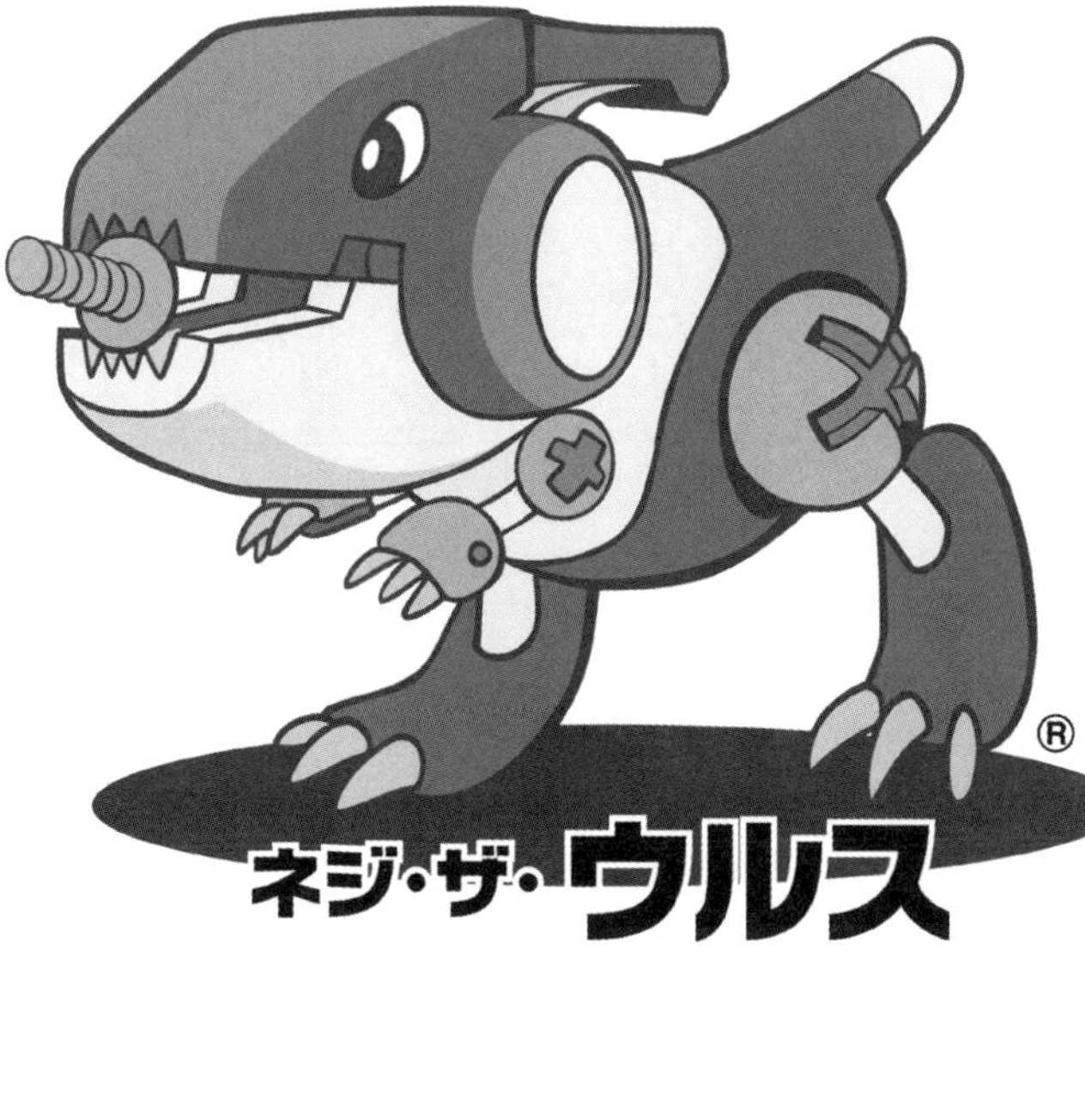

恐竜の目の代わりにコウモリを入れるなど、デザインに工夫をこらしている。

当初2年はプロモーションなどで苦労するが、現在アメリカ市場でも同社製品は好調に推移している。

製造業が「コミュニケーションの進化経営」を推進する4つのポイント

㈱エンジニアの事例から、製造業が「コミュニケーションの進化経営」を推進する4つのポイントを挙げる。

①ロングセラー製品を磨き上げてブランド化を進め、自社の顔にする

単発ヒットの製品と違い、ロングセラーになる製品にはロングセラーになる理由が存在する。売上が翳《かげ》ったら諦めるのでなく、製品を絶えず進化させ機能性を向上して時代性を付与すれば、ロングセラー化をさらに推進できる。

ロングセラー製品として地位が確立すれば、顧客が選択する際の基準や拠り所になる。ロングセラー製品は企業の顔であり、その企業を代表するコミュニケーション資源にもなる。

②「顧客の声（リサーチ）、知的所有権、デザイン、プロモーション」の４つに、「好ましいチャネル」を加えて事業を推進する

㈱エンジニアが考えたＭＰＤＰ理論に、製品特性に見合い、販売価格が維持できる最適な「販路選択（チャネルの選定）」を組み合わせると、製造業が製品開発を行なう際の有益な視点になる。

「ネジザウルスＧＴ」を販売している一般向けチャネルを見ると、同社は価格訴求を行なう販路で流通させていない。製品と同様に、販路にもこだわりを発揮することだ。

③ＳＮＳを徹底的に活用する

潤沢な広告費を投入できない中小企業ほど、ネットを有効に活用する。

具体的には製品の解説・使用場面の動画や画像、顧客の声などをコンテンツとして活用し、ＳＮＳ（YouTubeやFacebook、ブログなど）を使ってネット上で製品の情報をアップし、自社のホームページにもリンクを貼っておくようにする。

④定期的にニュースリリースを制作して発信する

ホームページを見るとわかるが、㈱エンジニアはニュースリリース（同社はプレスリリースと表現）を作成してメディアに配信している。

地道にニュースリリースを作成し、マスメディアやネット上で力をもつブロガーなどに配布していれば、どこかで掲載され、ＰＲ効果が発揮できるようになる。

メディアやネット上で注目されると、その営業効果は大きい。中小企業が広報活動に注力すべき理由がここにある。

製造業が「コミュニケーションの進化経営」を推進するプロセス

以上４つの経営視点をアタマに入れ、製造業が「コミュニケーションの進化経営」を推進するプロセスをまとめる。

プロセス(1) 自社で7つのコミュニケーションが現在できているかを分析する

本章で解説する「コミュニケーション」とは、企業と顧客(B2Cなら生活者・B2Bなら法人)との間で情報を交換し、共有することを意味する。

企業から顧客(生活者・法人)に伝える情報は企業・製品・サービス関連の情報が中心になり、顧客(生活者・法人)から企業に伝える情報は要望や要求(こうして欲しい・ここを改善して欲しいなど)、評価や推奨(とてもよい製品だ・気に入っている)が多い。

情報伝達には多様な手段と方法があり、自社に最適なコミュニケーション(情報の伝達・共有・交流)方法を策定し、組み合わせて実行する。

そこでまずは、自社から顧客(生活者・法人)へのコミュニケーションを分析し、戦略のヌケや問題点を洗い出す。コミュニケーションの方法は7つあり、巻末の**シート(21)**を使って一つずつ分析していただきたい。

それでは、自社から顧客(生活者・法人)への7つのコミュニケーション方法を説明する。

①企業コミュニケーション

企業のホームページ、ネット上にアップされている自社関連のコンテンツ、ＳＮＳに掲載された自社のコンテンツなどが該当する。

②製品(商品)コミュニケーション

製品のブランド名や製品名、製品デザイン、使い勝手、体感できる機能、パッケージデザイン、包装紙、手提げ袋などを通じたコミュニケーションが該当する。

③クチコミによるコミュニケーション

生活者の間で話題になるコミュニケーションで、実際の伝承とメディアやネット上に広がるクチコミ情報がある。近年は生活者個人のコメントがＳＮＳを通じてネット上で一気に拡散することが多い。

④人的・店頭コミュニケーション

販売員やサービススタッフによる接客・応対、製品説明、店頭ツール、店舗デザインなどによるコミュニケーションが該当する。

⑤広報によるコミュニケーション

テレビ・ラジオの番組、新聞や雑誌の記事、ネット上にあるニュースサイトでの記事や動画による報道が該当する。企業の本業に関連する報道に限らず、社会貢献活動などの報道も含まれる。

⑥広告によるコミュニケーション

マスメディア（地上波テレビ・ＢＳテレビ・ＣＳテレビ・ラジオ・新聞・雑誌）やインターネット、ＣＡＴＶなどへの広告、交通広告（デジタルサイネージ・中吊り・駅貼りなど）、新聞折り込みチラシ、屋外広告（看板・デジタルサイネージ）などが該当する。

⑦セールスプロモーション（販売促進策）によるコミュニケーション

イベント、キャンペーン、サンプル（試供品）、クーポン、プレミアム（おまけ）、ノベルティ（カレンダーなど）、増量パックや増量容器、ポイント提供、店頭での大量陳列、ダイレクトメール、メールマガジン、セールスプロモーションツール（リーフレットなど）、流通関係者向けインセンティブ（バックマージンや陳列コンテストなど）、値引き販売などが該当する。

プロセス（2）　自社のコミュニケーション戦略を考え、最適なコミュニケーション方法を組み合わせる

企業がコミュニケーションを効果的に行なうためには、前述の7つのコミュニケーションに取り組む順番が大切である。

どのコミュニケーションにどういった順番で取り組めばよいかを以下、説明するので、これを参考にして巻末の**シート（21）**で自社独自のコミュニケーションを練っていただきたい。

①「企業コミュニケーション」と、「製品（商品）コミュニケーション」に取り組む

企業がコミュニケーションを効果的に行なう前提として、自社の情報をホームページやSNSなどを通じてネット上に掲載する「企業コミュニケーション」に最初に取り組む。

次に、自社製品が魅力的に見えるように、ブランド名や商品名、製品デザインに工夫を凝らして、「製品（商品）コミュニケーション」に取り組み、企業と製品の情報を的確に提供する。

②「広報によるコミュニケーション」に取り組み、「クチコミによるコミュニケーション」へとつなげる

情報検索社会であることを踏まえ、マスメディアとインターネットそれぞれに「広報によるコミュニケーション」の戦略を立て、広報活動に取り組む。広報活動が効果を発揮し社会に注目されると、その後広告を投入しなくても売上は伸びていく。

インターネットはマスメディアを凌ぐ力を発揮することが多く、情報の拡散力と拡散スピードが速いことから、インターネット上での広報活動は必須だ。

ここで活用できるコンテンツには、「専門家やプロフェッショナルの声や推奨」「顧客の声や推奨」「製品モニターの評価」などがある。ここで生み出した資源が、「クチコミによるコミュニケーション」へとつながっていく。

③企業の与件に合わせ、「人的・店頭コミュニケーション」「広告によるコミュニケーション」「セールスプロモーション（販売促進策）によるコミュニケーション」を組み合わせる

企業与件に対応して、「人的・店頭コミュニケーション」と「広告によるコミュニケーション」「セールスプロモーション（販売促進策）によるコミュニケーション」を組み合わせ、最適なコミュニケーションを展開する。

以上をまとめると、次のとおりの順番となる。そこで、各コミュニケーションに取り組んでいただきたい。

「企業コミュニケーション」と、「製品（商品）コミュニケーション」
⇐
「広報によるコミュニケーション」、「クチコミによるコミュニケーション」
⇐
「人的・店頭コミュニケーション」、「広告によるコミュニケーション」
⇐
「セールスプロモーション」（販売促進策）

また、セルフ販売の販路と売場（例えばコンビニエンスストアやスーパー）を使う食品や生活雑貨といった消費財の場合は、「広告コミュニケーション」によってまず需要を直接喚起し、次に「セールスプロモーションによるコミュニケーション」、「人的コミュニケーション」で生活者の購買へつなげるプル（引きつける）戦略をとることが多い。

生産財の場合、メーカーは取引先企業や商社・卸売業者に自社製品を売り込む営業活動から始めるため、「人的コミュニケーション」や「セールスプロモーションによるコミュニケーション」を先行させるプッシュ（攻める）戦略を行なうことが多い。そのため生産財では広告を行なわない企業も多い。

インターネットが力を発揮している現在、経費を抑えて効果を最大化するには、前述した**「企業コミュニケーション」と「製品（商品）コミュニケーション」そして「広報によるコミュニケーション」による企業と製品の情報基盤づくり**が何よりも重要だ。

プロセス（3）　製品名とブランド名をつくる

「製品（商品）コミュニケーション」に取り組む上で、売れる製品には記憶しやすく魅力的な名前が必要だ。製品から技術名称に至るまで、顧客の記憶に焼きつく名前をつける。

その際に留意すべきは、単品の名前として命名すると製品ネーミングに終わるが、将来ラインエクステンション（製品アイテムの拡張・製品のシリーズ化）を想定したカテゴリー名称にしておけば、カテゴリーブランド名になることだ。

製品名やブランド名を考える際には、将来の製品シリーズ展開を踏まえた上で決定する。

プロセス（4）　業務用市場と生活者向け市場の違いを踏まえて施策を立案する

用途は同じでも、プロフェッショナル向け市場と生活者向け市場では市場規模・製品価格・売り方・販路などの点で、両者は大きく異なる。

そこで、自社製品をどちらの市場で販売することが適切なのか、自社の資源を有効に活用するには、どんなシナリオを描けばよいかを検討して、市場を決め、そこで必要になるコミュニケーション方法を検討する。

プロフェッショナル用の製品を生活者用の製品に転用することは可能だが、その逆はできないことも踏まえておく。

プロセス(5) 顧客の声をあらゆる面で活用する

顧客アンケートやFacebook、ブログなどから集まる顧客からの声は、製品づくりから接客に至るまで、あらゆる面で活用できる体制をつくる。顧客から寄せられた評価コメントをホームページなどに掲示すれば、効果的なコミュニケーション資源になる。

プロセス⑹　中小企業こそプロモーション活動に工夫を凝らす

展示会で自社製品をアピールする仕組みや、ネット上で自社製品を注目させる方法など、自社製品が話題になるために必要なプロモーションを立案し、実行できる体制をつくる。ホームページやネット上で自社製品をアピールする際は、製品の良さを短時間に理解できるように、文字情報に加えて映像や動画、イラストなどで「見える化」してコンテンツを制作する。

以上６つのプロセスを踏まえて、コミュニケーションの方法を進化させ、自社の事業価値を高める具体策を練っていただきたい。なお、巻末**シート(22)**にプロセスとポイントのチェック項目を一覧にしてあるので、これを活用していただきたい。

次に、世界的な評価を獲得してブランド価値を高めた熊倉硝子工芸の成功例に注目していただきたい。

同社の江戸切子のワイングラスは、洞爺湖サミットで贈呈品として採用され、内閣府や外務省のお土産品として選定されるなど、国の贈呈品として用いられている。

小規模ながら、巧みなコミュニケーション戦略により飛躍を遂げた熊倉硝子工芸の成功事例をもとに、コミュニケーションの進化経営を確実に成功させるプロセスと押さえるべきポイントを述べる。

世界的評価を獲得してブランド価値を高めた「熊倉硝子工芸」

㈲熊倉硝子工芸（熊倉節子代表　東京都江東区亀戸）は、江戸切子の器やランプなどの製造販売を行なう、社員数9名（2013年5月時点）の企業だ。

1946年に工房を立ち上げ、1994年にはショールーム機能を担う直営店として、㈱江戸切子の店「華硝《はなしょう》」を設立。伝統的な意匠《いしょう》を踏まえた上でオリジナルの文様を考案し、独自の江戸切子を生み出して、国内外で高い評価を受けている。

同社が開発したオリジナル文様の意匠（米つなぎ・糸菊つなぎ・玉市松）は各国で意匠登録を行ない、「江戸切子」や「華硝」の商標登録も行なっている。国内でブランド力を強化し、海外からのインバウンド需要を重視する政策を取っている。

現在は生産が間に合わない状態で、汎用品でも納期に1週間ほどかかる。高額品は受注生産のため、在庫リスクはない。

もともと同社は、大手硝子メーカーである佐々木ガラスの下請けとして、主にアメリカ向け製品の製作を行なっていた。しかし、バブルの崩壊とともに佐々木ガラスが倒産し、それを機にＢ２ＢからＢ２Ｃへの転換を図った。

１９９０年代に入り、二代目の熊倉隆一氏は日本の硝子技術とデザインを革新するには下請けを脱却し、直接販売する必要があると判断し、ショールーム機能を兼ねた直営店として㈱江戸切子の店「華硝《はなしょう》」を立ち上げた。

１９９７年にサイトのデザインにこだわったホームページを立ち上げ、リスティング広告に注力して国内外の需要を掘り起こしていった。こうして同社は、亀戸の直営店とネット通販だけで自社製品を販売する道を選ぶ。

飛躍のきっかけは、成田空港で開催された「東京のおみやげ」の催事に出店した際、同社製品の販売が好調だったことにある。あまりの好評ぶりに都庁の職員から声が掛かり、経済産業省の「地域資源事業活用計画」に申請、２００７年に東京都の第一号として認定を受けた。

ここで、ランプの商品開発・販路開拓事業を行なったことを契機に、同社の販路は拡大していく。翌２００８年に洞爺湖サミットで同社のワイングラスが贈呈品として採用され、続

国の贈呈品としても用いられる「江戸切子」商品

いて内閣府や外務省のお土産品として選定されたことから、次第に国の贈呈品として用いられるようになっていく。

さらに企業の贈答品需要が高まり、海外向けのギフトとして購入される機会も増えていった。２００８年にパリ、２００９年にはニューヨークで開催された経済産業省主催の「感性」展に出品したところ、ニューヨークで同社製品が認められ、デザイン雑誌「メトロポリス」に紹介される。

加えて、経済産業省によるクールジャパンプロジェクトなどで、海外向けに独自の技と発想で事業を行なう中小企業として紹介され、「２０１５年がんばる中小企業・小規模事業者３００選（経済産業省）」に選ばれた。

ちなみに、２００２年頃にドイツシーボルト美術館やイギリスの日本大使館など海外で展示会を催したが、ビジネスには結びつかなかった。ヨーロッパよりもＢＲＩＣＳなどの新興国の反応が良いようだ。

数々の賞を受賞し、社会的な高評価を得ている同社の製品の大きな魅力は、伝統的な文様だけでなく、オリジナル文様による時代性を備えたデザインと繊細なカットと伝統的な手磨きにより、独特の色合いと魅力を生み出していることだ。

また、「東京」でつくられていることが海外の顧客には評価されており、アメリカでは伝統工芸品でなくデザインが注目された。

クリスタルガラスには鉛が含まれているため、近年は敬遠される傾向があるが、同社は早くから鉛を含まない「ソーダガラス」で製作している点も強みになっている。

これらの製品は基本的に受注生産で、汎用品の価格は1万円前後と安価なものもあるが、平均して3万円以上である。プレミアムアイテムになるとワイングラスが8万円台、花器や大鉢が50万円台、ランプが20万円から50万円台と高額になる。

そのため、主要顧客は富裕層とこだわりをもつ生活者で、法人需要としては国賓や企業経営者への贈答品・出張時のお土産などの用途が生まれている。

販売については、国内外共に直接販売に限定している。外国の顧客は来日した折に店頭で購入し、またネット通販やメール経由で海外から注文する。贈答品の場合は、在留外国人や日本人が海外への発送を依頼する。

販売価格はすべて自社で決定し、海外への販売価格は日本と同じ価格で、この価格に運賃を加算している。

同社は新たな試みにも積極的に取り組んでおり、2008年に高岡銅器と協働でランプを製作。同年から有田焼とも協働して、１００％国産にこだわったランプなどのコラボブランドづくりにも取り組んだ。また、日本酒メーカーとの試飲会も開催している。

ユニークな試みとしては、江戸切子の文化醸成と人材育成のために、体験コース、初級～上級コース、インストラクター養成講座を設け、それぞれ職人が直接指導する江戸切子スクールを開催している。

同社の評価が高まったのは、前述したように「洞爺湖サミットでの贈答品」「経済産業省の地域資源事業活用計画での認定」『経済産業省主催の「感性」展への出品』など、国や自治体から協力を仰げたことが何より大きかった。

こうした実績により、同社は数多くのテレビ番組や雑誌に継続的に取り上げられている。テレビ番組・カラー画像入りの新聞記事・男性雑誌・ＮＨＫの国際放送などはすぐに問い合わせが舞い込み、大きな反響があったようだ。

同社はリピーター顧客を重視し、彼らを対象に外資系高級ホテルで展示会を行なっている。また海外の顧客用として、商品発送時に英語と中国語のリーフレットを添付している。

小規模製造業が「コミュニケーションの進化」経営を推進する5つのポイント

熊倉硝子工芸の成功事例をもとに、小規模製造業が「コミュニケーションの進化」経営を推進する5つのポイントをまとめておきたい。

①自ら情報発信を行ない、下請けから決別する

下請け業務は黒子でいることが前提となり、自社の情報を発信することができない。下請けから脱却するには、自社の情報を積極的に発信し、自らの手で顧客を生み出す行動を起こすことだ。

②国や地方自治体の職員に応援してもらい、自社の情報資源をつくり出す

熊倉硝子工芸が世の中に知られ評価された最大の要因は、国が推進するプロジェクトやイベントなどに参加し、国賓向けの贈答品に選ばれるなど外部から評価を得たことにある。これがきっかけになり、メディア関係者を始め多くの人たちに知られて評価され、同社の顧客やファンが生まれた。

中小企業が国や自治体の関係者から気に入られ自社のサポーターになってもらうことが、

いかに重要かがわかる。

彼らとの関係をつくるには、国や自治体が関与している催し物やイベント、展示会などに積極的に参加し、そこで人的ネットワークを築くことから始める。その上で彼らの協力を得て、自社の情報資源につながる施策を推進していくことだ。

③評判を獲得し、ネット上で自社の情報が拡散するように取り組む

自社で直接販売する場合は、顧客との接点を増やすためにネットを有効に活用する。

ネット上で多くの人々に閲覧してもらうには、

・自社のホームページに生活者を誘引するため、マスメディアにニュースレターを送って番組や記事で報道されるように、継続的に広報活動を行なう

・「国賓向け贈答品」のように、誰もが認め、評価する情報資源をつくる

・高額なオーダーメイド品という事業ポジションを経営方針として打ち出す

・ホームページからリーフレットまで外国語を併記する

といった事前準備を行ない、コンテンツとしてホームページに掲載する。

④自社の製品を購入してくれる顧客に絞り込んでビジネスを展開する

限られた販路で販売する際は、自社の取り組みや製品の魅力を理解し、単価が高くても購入してくれる顧客層に絞り込んでビジネスを行なう。

製品の単価が高ければ、販路の数が限られていても売上と利益が見込める。

⑤中小企業の体力に見合ったインバウンド戦略を推進する

中小企業が海外に市場を拡大しようとしても、資金面や人材面で制約があり、海外に販路を築けない場合もある。こうした時は日本国内に居ながら海外の顧客を獲得する方法を検討する。

海外から注文を増やすには、顧客に向けて左記の要素をホームページ内に盛り込んでおく。

《海外から注文を受けるためにホームページに用意したい内容とコンテンツ例》

・海外でも確実に製品が届く社内体制
・海外からの受注実績数を提示
・オーダーメイドの注文がサイトを通じて無理なく行なえるシステム
・納品時期の明示

・メールオーダーして満足した顧客の声
・制作工程など社の取り組みの解説
・郵送時の破損防止策や保険の対応

小規模企業が「コミュニケーションの進化」経営を推進するプロセス

それでは前述したポイントをアタマに入れながら、小規模企業の「コミュニケーションの進化」経営のプロセスをまとめておこう。

プロセス（1）　自社を応援してくれるサポーターをつくる

顧客のことを最優先に考え、真摯に仕事に取り組み、信頼できる企業の経営者なら、損得抜きに応援してくれる人が必ず現れるはずだ。

応援者としては、メディアのジャーナリストや業界の専門家、文化人や俳優、官僚や政治家、異業界の経営者など、多様な分野の多様な職業の人たちに可能性がある。

彼らにサポーターになってもらうには、自分たちは相手に何ができるかを考え、まずは相手のサポーターになる。そして、自社が取り組んでいる事業について興味を抱いてもらえるように、情報発信を定期的に行なうことだ。

価値あるモノづくりに地道に取り組む企業なら、応援してくれる人は必ず現れる。

プロセス(2)　ネットの活用方法を徹底的に研究して取り入れる

中小企業がこれから注力すべきは、モノづくりと同じ力を使って自社の情報資源を生み出し、情報発信を行なうことだ。情報発信では、ネットを有効に活用することが前提だ。効果的にネットを活用する先進的な中小企業は、どのようにネットを使ってビジネスやコミュニケーションを行なっているかを研究し、取り入れられる施策はすぐに始める。

ネットの活用は他社が着手してからでは遅い。他社が手をつける前に取り組むことだ。

プロセス（3）マスメディアやSNSなどネット上で注目される企業を研究して、自社に応用する

マスメディアやネットで頻繁に報道される企業には、報道される理由がある。どのような情報資源を用意すると、どのメディアがどのように報道するかを把握して、自らも実践する。

プロセス（4）市場と顧客を絞り込んで成功している企業を参考にして、そこで行なわれているコミュニケーション方法を実践する

小規模の製造業が単価の低い製品をつくっていては、経営は厳しい。販売数は限られていても、単価が高い製品なら高収益を得られる。

高単価な製品を販売する企業を探し、そのビジネス形態とそこで行なわれているコミュニケーション方法を参考にして、独自性を加味して実践する。

以上が、小規模企業が「コミュニケーションの進化経営」を成功させるポイントとプロセスである。なお、こちらもポイントとプロセスを**巻末シート(22)**にチェックリスト化してあるので、ご活用いただきたい。

まとめ

「進化戦略」全体最適化の手引き

11の進化策を一貫した「進化経営」戦略にまとめあげる

11の進化策をすべて理解し、自社に置き換えて熟考していただいたのち、全体を俯瞰《ふかん》して個別の施策が相互に矛盾点がないかどうかを照らし合わせ、全体の整合性をとる。

その際は、思考をまとめるために、巻末の**シート23**と、**シート24**を活用することをおすすめする。

(1)各領域11の設問に答え、3段階で自社を評価する

まず、**シート23**を使い、自社の現状分析のレーダーチャートをつくる。レーダーチャート化することで、どの領域では先手を打っており、逆にどこで対応が遅れているかがひと目でわかる。レーダーチャートのつくり方を、以下簡単に説明する。

《評価方法》

11の設問に対し、自社をABCの3段階で評価する。(A)は2点、(B)は1点、(C)は0点と評価し、レーダーチャート上に落とし込む。

《11の設問》

設問① 5年前と比べて、自社の市場を進化させているか？

（A）自社の市場を絶えず分析し、既存市場に加えて成長している新市場への取り組みも欠かさず行なっている

（B）新市場の研究は行なっているが、具体的な取り組みには着手していない

（C）従来から取り組んできた既存市場だけでビジネスしている

設問② 5年前と比べて、顧客の設定を進化させているか？

（A）自社の顧客を絶えず分析し、既存顧客はもとより新たな顧客に対する取り組みも実践している

（B）新たな顧客の研究は行なっているが、具体的な取り組みには着手していない

（C）従来から取り組んできた既存顧客だけでビジネスしている

設問③ 5年前と比べて、企業や製品の意味づけを進化させているか？

（A）自社の意味を絶えず研究し、さらに事業を拡張する取り組みを実践している

（B）新たな市場開拓につながる事業の意味づけについて研究はしているが、具体的な取り組みには着手していない

（C）従来の意味の取り組みだけでビジネスしている

設問④　5年前と比べて、製品を進化させているか？

（A）自社製品を絶えず分析し、新たな製品に進化させる取り組みを実践している

（B）自社製品を進化させる研究は行なっているが、具体的な取り組みは着手していない

（C）従来から取り組んできた既存製品だけでビジネスしている

設問⑤　5年前と比べて、製品の価格設定を進化させているか？

（A）自社製品の価格を絶えず分析し、製品の価格設定について新たな取り組みを実践している

（B）製品の価格研究は行なっているが、具体的な取り組みには着手していない

（C）従来からの価格設定だけでビジネスしている

設問⑥　5年前と比べて、ブランドを進化させているか？

（A）自社ブランドを絶えず分析し、自社ブランドを進化させる取り組みを実践している

（B）ブランドの研究は行なっているが、自社ブランドを進化させる具体的な取り組みには着手していない

（C）従来からのブランドだけでビジネスしている

設問⑦　5年前と比べて、サービスを進化させているか？

（A）自社のサービスを絶えず分析し、既存サービスはもとより新たなサービスの開発と取り組みを実践している

（B）新たなサービスの研究は行なっているが、具体的な取り組みには着手していない

（C）従来から取り組んできた既存サービスだけでビジネスしている

設問⑧5年前と比べて、課金方法の仕組みを進化させているか？

（A）自社の課金方法を絶えず分析し、新たな課金方法の取り組みを実践している

（B）新たな課金方法の研究は行なっているが、具体的な取り組みには着手していない

(C)従来から取り組んできた課金方法だけでビジネスしている

設問⑨ 5年前と比べて、販路を進化させているか？

(A)自社の販路を絶えず分析し、成長している別の販路開拓の取り組みも実践している

(B)別販路の研究は行なっているが、具体的な取り組みには着手していない

(C)従来から取り組んできた既存販路だけでビジネスしている

設問⑩ 5年前と比べて、販売方法を進化させているか？

(A)自社の販売方法を絶えず分析し、新たな販売方法の取り組みも実践している

(B)新たな販売方法の研究は行なっているが、具体的な取り組みは着手していない

(C)従来から取り組んできた既存の販売方法だけでビジネスしている

設問⑪ 5年前と比べて、コミュニケーション方法を進化させているか？

(A)自社のコミュニケーション方法を絶えず分析し、成長している別のコミュニケーション方法を取り入れている

(B)既存のコミュニケーション方法とは別に、新たなコミュニケーションの研究は行なっているが、まだ具体的な取り組みには着手していない
(C)従来から取り組んできた既存コミュニケーション方法だけでビジネスしている

(2)戦略全体が「全体最適」になるように戦略を練る

続いて、**シート24**を使用して、これまで検討してきた11の各進化策が相互に矛盾しないかを照らし合わせ、全体の整合性をとる。

シート24の①「各章で検討した内容を記入」という欄に、11の進化策をそれぞれ書き込む。これを隣の欄の②「経営戦略の整合性を確認」に則って、

・「市場の進化策」に対応した「顧客の進化策」か？ ⇐
・「顧客の進化策」に対応した「意味の進化策」か？ ⇐

・「意味の進化策」に対応した「製品の進化策」か？
⇐
・「製品の進化策」に対応した「価格の進化策」か？
⇐
・「価格の進化策」に対応した「ブランドの進化策」か？
⇐
・「ブランドの進化策」に対応した「サービスの進化策」か？
⇐
・「サービスの進化策」に対応した「課金方法の進化策」か？
⇐
・「課金方法の進化策」に対応した「販路の進化策」か？
⇐
・「販路の進化策」に対応した「販売方法の進化策」か？
⇐
・「販売方法の進化策」に対応した「コミュニケーションの進化策」か？

と、一つ一つの策が他の策と矛盾しないかを確認する。

(3) 経営戦略の整合性がとれる様に、個別領域の進化策に手直しを加える

全体を通して矛盾する項目があれば、その領域については再考して、③「経営戦略の全体像を構築」という欄に修正を加えてから記入する。

個別領域では問題がないように見えても、戦略全体から見ると矛盾が生じている打ち手が見つかれば、それを手直しして、経営戦略として全体の整合性を図るように再度内容を精緻化する。

「市場」を進化させれば、「顧客」や「意味」、そして「製品」も現状のままでは機能せず、「価格」や「販路」も、既存の仕組みでは十分な効果が期待できない可能性があるからだ。

なお、一つや二つの進化だけで他の領域にプランがなければ、該当する領域での個別最適の戦術に留まっている可能性がある。この場合、短期的な打ち手や販促策としてなら活用できるが、経営全体を進化させる仕組みにはなっていないことを強調しておきたい。

11の領域で考え出した打ち手に一貫性があり、考え方と施策に矛盾がなくなれば、次は優先順位をつける。「コミュニケーションの進化」のようにすぐに着手できる領域もあれば、「意味」や「製品」「ブランド」のように相関関係を見ながらそれぞれを並行して取り組むべき領域も存在する。

これによって自社の進化経営の戦略ができあがる。

おわりにかえて

本書の構想には一年ほどかけ、執筆に際しては事例の選定に最も時間を費やした。今回採用した事例は中小企業に限定し、事業規模が小さくても独自性を発揮している企業であれば起用した。大企業の事例を引用しなかったのは、「企業規模が大きいから進化経営ができる」と思われることを避けたかったからだ。

事例に登場した企業は、素晴らしい経営を推進しているところばかりだが、決して順風満帆《じゅんぷうまんぱん》ではなかった。

経営環境が非常に厳しく、ある意味、切羽《せっぱ》詰まった状況の中で取り組んだと思われる企業もあれば、試行錯誤の末に卸や問屋ルートでなく、自社で販路を直接開拓する取り組みに何年も費やした結果、やっと実現した企業もある。

どのケースも、道のりは厳しかったに違いない。だが、時間を費やして実現した成果は、競合が真似しようとしても時間がかかる。多くの企業が諦めてしまう中で、長年に渡って取り組んだ姿勢は、後にその企業の強みに姿を変える。

掛けた時間の分だけ、会社は進化を遂げ、強さは増すと事例の企業たちが証明している。

本書を有効に活用するには、11の領域で提示された課題を自社の問題としてとらえ、取るべき打ち手を熟慮することに尽きる。自分事として取り組めば、想起する打ち手の質が確実に向上するはずだ。

本書の執筆にあたり、刊行の機会を与えてくださった日本経営合理化協会出版局編集長岡田万里氏と編集者の高橋悦子氏には、心より御礼申し上げる。

一般のビジネス書と違い、経営者に向けて進化経営をテーマにした書籍を刊行するのは同協会以外にないと考え、出版をお願いした。こうして形にすることができたことに、重ねて厚く御礼申し上げる。

また、本書の自己診断チャートや分析シートなどの作表を担当してくれた、弊社取締役の武田雅之にも心から御礼申し上げる。いつも快く協力してくれることに心より感謝している。

最後に、本書を手にしてくださった読者の方に、心より御礼を申し上げる。

本書を通じて、読者の企業が最適な進化が図れるように、著者として心より願っている。本書を活用して進化経営に取り組み、次の百年まで繁栄続ける企業を目指して欲しい。

著者

参考文献

第1章　市場の進化

・日経ビジネス　2015年3月2日号№．1781（DG TAKANO）
・総務省統計局「平成17年産業連関表（基本分類表）」
・農林水産省　花きをめぐる情勢　花き産業振興室　平成23年5月

第2章　顧客の進化

・お菓子ねっと　平成26年　菓子統計
・日経トレンディネット　川島蓉子「経営×デザインの未来」2014年5月14日

第3章　意味の進化

・マーケティング大全　酒井光雄　かんき出版
・第一回「ものづくり日本大賞」HP　http://ur0.link/tnU0
・日経ビジネス2007年5月15日「MACの筆は〝職人が量産〟。化粧筆で世界シェア6割」http://ur0.link/tnPB
・日本経済新聞2015年2月21日「化粧筆で世界一 白鳳堂、技を極める工程管理」http://ur0.link/tnPR
・日経ビジネスオンライン「ハリウッド御用達　日本の筆」2009年5月22日 http://ur0.link/tnPY
・産経ニュース2015年5月21日「新幹線の安全神話を支える〝絶対に緩まないナット〟」
「住吉大社」の大鳥居にヒント、1編成に2万本も　http://ur0.link/tnQ1
・日経ビジネスオンライン2011年12月12日「西のフランス、東の日本」と呼ばれる日は来るか　http://ur0.link/tnPB
・nippon.com 2011年11月10日「絶対に緩まないナットを世界に ハードロック工業」http://ur0.link/tnQ8
・日刊工業新聞オンライン2013年3月19日
「元気印中小企業　スカイツリー支えるオンリーワン技術　ハードロック工業」http://ur0.link/tnQd

第４章　製品の進化

・「ポッキー」はなぜフランス人に愛されるのか？　三田村蕗子　日本実業出版社
・中小企業庁＆ネットワーク「中小企業ネットマガジン」http://ur0.link/tnQg
・ＮＨＫ総合大阪「ビジネス新伝説 ルソンの壷」サイト http://ur0.link/tnQn
・Sanin サイズ vol.028　http://saninsize.jp/cn89/cn8/pg37.html
・繊研プラス　スノーピークの強さと新たな成長戦略２０１５年７月２日 http://ur0.link/tnQr
・NIKKEI DESIGN「キャンプ場に本社移転　スノーピークの顧客対話力」２０１５年５月２５日 http://ur0.link/tnQt

第５章　価格の進化

・コトラー＆ケラーのマーケティング・マネージメント　第１２版　丸善出版
・スマート・プライシング　利益を生み出す新価格戦略　朝日新聞出版
・プレジデントオンライン　PRESIDENT ２０１０年８月１６日号
　地獄から這い上がった男のＤＮＡ　メーカーズシャツ鎌倉会長 http://president.jp/articles/-/6359
・ダイヤモンドオンライン２００９年１０月３０日　アパレル業界の常識を破壊　世界を目指す〝鎌倉シャツ〟
　メーカーズシャツ鎌倉会長　貞末良雄 http://diamond.jp/articles/-/7098
・日経ビジネス２０１５年８月１０日・１７日合併号　上向く景気　新・地方豪族「日本の虎」
・日経ビジネスオンライン　世界８７ヶ国に中古トラクター売る「鳥取の虎」　２０１５年９月１５日 http://ur0.link/tnQz
・とっとり企業ガイド http://ur0.link/tnQA
・Buzip＋鳥取の社長 http://ur0.link/tnQE

第６章　ブランドの進化

・モノづくり、ものがたり http://ur0.link/tnQH
・ダイヤモンドオンライン 原英次郎の「強い中堅企業はここが違う！」世界の最先端が認めた町工場の正体は
　宇宙から舞い降りた研究開発型企業　三鷹光器　中村勝重社長に聞く（上） http://ur0.link/tnQK
・世界に誇る東京のモノづくり　輝く技術　光る企業 http://ur0.link/tnQP
・知的財産事例　世界に向けて独自の技術とデザインを展開 http://ur0.link/tnQR
・プレジデントオンライン 信頼築き１５４カ国へ！屈折計メーカーが「世界ブランド」になった日 http://ur0.link/tnQX

第7章　サービスの進化

・TBR産業経済の論点　進む「製造業のサービス化」～今、何が起こっているのか～ http://ur0.link/tnQY
・㈱東レ経営研究所　経営センサー2012年11月 ブリヂストンのリトレッド事業に学ぶ
「モノからコトへ」の発想転換 ― 脱コモディティ化戦略としての「製造業のサービス化」 http://ur0.link/tnR2
・産業能率大学　SANNO Executive Magazine
製造業のサービス化　～製造業におけるサービス化進展マトリックスによる考察～ http://ur0.link/tnR7
・成功事例に学ぶ　マーケティング戦略の教科書　酒井光雄編著　かんき出版
・競争しない競争戦略　山田英夫　日本経済新聞出版社
・フロンティアーズ～明日への挑戦 http://ur0.link/tnR9
・「エコで世界を元気にする!」― 価値を再生する「静脈産業」の確立を目指して」近藤 典彦 著　PHP研究所
・会宝産業株式会社ホームページ http://kaihosangyo.jp/index.html

第8章　課金方法の進化

・日経ビジネスオンライン　第3回ビジネスモデル、11のパターンを身につけよ http://ur0.link/tnRb
・ハーバード・ビジネス・レビュー ビジネスモデルは「基本パターン」の組み合わせで考えよ http://ur0.link/tnRd
・図解&事例で学ぶビジネスモデルの教科書　マイナビ刊
・日経ビジネスオンライン　逆風の企業戦略　2009年11月19日 ロングテールをリアルに実践
～九州に「凄い」ホームセンターがあった　小売業の生きる道を探せ――ハンズマン http://ur0.link/tnRh
・週プレニュース2013年11月21日
流通業界が注目する超巨大ホームセンター「ハンズマン」大薗誠司社長の戦略 http://ur0.link/tnRl

第9章　販路の進化

・産学官の道しるべ 産学官連携ジャーナル2011年2月号「特集2 競争力アップ なるほど大学活用法」 http://ur0.link/tnRt
・リクナビ2016　株式会社　竹中製作所 http://ur0.link/tnRB
・関西大学校友会「連携プロデューサーの企業訪問」
ものづくりの現場のいま― グローバルな高付加価値の追求　株式会社竹中製作所 http://ur0.link/tnRD

・日本公庫総研レポート№２０１１～2　２０１１年８月３１日
「中小企業の海外販路開拓とブランド構築　日本政策金融公庫総合研究所」 http://ur0.link/tnRH
・日本公庫総研レポート№２０１１～２「中小企業の海外販路開拓とブランド構築」 http://ur0.link/tnRN
・中央葡萄酒株式会社ホームページ http://www.grace-wine.com/index.html
・日経ビジネスオンライン【隠れた世界企業】甲州ワインで欧州酔わせる http://ur0.link/tnRP

第10章　販売方法の進化
・Mono Pro いわて「岩手ものづくり復興支援事業」 http://ur0.link/tnRS
・中小企業庁　元気なモノ作り中小企業３００社　２００７㈱東光舎 http://ur0.link/tnRU
・世界に冠たる中小企業　黒崎　誠　講談社現代新書
・ポーター賞　受賞企業・事業部レポート http://ur0.link/tnRX
・戦略経営者　特殊ばね一筋を貫き会社設立以来「赤字」なし http://ur0.link/tnRY
・ＯＢＴ人材マガジンＶＯＬ．１５１　この人に聞く
高付加価値化実現の背景に「経営者の本気」と「社員の士気」（前編）（後編） http://ur0.link/tnS1

第11章　コミュニケーションの進化
・平成２５年度 第４回「近畿知財塾」 http://ur0.link/tnS9
・東洋経済オンライン　隠れた巨大ヒット「ネジザウルス」の秘密　所さんも注目した超便利工具 http://ur0.link/tnSg
・東洋経済オンライン「ネジザウルス」をヒットに導いた３つの秘訣　http://ur0.link/tnSm
・日本公庫総研レポート№２０１１～２　中小企業の海外販路開拓とブランド構築 http://ur0.link/tnT5
・経済産業省ＨＰ 日用品・伝統的工芸品・株式会社江戸切子の店華硝 http://ur0.link/tnTe
・d-imo JAPANESE STYLE http://ur0.link/tnTg
・B-plus LIFE STYLE「江戸切子の店　華硝　伝統の技術と現代的な意匠涼やかな美に魅せられる」 http://ur0.link/tnTj

著者／酒井《さかい》 光雄《みつお》氏について

事業経営の本質は、「これまでになかった新しい価値を生み出し、社会に認めてもらう活動」であると提唱。価値の低いものはいつの時代にも必ず価格競争に巻き込まれ、淘汰《とうた》されていくとして、一貫して企業と商品の「価値づくり」を情熱的に指導する、注目のコンサルタント。

常に最終顧客となる「生活者」を意識した独自の「価値づくり」を事業戦略にまで高め、価値で競える企業づくり、ロングセラー商品開発、一人の顧客に何十回と利用してもらう生涯顧客化、既存事業の深みのある拡大、収益が繰り返す仕組みづくり…など、「確実に事業を成長させていく戦略」を展開。これまでに、自動車、飲料食品、住宅、衣料、コンピューター関連、生活関連、金融などコンサルティング先は100余社をかぞえ、「経営者に勇気と収益をもたらすコンサルタント」として絶大な人気を博している。

また、中小企業経営者のための勉強会「酒井塾」の塾長としても活躍。不況期にもっとも知りたい「価格競争に巻き込まれずに、安定した収益を生み出す経営」を体系的に学びたいと、入塾希望者が後を絶たない。

1953年生まれ。学習院大学法学部卒。ブレインゲイト株式会社代表取締役社長。著書に「価格の決定権を持つ経営」「ストーリービジョンが経営を変える」「中小企業が強いブランド力を持つ経営」(すべて日本経営合理化協会刊)「全史×成功事例で読む マーケティング大全」(かんき出版) 他多数。

■著者連絡先／ブレインゲイト株式会社
東京都港区西麻布1丁目5番22号西麻布六番館
【TEL】03（3405）7141
【FAX】03（3405）7234
【URL】http://www.b-gate.co.jp/

価値づくり進化経営

定価：本体 一五、〇〇〇円（税別）

二〇一六年 五月二〇日 初版印刷
二〇一六年 五月二六日 初版発行

著 者 酒井光雄
発行者 牟田 學
発行所 日本経営合理化協会出版局
東京都千代田区内神田一—三—三
〒一〇一—〇〇四七
電話 〇三—三二九三—〇〇四一（代）

装 丁 森口あすか
印 刷 精興社
製 本 牧製本印刷
箔 押 牧製本印刷

 ISBN978—4—89101—378—3 C2034

「進化経営」実践シート

シートは本書から取り外してご記入ください。
なお、実際にシートに記入される際には、
シートを拡大コピーされることをお薦めします。

第1章 シート① 市場の進化【自社の市場規模と構造を把握する】

	大きく様変わりしたこと	変化を感じること	変わらないこと
市場を構成する顧客	例.顧客が高齢化し 新規顧客が増えない	例.高齢者夫婦や 単身者が増えている	例.
市場に存在する製品・サービス	例.ネット経由の買い物が 一般化している	例.60代でも ネット通販利用が増えている	例.
需要が生まれる頻度	例.省エネでランニングコストが 下がる製品が動いている	例.中元や歳暮の需要が 減少してきている	例.
購入に至る経緯	例.SNSでの口コミで 売れることが多くなった	例.若者にチラシがきかなくなった	例.

第1章 シート② 市場の進化
「市場の進化」経営のプロセスとポイント　チェックリスト

※自社に当てはまる□欄に、レ点を入れる。

	B2B	B2C
最適な市場を策定するプロセス	□既存市場でなく、自社の技術が活かせる別の市場や領域がないか？ □国内外の競合企業が目をつけ 参入してくる成長市場でなく、競争が少なく、市場が安定している成熟市場はないか？ □大量生産でなく、中量生産や少量生産で付加価値がアピールでき、製品単価が上げられる市場はないか？ □長期間にわたり市場に技術革新がなく、顧客視点の製品開発が行なわれていない市場がないか？ □市場における顧客の不満・悩み・コスト高の要因などを洗い出し、それを解決する機能を開発できないか？	□特定の需要に特化して、需要を創造できる商品開発と独自の仕組みを考えているか？ □経営の負担となる固定費を圧縮できないか？ □販売価格が高い原因を放置せず、好ましい価格に設定できないか？ □新たな需要を創造する新商品を開発できないか？ □条件のよい物件に出店できる方法を考えたか？(メーカーの場合は直販展開の検討) □上記の要素を組み合わせ、独自の ビジネスモデルに組み立てたか？
『市場の進化』経営を推進するポイント	□第三者から持ち込まれる相談やＯＥＭには新規案件につながるヒントがないか？ □市場を創造するために、ユーザーの代替メリットを徹底的に分析して追求しているか？ □ひとつの事業所で複数の需要が生まれる製品で、市場は拡大できないか？ □メーカーとして製造に徹し、「販路」や「営業力」は他社の力を借りて共生できないか？ □他社がすぐに参入しない市場規模と利益率を想定しているか？	□安売りと「適正価格」の販売とでは、経営手法が全く異なることを認識しているか？ □固定費を減らし在庫をもたず廃棄ロスをなくせば、製造／小売ビジネスでは売上と利益に直結することを踏まえたか？ □事業領域を特定し、その市場に最適な商品開発を行なうことで、新規需要を 創造することを検討したか？ □ひと目で「欲しくなり」「贈りたくなる」ようにプレゼンテーション方法を工夫しているか？

第2章 シート③ 顧客の進化経営における「顧客の設定」を理解する

	B2B	B2C
顧客と用途	自社の法人顧客の特徴とその用途	自社の個人顧客の特徴とその用途
顧客の規模	万人を相手にする顧客設定の場合 →市場規模は大きくなるが、規模の経済で大企業に有利な中でどう顧客を創造するか？	
	特定の顧客に絞り込む顧客設定の場合 →自社の個性と強みを発揮するにはどうすればいいか？	
顧客の需要	市場規模拡大の為に需要のある場所をどう増やすか？ →特定の需要や用途開発による顧客の設定と創造	消費頻度が高く継続購入が見込めるが、商品単価は低くなることが多い自家需要をどう増やすか？ 購入頻度は限られるが商品単価は高くなるギフト需要（贈答需要）をどう増やすか？

第2章 シート④ 顧客の進化
「顧客の進化」経営のプロセスとポイント　チェックリスト

※自社に当てはまる□欄に、レ点を入れる。

	B2B	B2C
最適な顧客や用途を策定するプロセス	□過去に取り組んだ仕事の中で、相手の要望を越えて生み出した独自の技術や製品はないか？ □顧客が製品を製造する過程で、支障をきたす状況や場面がないかを洗い出し、そこで求められるモノやサービスを検討できないか？ □製造現場で共通する課題や悩みを解決している技術や製品を調べ、自社に応用し研究できないか？ □自社で主体性を発揮できる顧客や用途を洗い出せないか？	□自社製品の顧客と用途を明確に設定し、その顧客に支持される製品づくりを行なえないか？ □飛躍している企業の取り組みを学び、自社に応用できないか？ □製造だけでなく、営業活動にも注力できないか？
『顧客の進化』経営を推進するポイント	□自社の本領を発揮できる中核事業と技術に資源を集中し、その分野を独占できないか？ □絞り込まれた特定の市場で、自社製品を必要とする場所や機器の数が多い事業を見つけて、育成できないか？ □掘り下げた分野の中で派生する関連ビジネスを育て、更なる収益源につなげられないか？	□自社の顧客を設定する際に、「過去を踏襲」せず、「固定観念」を疑い、有望な顧客と用途を探せないか？ □消費財メーカーなら「直営店舗による製造直販」の仕組を視野に入れることはできないか？ □顧客設定と用途を明確に決め、商品仕様から販路方法まで一貫した付加価値づくりができないか？ □海外市場に進出する際は、直営展開だけでなく、信頼できる企業との提携も選択肢に入れることはできないか？

第3章 シート⑤ 意味の進化【経営における「意味の進化」を理解する】

	B2B	B2C
製品、サービスの役割、存在価値	誕生した当時と現在を比較し、自社の製品・サービスが 世の中で果たしている役割や存在価値が希薄になっていないか？	
製品、サービスの意味と用途	自社の製品・サービスが発揮する「意味」は、 その用途によって大きな違いが生まれていないか？	
製品、サービスの意味の変化と新しい価値	用途を変え、製品・サービスが果たす「意味」を変え、新しい価値を生み出せないか？	

第3章 シート⑥ 意味の進化
「意味の進化」経営のプロセスとポイント　チェックリスト

※自社に当てはまる□欄に、レ点を入れる。

	B2B	B2C
時代が求める存在価値と意味を策定するプロセス	□ニッチな市場で製品機能を高度化するだけでなく、業界や製品が抱えている「仕方がない」「宿命だ」とされていた問題や課題を解決する方法を考えられないか？ □製品間の価格競争でなく、価値で選ばれる新たな比較対象を探せないか？ □新規取引先に自社製品の採用を働き掛ける際に、製品の実験結果や効果検証のデータを活用できないか？ □価格競争をせず価値を売物にしている業界や企業に営業を行ない、そこでの採用をテコにして、取引先を拡大できないか？	□これまでとは業界が違うOEM先を探し、新分野でのOEM製造を通じて新たなB2C向けのノウハウを蓄積できないか？ □安定した消費頻度と買い換え需要がある市場を探し、その中で自社の強みを発揮できる分野を見つけられないか？ □プロフェッショナルの需要がないかを調べ、彼らの協力を仰いで新たな存在価値と意味を探せないか？ □職人による手作業の価値をアピールでき、それに見合った価格設定が可能な分野を探せないか？ □販路と販売方法の組み合わせで、自社の価値をアピールできないか？
『意味の進化』経営を推進するポイント	□「自社製品の役割」を進化させ、製品の存在価値を高める取り組みを実践できないか？ □需要が繰り返す消耗品市場で、他社にない価値を創造して占有できないか？ □世界に誇る企業に採用され、自社製品の評価と ブランド力を向上できないか？ □価格が高くても、取引先を納得させる理由と存在価値を創造できないか？	□「自社製品の意味を変え」、持てる資源を集中化し、時間をかけて高付加価値市場を自らの手で育成できないか？ □業界のプロフェッショナルたちの助言に耳を傾けられないか？ □海外メーカーとのOEMの直接取引を実現し、この成約をテコにして同業他社のOEMを開拓し、B2Cへも応用できないか？ □機械化による量産ではなく、「製造工程を細分化する人的生産方法」で、付加価値を守りながら 量産化できないか？ □OEMと自社ブランドの両方で売上を確保できないか？ □情報専門ポータルサイトとの協働で知名度を向上させ、ネット直販で必要なネット上の情報資源づくりをできないか？ □自社ブランドを成功させるために、対面販売チャネルとネット販売の両方を押さえ、相乗効果を狙えないか？

第4章 シート⑦ 製品の進化【経営における「時代が求める製品の進化」を理解する】

	B2B	B2C
製品を取り巻くビジネス環境	インターネットによる「価格比較」「世界規模での価格競争」「ワンストップ・ショッピング」進行の影響はないか？	
	グローバル化で仕事が安価な国に流れていないか？	
	デジタルの世界で「価格下落」が急速に進んでいるが、自社の業界で「無料」化が進んでいないか？	
基本となる製品の進化方法	自社は改良改善型の進化か？	
	自社は既存製品（サービス）の存在や価値を否定し、新たな価値を生み出す革新的取り組みによる進化か？	
	自社は既存製品（サービス）を効率よく製造し、安価にする進化か？	

第4章 シート⑧ 製品の進化
「製品の進化」経営のプロセスとポイント　チェックリスト

※自社に当てはまる□欄に、レ点を入れる。

B2B／B2C

時代が求める『製品に進化』させるプロセス

B2B	B2C
□自社の人材採用条件を見直し、自社の業界と製品（サービス）が大好きな人材を社員にしているか？	□顧客の高齢化を防ぐために「製品の進化」を検討しているか？
□「開発者はユーザーであるべきだ」というポリシーをもっているか？	□廃棄ロスを減らす「製品の進化」方法を考えているか？
□ユーザーである顧客との接点を継続してもてる場と仕組みをもっているか？	□販路の拡大を阻害している課題を洗い出し、解決策を検討しているか？
□協力企業との関係を高度化し、製品づくりのノウハウを学んでいるか？	□地元の大学や各種研究機関がもつ技術を応用できないか？
□どうすればブランド力が向上するかを独自の方法で考えているか？	

『製品の進化』経営を推進するポイント

B2B	B2C
□「製品を進化」させる牽引役は、自社製品（サービス）のヘビーユーザーでもある経営者と社員が担っているか？	□常識を打ち破る機能価値を実現する取り組みはないか？
□製品開発担当者に必要な知見を積ませ、プロに育てる仕組みをもっているか？	□顧客イメージの向上と新規顧客の拡大を目的に、製品を進化させているか？
□他社製品を模倣せず、定番製品を生み出すユーザー目線をもっているか？	□製品による課題解決が、国内に加えて海外での販路拡大にもつながっているか？
□自社製品の需要を創造し、自社のブランド力を「見える化」する場を提供しているか？	□廃棄ロスを払拭しているか？
□製品を進化させたら、それにふさわしい売り方と販路を見つけているか？	□海外での戦略的な生産体制と輸出視点はあるか？
□自社の哲学を社内外に表明しているか？	

第5章 シート⑨ 価格の進化【経営における「価格の進化」を理解する】

	B2B / B2C
価格を決定する5つのプロセスと具体的な価格設定方法	自社の価格設定の目的を明確にしているか？
	市場の需要を判断しているか？
	自社のコストの評価をしているか？
	競合他社のコスト・価格・価値の分析をしているか？
	自社の価格設定の方法の選択は適切か？
コストをベースにした価格設定方法	自社はマークアップ価格設定（販売価格＝コスト＋利益）か？
	自社はターゲット・リターン価格設定か？
	自社は現行レート価格設定か？
顧客や需要に焦点を当てた価格設定の方法	自社で知覚価値設定を取り入れられないか？
	自社でバリュー価格設定を取り入れられないか？
	自社で需要価格設定を取り入れられないか？
	自社で差別型価格設定を取り入れられないか？
	自社でオークション型価格設定を取り入れられないか？
	自社で無料価格を取り入れられないか？

第5章 シート⑩ 価格の進化
「価格の進化」経営のプロセスとポイント　チェックリスト

※自社に当てはまる□欄に、レ点を入れる。

『価格の進化』経営を実現するプロセス

製造業

□自社の強みを発揮できる領域を特定しているか？

□どこで自社の利益が失われているかを特定し改善しているか？

□自社の体力に見合ったブランド力を高める施策を考えて実行しているか？

□定価で販売できる方法を考えているか？

□自社で直販する方法がないかを検討しているか？

□価格の優位性を発揮できる方法を検討しているか？

小売業

□他社が扱っていない魅力のある商材を探しているか？

□定価の概念がないか、希薄な市場が存在しないか検討しているか？

□顧客の立場で潜在需要がないか考えているか？

『価格の進化』経営を推進するポイント

製造業

□流行や季節性に影響を受けにくい製品領域に絞り込んでいるか？

□中間流通をなくした製造直販システムに取り組んでいるか？

□知覚価値設定とバリュー価格設定を組み合わせ、市場規模を大きくして高収益を実現しているか？

□豊富なバリエーションを用意し、手間を掛けずに選べる利便性を提供しているか？

□広告でなく広報活動に取り組み、自社の強みと魅力をクチコミやSNSで拡げているか？

□メイド・イン・ジャパンの魅力を強みにしているか？

□イメージの良い都市のブランド力を活用しているか？

小売業

□経営者に皮膚感がある事業を選び、顧客が共感できる価格設定を行なっているか？

□定価がなく利幅が大きい中古市場の中で、まだ誰も手をつけていない領域を探しているか？

□リアルとヴァーチャルを組み合わせて、ビジネスモデルを最適化しているか？

□顧客を海外に求めているか？

第6章 シート⑪ ブランドの進化【経営における「ブランドの進化」を理解する】

B2B

付加価値向上の資源	自社のブランド資源を特定したか？
	ブランド資源をアピールするHPを制作しているか？
付加価値向上の取り組み継続	付加価値を高める取り組みを継続的に行なっているか？
付加価値の世の中への発信	企業の情報はニュースレターを作成してメディアに送っているか？
	メディアのリストがない場合、地元自治体に協力を仰いでいるか？
	ニューレターはひと目で内容がわかるように制作し、図表や映像・動画なども添付しているか？
	取材を受ける社内の体制づくりはできているか？
ブランド価値低下の防止	ブランド価値が低下しないよう、絶えず磨き上げているか？

第6章 シート⑫ ブランドの進化
「ブランドの進化」経営のプロセスとポイント　チェックリスト

※自社に当てはまる□欄に、レ点を入れる。

B2B

『ブランドを進化』させるプロセス

□企業の付加価値を高め、市場を拡大するチャンスが潜んでいる非常に限定された市場を探しているか？

□国内市場が限られているなら、世界の市場規模を調べ、参入する可能性を探っているか？

□自社の技術を模倣されないように法的に保護し、その技術が活かせる他分野を探しているか？

□ブランド価値を高め、知名度を向上する企業ブランド名と製品名を使用しているか？

□画一的な量産品にはない価値を生み出しているか？

□他社に模倣されない手立てを打っているか？

□自社のブランド力を向上する方法を考え、できることから始めているか？

□海外市場に出る手立てを用意しているか？

□海外企業に負けない日本製の価値を創造しているか？

↓

『ブランドの進化』経営を推進するポイント

□特殊な事業分野を手掛けている企業や技術の場合、他分野の企業が抱える課題を解決する手段に転用できないか？

□ブランド力・知名度・認知度を高める広報活動に取り組んでいるか？

□知的所有権には「技術」だけでなく「ブランド名」も加えているか？

□営業力のない企業は、ブランド力のある企業との提携も視野に入れているか？

□これまでブランドが存在していなかった市場・ジャンルを狙って自社製品をブランド化させ、企業と製品の付加価値を向上させているか？

□知的財産権を重視した特許と意匠登録をしているか？

□使い手のニーズや使用方法を踏まえて製品をカスタマイズし、既製品にできない価値をアピールしているか？

□日本国内で製造する意味と価値を見つけ、メイド・イン・ジャパンを売り物にしているか？

□自社の存在を、より一層社会にアピールしているか？

第7章 シート⑬ サービスの進化【経営における「サービスの進化」を理解する】

	B2B	B2C
製品に必要な付帯サービス	保守点検・アフターサービスを提供しているか？	
	トータルパッケージでの受注と運用をしているか？	
	機械や製品の使用状況の把握と最適な体制の管理をしているか？	
	本体だけでなく、消耗品を提供するサービスはあるか？	
アウトソーシング	アウトソーシングできるサービスを販売しているか？	
サービス財	モノの販売だけでなく、サービス財として使用権を提供しているか？	
ビジネスソリューション	ビジネスソリューションを提供しているか？	
知的所有権	自社で量産せず知的所有権の使用料を徴収しているか？	

第7章 シート⑭ サービスの進化
「サービスの進化」経営のプロセスとポイント　チェックリスト

※自社に当てはまる□欄に、レ点を入れる。

	B2B	B2C
『サービスの進化』経営を実現するプロセス	□顧客が抱える課題を特定し、自社の製品を通じてその課題を解決する方法を考え出しているか？ □相手にする顧客を、現場から意思決定者に上げているか？ □自社製品だけで独占せず、競争相手を増やさない取り組みをしているか？ □効果測定を組み込み、検証作業を「見える化」しているか？	□日本では「スクラップ」や「廃棄」されている資源を『部品』などに再利用する方法がないか考えているか？ □透明性に欠け、品質にバラつきがある製品市場に国際基準の品質表示規格を設け、選択基準を提供しているか？ □世界中のバイヤーが探している「必要な部品」を「安心」して調達できる仕組みを開発して、利便性を提供しているか？ □安定的に部品を調達できるように、同業他社と連携し、相互にメリットのある仕組みを構築しているか？ □ネットを活用して世界から集客できる受け皿を設け、リアルとバーチャルを融合させた仕組みにしているか？
『サービスの進化』経営を推進するポイント	□価格だけでは比較できない事業領域を生み出しているか？ □継続的にビジネスを続けられるサービス方法と必要とされる理由を考えているか？ □自社製品が購入された後に、顧客は製品を通じて何を実現したいのか、また、どう活用しているかを調べているか？	□本業の事業構造を転換しているか？ □海外から顧客を集められる仕組みを提供しているか？ □独自の品質表示規格を設けているか？ □同業他社と連携して、安定供給体制を生み出しているか？ □自社の事業領域を拡張しているか？ □リアルとバーチャルを融合させ、市場での先行優位性を発揮する仕組みをつくっているか？

第8章 シート⑮-1 課金方法の進化【経営における「課金方法の進化」を理解する】

	B2B / B2C
製造業型課金方法	自社は製造業型課金方法か？
所有でなく利用に応じた課金方法	自社は所有でなく利用に応じた課金方法か？
小売業型課金方法	自社は小売業型課金方法か？
広告料徴収型課金方法	自社は広告料徴収型課金方法か？
目玉商品によるクロスセリング型課金方法	自社は目玉商品によるクロスセリング型課金方法か？
再販型課金方法	自社は再販型課金方法か？
使用料許諾型課金方法	自社は使用料許諾型課金方法か？
固定制課金方法	自社は固定制課金方法か？

シート⑮-2

従量制課金方法	自社は従量制課金方法か？
フランチャイズ型課金方法	自社はフランチャイズ型課金方法か？
消耗品・メンテナンス型課金方法	自社は消耗品･メンテナンス型課金方法か？
継続利用型課金方法	自社は継続利用型課金方法か？
仲介型課金方法	自社は仲介型課金方法か？
分冊百科・コレクションシリーズ型課金方法	自社は分冊百科（パートワークやファイルマガジンと呼ぶ）・コレクションシリーズ型課金方法か？
無料（フリーミアム）型課金方法	自社は無料（フリーミアム）型課金方法か？
場（プラットフォーム）の提供型課金方法	自社は場（プラットフォーム）の提供型課金方法か？
必要最低限に絞り込んだ（ノンフリル）課金方法	自社は必要最低限に絞り込んだ（ノンフリル）課金方法か？

第8章 シート⑯ 課金方法の進化
「課金方法の進化」経営のプロセスとポイント　チェックリスト

※自社に当てはまる□欄に、レ点を入れる。

B2B／B2C

ビジネスの仕組みと新たな課金方法を策定するプロセス

B2B

□先ずは事業の仕組みを他社に模倣されないように高度化しているか？

□顧客の概念を広げて考えているか？

□中小企業がビジネスの仕組みや課金方法によって飛躍している事例を集め、彼らの取り組みを応用しているか？

□異業種が取り入れている仕組みや課金方法を自社で採用できないか検討しているか？

B2C

□現在、組織小売業が直面している経営課題を特定し、効率主義を疑っているか？

□既存の組織小売業が取り扱っていない商品ジャンルとアイテムを探しているか？

□地域の特性を分析して、地元で必要とされる小売業の要素を特定しているか？

□顧客の幅を広げる方法を考えているか？

『課金方法の進化』経営を推進するポイント

B2B

□歴史のある業態に、新たな発想で旧来からある仕組みを取り入れているか？

□定価の概念がなく、需要が底堅いビジネスに注力しているか？

□顧客を２種類に増やしているか？

□異なる特徴をもつ２つの収益源で事業基盤を形成しているか？

B2C

□他店にない品揃えで、安価にしなくても販売できる方法を考えたか？

□どこでも販売している完成品でなく、「部品」と「バラ売り」など他社の盲点をついているか？

□見せ方と接客、専門性を高めた品揃えを実践しているか？

□独自の課金方法を実現するために仕入れ方法と発注方法を考案しているか？

第9章 シート⑰ 販路の進化【経営における「販路の進化」を理解する】

	B2B	B2C
既存販路と既存取引先	既存販路と既存取引先の強みは何か？	
	既存販路と既存取引先の弱みは何か？	
新たな販路と新規取引先	バイヤーを通じて交渉しているか？	
	展示会や商談会でバイヤーと面識をつくっているか？	
	商社や卸、テナントと商談しているか？	
	自社で海外チャネルの開拓を行なっているか？	
	ブランド力のある企業やグローバル企業と商談しているか？	
	PR効果によってクチコミとネットの力で、国内外のファンを創造しているか？	

第9章 シート⑱ 販路の進化
「販路の進化」経営のプロセスとポイント　チェックリスト

※自社に当てはまる□欄に、レ点を入れる。

	B2B	B2C
「新たな販路と新規取引先」を獲得するプロセス	□社内に不足するノウハウは、公的機関を通じて外部専門家の協力を得ているか？ □画期的な技術や製品力を備えていても、日本の大企業は前例のない製品や中小企業との取引には当初は前向きでないことを踏まえているか？ □効率のよい新規取引先の開拓戦略を立案してから営業活動に臨んでいるか？ □取引先から問い合わせが入るプル型営業方法を活用しているか？	□後発企業は、先発企業にない独自の製品資源を特定し、磨き上げているか？ □海外市場の参入障壁を明らかにし、障壁を打破するために国や関係団体、専門家らと連携しているか？ □海外進出の拠点や情報発信基地をどこにすれば世界から注目され評価を受けられるかを特定し、行動を起こしているか？ □世界に評価をアピールできるゴールを設定し、そのために必要な取り組みを実践しているか？ □自社のブランド価値を高めながら、海外市場で販路を開拓しているか？
『販路の進化』経営を推進するポイント	□自社に必要な技術開発と新製品のテーマを発見しているか？ □自社に不足するノウハウは、大学の研究者など外部専門家の力を借りているか？ □価格の安さでなく、製品の価値で競う道を選んでいるか？ □販路の開拓では海外の巨大企業に 売り込み、採用実績をつくっているか？ □海外のメジャー企業の評価を活用し、国内の販路開拓の道筋をつけているか？	□目利きが多い国に目を向け、市場と販路を拡大しているか？ □日本固有で、しかも地元に優位性のあるものを、世界にアピールする資源にしているか？ □ブランド価値を高め波及効果が見込める国と場所を特定しているか？ □品質を向上させるため、専門家から学んでいるか？ □権威あるコンクールで最高の評価を獲得しているか？

第10章 シート⑲ 販売方法の進化
【経営における「時代が求める販売方法の進化」を理解する】

	B2B	B2C
事前の準備と販売後の対応	モノを売る前に準備している情報資源はあるか？	
	モノを販売した後の顧客対応は出来ているか？	
最適な販売方法	既存顧客へ最適な販売方法で踏まえているか？	
	新規顧客へ最適な販売方法で踏まえているか？	

第10章 シート⑳ 販売方法の進化
「販売方法の進化」経営のプロセスとポイント　チェックリスト

※自社に当てはまる□欄に、レ点を入れる。

『販売方法を進化』するプロセス

B2B

- □自社の収益性が悪い原因を特定し、その改善策を検討しているか？
- □大手企業や先発企業と競合せず、自社の強みを発揮する市場で経営しているか？
- □顧客が本当に望んでいるコトを突き詰めているか？
- □安定した収益を確保できるように既存顧客への対応と販売方法を高度化しているか？
- □効率よく新規顧客を開拓する仕組みと販売方法を考えているか？
- □顧客が探してくれるビジネスに特化しているか？

B2C

- □最適な販売方法を見つけるためにも、「顧客」「用途」を絞り込んでいるか？
- □販売する前に、どれだけ自社製品が業界で評価される取り組みを実践しているか？
- □自ら販売するのでなく、「自社製品を販売したい人たち」をいかに集めるか考えているか？

『販売方法の進化』経営を推進するポイント

B2B

- □自社の経営ポリシーを明確に定め、そのポリシーに沿った経営を実践しているか？
- □経営を磐石にするため、既存顧客への対応を高度化させ、「言い値」販売を実現しているか？
- □顧客が必要に迫られ、ネット検索して探す場面に狙いを定め、キーワード対策をはじめとするネット対応を行なっているか？
- □リアルとバーチャルを組み合わせて営業と販売を住み分けているか？

B2C

- □国内需要が限られている製品は海外市場を視野に入れ、効率の良い販売活動を行なう方法を考えているか？
- □誰が認めれば、需要が拡大して業界に製品評価が拡散するかを見極め、ピンポイントで狙っているか？
- □買い換えや買い増し需要を取り込むための顧客対応と顧客データの構築を行なっているか？
- □「顧客」と「用途」の絞り込みを横展開しているか？
- □HPなど情報環境を整備した上で、展示会に出展しているか？

第11章 シート㉑ コミュニケーションの進化
【経営における「時代が求めるコミュニケーションの進化」を理解する】

	B2B	B2C
企業から顧客(生活者・法人)へのコミュニケーション方法	企業コミュニケーションはできているか?	
	製品(商品)コミュニケーションはできているか?	
	クチコミによるコミュニケーションはできているか?	
	人的・店頭コミュニケーションはできているか?	
	広報によるコミュニケーションはできているか?	
	広告によるコミュニケーションはできているか?	
	セールスプロモーション(販売促進策)はできているか?	
自社のコミュニケーション戦略を考え、最適なコミュニケーション方法を組み合わせる	「企業コミュニケーション」と、「製品(商品)コミュニケーション」に取り組む方法を検討する	
	次に「広報によるコミュニケーション」に取り組み、「クチコミによるコミュニケーション」へとつなげる方法を検討する	
	その後は企業の与件に合わせ、人的・店頭コミュニケーション、広告によるコミュニケーションを検討する	
	セールスプロモーション(販売促進策)によるコミュニケーションの組み合わせを検討する	

第11章 シート㉒　コミュニケーションの進化
「コミュニケーションンの進化」経営のプロセスとポイント　チェックリスト

※自社に当てはまる□欄に、レ点を入れる。

B2B／B2C

『コミュニケーションを進化』するプロセス

B2B	B2C
□自社を応援してくれるサポーターをつくっているか？	□製品名とブランド名からコミュニケーションを始めているか？
□ネットの活用方法を徹底的に研究しているか？	□業務用市場と生活者向け市場の違いを踏まえて施策を立案しているか？
□マスメディアやSNSなどネット上で注目される企業を研究して、自社の取り組みに応用しているか？	□顧客の声をあらゆる面で活用しているか？
□市場と顧客を絞り込んで成功している企業事例を参考にして、そこで行なわれているコミュニケーション 方法を実践しているか？	□プロモーション活動に工夫を凝らしているか？

『コミュニケーションの進化』経営を推進するポイント

B2B	B2C
□自ら情報発信を行ない、下請けから決別しているか？	□ロングセラー製品を磨き上げてブランド化を進め、自社の顔にしているか？
□国や地方自治体の職員に応援してもらい、自社の情報資源をつくり出しているか？	□「顧客の声（リサーチ）、知的所有権、デザイン、プロモーション」の４つに、「好ましいチャネル」を加えて、事業を推進しているか？
□評判を獲得し、ネット上で自社の情報が拡散するように取り組んでいるか？	□SNSを徹底的に活用しているか？
□自社の製品を購入してくれる顧客に絞り込んでビジネスを展開しているか？	□定期的にニュースリリースを制作して発信しているか？
□中小企業の体力に見合ったインバウンド戦略を推進しているか？	

シート23〈自社の進化をはかる自己診断シート〉

レーダーチャートの11の領域を各々自己診断し、当てはまる丸印を選び線で結ぶ。
最後に点数を表に記入する。

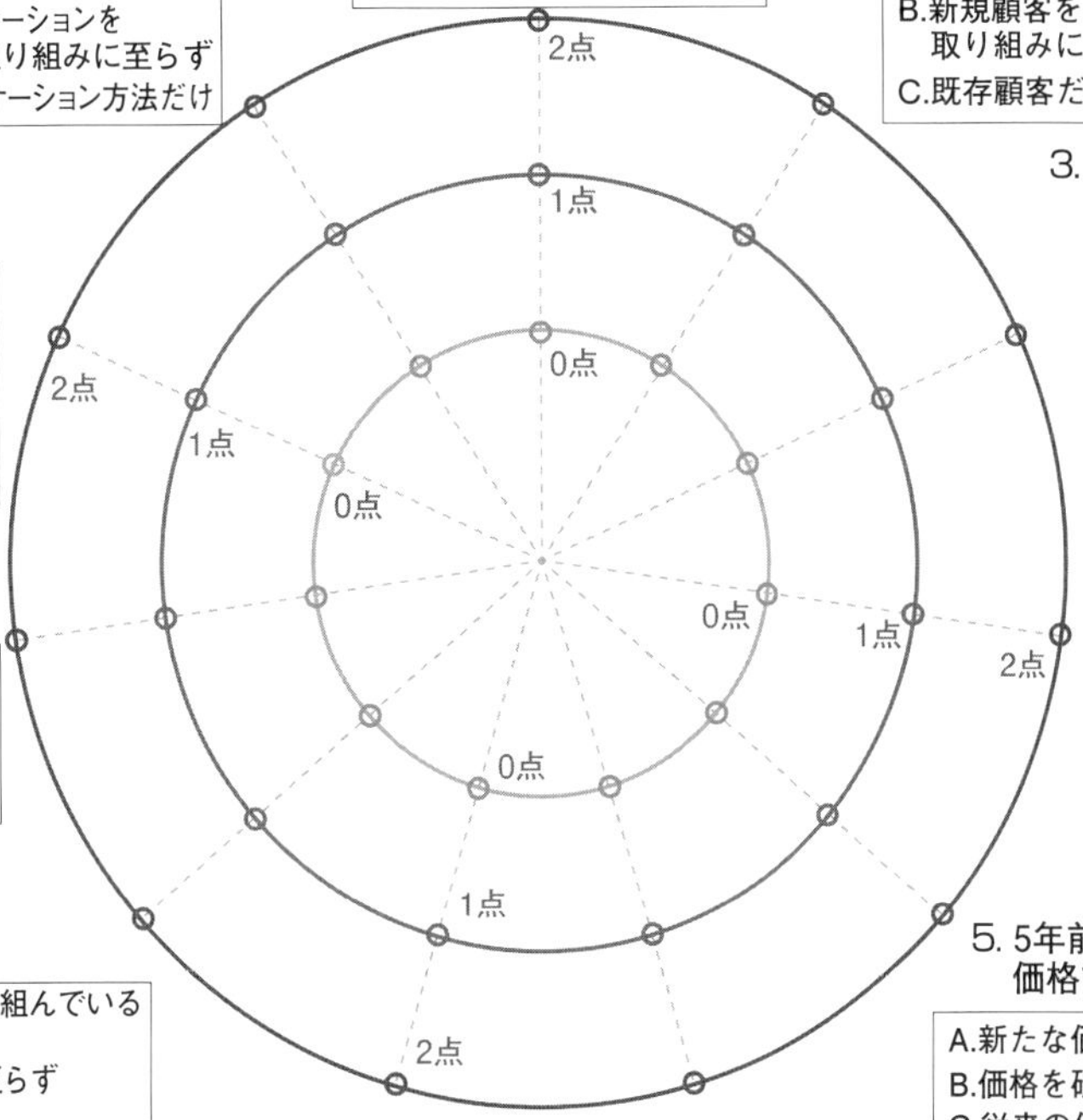

1.5年前と比べて、
自社の市場を進化させているか？

A. 新市場に取り組んでいる
B.新市場を研究するが、
取り組みに至らず
C.既存市場だけ

2. 5年前と比べて、
顧客の設定を進化させているか？

A. 新規顧客開拓に取り組んでいる
B.新規顧客を研究するが、
取り組みに至らず
C.既存顧客だけ

3. 5年前と比べて、企業や
製品の意味づけを進化
させているか？

A. 意味の拡張に
取り組んでいる
B.新たな意味付けを
研究するが、
取り組みに至らず
C.従来の意味づけだけ

4. 5年前と比べて、
製品を進化させているか？

A. 製品の進化に
取り組んでいる
B.新製品を研究するが
取り組みに至らず
C.既存製品だけ

5. 5年前と比べて製品の
価格設定を進化させているか？

A.新たな価格設定に取り組んでいる
B.価格を研究するが取り組みに至らず
C.従来の価格設定だけ

6. 5年前と比べて、
ブランドを進化させているか？

A. 自社ブランドの進化に取り組んでいる
B.ブランドを研究するが取り組みに至らず
C.従来のブランドだけ

7. 5年前と比べて、サービスを進化
させているか？

A. 新サービスに取り組んでいる
B.新サービスを研究するが
取り組みに至らず
C.既存サービスだけ

8. 5年前と比べて、
課金方法の仕組みを
進化させているか？

A. 新たな課金方法に取り組んでいる
B.新たな課金方法を
研究するが取り組みに至らず
C.従来の課金方法だけ

9. 5年前と比べて、
販路を進化させているか？

A.新販路に取り組んでいる
B.新販路を研究するが、
取り組みに至らず
C.既存販路だけ

10. 5年前と比べて、
販売方法を
進化させているか？

A. 新たな販売方法に
取り組んでいる
B.新たな販売方法を
研究するが、
取り組みに至らず
C.既存の販売方法だけ

11. 5年前と比べて、
コミュニケーション方法を
進化させているか？

A. 新たなコミュニケーションに
取り組んでいる
B.新たなコミュニケーションを
研究するが、取り組みに至らず
C.既存のコミュニケーション方法だけ

設問	(1)	(2)	(3)	(4)	(5)	(6)	(7)	(8)	(9)	(10)	(11)	合計
A(2点)												
B(1点)												
C(0点)												
合計	／2	／2	／2	／2	／2	／2	／2	／2	／2	／2	／2	／22

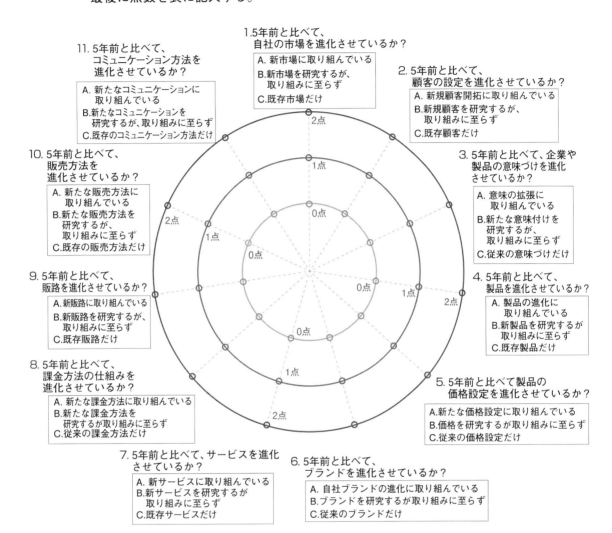

シート24
【11の進化領域で着手する施策を組み合わせ、経営戦略の全体像を構築する記入シート】

①各章で検討した内容を記入

1.市場の進化

2.顧客の進化

3.意味の進化

4.製品の進化

5.価格の進化

6.ブランドの進化

7.サービスの進化

8.課金方法の進化

9.販路の進化

10.販売方法の進化

11.コミュニケーションの進化

②経営戦略の整合性を確認

＊質問の「はい」、「いいえ」に丸印をつけ整合性を確認する

進化戦略テーマ

____

市場の進化策に対応した顧客の進化策か？
はい　いいえ

顧客の進化策に対応した意味の進化策か？
はい　いいえ

意味の進化策に対応した製品の進化策か？
はい　いいえ

製品の進化策に対応した価格の進化策か？
はい　いいえ

価格の進化策に対応したブランドの進化策か？
はい　いいえ

ブランドの進化策に対応したサービスの進化策か？
はい　いいえ

サービスの進化策に対応した課金方法の進化策か？
はい　いいえ

課金方法の進化策に対応した販路の進化策か？
はい　いいえ

販路の進化策に対応した販売方法の進化策か？
はい　いいえ

販売方法の進化策に対応した
コミュニケーションの進化策か？
はい　いいえ

③経営戦略の全体像を構築

＊「いいえ」に丸印のついた項目を再検討し全体の整合性をとる

1.市場の進化

2.顧客の進化

3.意味の進化

4.製品の進化

5.価格の進化

6.ブランドの進化

7.サービスの進化

8.課金方法の進化

9.販路の進化

10.販売方法の進化

11.コミュニケーションの進化

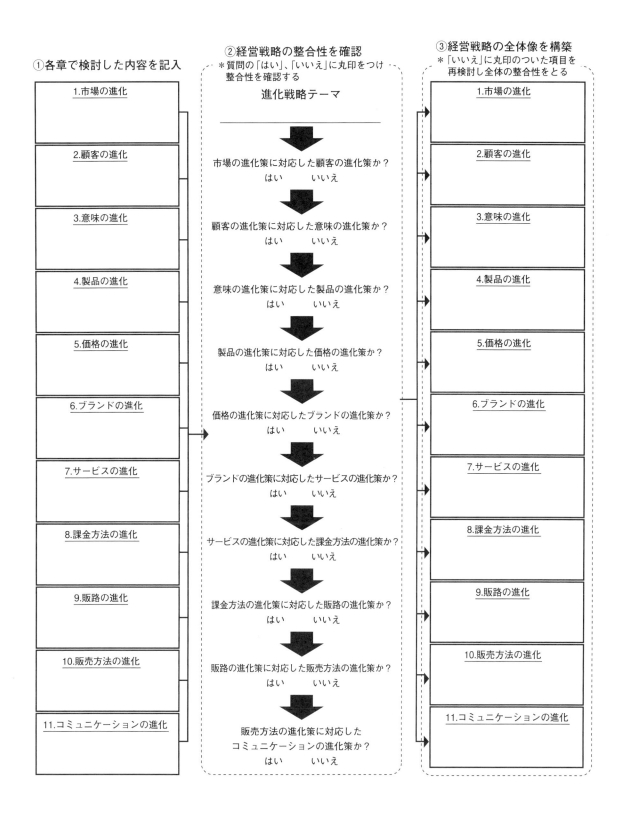